학교 적응 놀이

지은이
박희진(Heejinssam@hanmail.net)_ 초등학교 교사. 한국교원대학교 강사이다. 저서로는 『학습자중심교육 진짜 공부를 하다』, 『미래교육 미래학교』 등이 있다.
김정미(elle_et_ciel@hanmail.net)_ 초등학교 교사. 사랑하는 아이 온유의 엄마이다. 한국교원대학교에서 교육학 박사과정 중에 있다.
장영수(hestia0191@hanmail.net)_ 초등학교 교사. 사랑하는 두 자녀 현서, 해윤의 아빠이다. 아동에 대해 관심이 많으며, 한국교원대학교에서 교육학 박사과정 중에 있다.
이승조(sky9129@naver.com)_ 초등학교 교사. 사랑하는 동례 씨의 남편이고, 두 자녀 지연, 철기의 아빠이다. 2015 개정 5-2 사회 교과서 집필위원을 역임했다.
강인구(cyfer@hanmail.net)_ 초등학교 교사. 사랑하는 민준, 재인의 아빠이다. 친구 같은 최고의 아빠가 되기 위해 노력하고 있다.
김태관(zeusgame@naver.com)_ 초등학교 교사. 세상에서 가장 밝은 여자와 행복하게 살고 있다. 평소 학생들과 친구처럼 놀이 활동을 하는 것을 좋아한다. 광주교육대학교에서 초등사회과교육 석사과정 중에 있다.
김가윤(kms@hanmail.net)_ 대학 강사. 유치원 교사 경력을 꾸준히 쌓아 유치원장 자격을 소지하고 있다. 한국교원대학교 교육학 박사과정 중에 있다.

그린이
김한결(sketch02@naver.com)_ 초등학교 교사. 땅끝마을에서 매일 아이들과 놀 궁리만 하는 천방지축 선생님이자 복합문화예술인을 꿈꾸는 욕심쟁이다.

학교 적응 놀이

초판 1쇄 발행 2020년 1월 6일
지은이 박희진, 김정미, 장영수, 이승조, 강인구, 김태관, 김가윤
그린이 김한결
펴낸이 이형세
펴낸곳 테크빌교육㈜
책임편집 이윤희 | **편집** 옥귀희 | **디자인** 어수미 | **제작** 제이오엘앤피
테크빌교육 출판 서울시 강남구 언주로 551, 5층 | **전화** (02)3442-7783 (142)

ISBN 979-11-6346-071-8 03370
책값은 뒤표지에 있습니다.

박희진, 김정미, 장영수, 이승조, 강인구, 김태관, 김가윤 지음

김한결 그림

테크빌교육

아이들은 의미와 의의를

가장 열렬히 추구하는 자로서

새로운 이해를 창조하기 위해

자신들이 알고 경험한 것들을 창조적으로 조합한다.

이러한 조합은 놀이 과정에서 등장하며

놀이는 창조의 근원적 힘이 된다.

카를라 리날디(Carla Rinaldi)

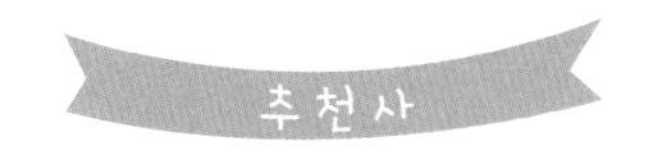

유아들에게 있어서 놀이는 생활 그 자체이면서 동시에 자연스럽게 학습이 이루어지는 매우 중요한 부분입니다. 이러한 사실에 착안하여 부모님이 이해하기 쉽게 놀이의 중요성과 부모님과 함께할 수 있는 게임 활동을 소개한 이 책은 놀이가 갖는 고유한 의미뿐 아니라 유아와의 관계 형성에 긍정적 영향을 미칠 수 있으므로 유아를 가르치고 양육하는 교사와 부모님에게 많은 도움이 되리라 생각합니다. 유아와의 긍정적 관계 형성을 원하는 교사나 부모님에게 이 소중한 책 한 권을 추천해드립니다.

정현숙(상지대학교 유아교육과 교수)

아이는 놀이를 통해 활동의 주체자가 되어 배우고 성장합니다. 놀이가 가지는 힘은 어른이 된 뒤 살아가는 힘으로도 작용합니다. 이 책은 놀이를 잃어버리고 살아가는 요즘 아이들을 위해 놀이를 통해 자연스럽게 배움이 일어나도록 현장에서 실천하는 교사들이 고민을 거듭하여 나온 책입니다. 우리 아이들의 정신과 신체가 건강하게 자라기를 원한다면 꼭 보아야 할 지침서입니다.

이용덕(순천왕지초등학교 교장)

놀이를 통해 얻어지는 에너지는 무엇일까요? 놀이는 아이들로 하여금 수동적인 자세에서 벗어나 능동적으로 참여하게 할 뿐만 아니라 활동의 주체자가 되도록 해줍니다. 그런 의미에서 이 책에서 제시한 '놀이의 힘'은 즐겁게 노는 과정을 통해 자연스럽게 배우고 나만의 것을 만들어가는 것이 아닐까 생각해봅니다. 이 책이 현장의 많은 선생님들에게 학생들의 넘치는 에너지를 발산시킬 수 있는 기회가 되기를 기대합니다.

장충숙(한국교원대학교 교원연수원 교육연구관)

놀이는 무엇보다 혼자가 아닌 여럿이어서 좋습니다. 친구와 대화하고, 티격태격 싸우고, 규칙을 정하는 과정에서 학생들은 조절과 동화를 체험할 수 있습니다. 이런 과정에서 타인 배려와 협동을 배우고, 자신에 대해 성찰하고 놀라운 창의력도 발휘합니다. 저자들이 부모로서 교사로서 교육철학을 담아 엮은 이 책은 소중한 우리 아이들을 더욱 성장시키는 가교 역할을 하리라 봅니다. 특히 즐겁고 행복한 학교 적응을 위한 놀이 자료는 현장 교사들이 관계 형성을 위한 매우 유익한 자료로 활용할 수 있어 적극 추천합니다.

김여선(전라남도교육청 교육과정과 장학관)

이 세상에 '놀이'를 좋아하지 않는 사람이 있을까요? 아이든 어른이든 우리는 모두 놀이를 좋아합니다. 놀이는 본능적인 움직임이고 활동 그 자체가 즐거움이기 때문입니다. 아이들에게 노는 시간을 주는 것이 아니라, 함께 놀아보는 것은 어떨까요? 이 책은 놀이를 통해 주변 세계를 알아가고, 관계를 맺고 성장해가는 아이들에게 소중한 양분이 될 뿐만 아니라 우리 어른들에게도 잊었던 즐거움을 선물해줍니다.

이주영(교육부 교수학습평가과 연구사)

잘 노는 것이 경쟁력이다! 아이들은 놀면서 큰다! 참 많이 들어왔던 말이고, 앞으로도 많이 듣게 될 것 같다. 「대한민국 어린이 헌장」(1988. 5. 5.) 5항에는 "어린이는 즐겁고 유익한 놀이와 오락을 위한 시설과 공간을 제공받아야 한다."라고 명시되어 있다. 전 세계적으로도 놀이를 통한 공동체 의식 함양 및 창의력 제고를 위한 교육을 강조하고 있는 추세이며, 국내에서도 2018년 전라남도교육청이 전국 최초로 「어린이 놀 권리 보장 조례」를 만들어 놀이 활동 활성화를 위해 노력하는 등 어린이 놀 권리에 대한 관심이 늘고 있다. 평소 학습자 중심 교육과 미래 교육 등 교육에 대한 부단한 관심과 열정으로 연구하고 책을 집필해온 저자들은 학교와 가정에서도 활용할 수 있는 '노는 법'을 5가지 분야로 구분하여 제시하고 있다. 혼자 때로는 같이, 공부 아닌 공부 같은 놀이, 안에서 밖에서 할 수 있는 놀이를 소개하며 놀이 방법, 효과, 생각을 키우는 대화까지 제시하고 있어 학부모는 물론 현장 교사에게도 큰 도움이 될 것으로 생각된다.

박미자(전라남도해남교육지원청 장학사)

어릴 적 학교를 마치고 집에 가는 길은 언제나 설렘의 시간이었습니다. 친구들과 함께 저녁 늦게까지 수많은 놀이를 할 수 있었기 때문입니다. 달리기를 잘하는 친구가 술래가 되면 뛰어다니기 바빴고, 맞추기를 잘하는 친구가 있으면 서로 같은 편이 되려고 했던 기억이 생생합니다. 요즘 아이들은 학교에서도, 집에서도, 동네 어귀에서도 놀 기회가 부족합니다. 학교에 오기 전부터 즐길 수 있는 학교 적응 놀이, 야외 체험 놀이, 협동 놀이, 전통 놀이, 교과 연계 놀이까지 소개하는 『학교 적응 놀이』는 부모이자 교사인 저자들이 우리 아이들의 인성과 신체 발달에 맞게 구성한 책입니다. 특히 아이들이 행복한 세상을 꿈꾸며 해온 저자들의 다양한 실천들이 고스란히 책 속에 담겨 따스함이 느껴집니다. 끝으로 여전히 아이들을 따뜻한 배움터에서 키우고자 노력하는 모든 분들께 세상에서 가장 소중한 이 책을 추천합니다.

윤용한(고정초등학교 교사)

아이의 성장과 발달, 학습 역량을 책임지는 놀이의 힘

아이의 인생을 좌우하는 결정적 시기

"선생님, 우리 아이는 착하고 배려심이 높은 인성이 바른 아이로 자랐으면 좋겠어요."

학기 초 학부모 상담을 하다보면 종종 듣는 말입니다. 그러면 착하고 배려심이 있는 아이는 어떻게 길러질 수 있을까요? 많은 부모님들이 자녀의 교육에 매우 관심이 높습니다. 그리고 인성적인 부분도 사교육 기관이나 공교육 기관을 통해 전적으로 배울 수 있다고 생각합니다. 하지만 과연 정말 그럴까요?

초등학교 입학 전후의 어린아이들에게 부모의 관심은 매우 중요합니다. 왜냐하면 아이가 장차 중학교와 고등학교에서 공부하고 대학에 진학하며 성숙한 성인이자 민주시민으로 성장하기 위한 모든 기초를 형성하는 결정적 시기이기 때문입니다. 그래서 이 시기를 '인생의 결정적 시기'라고 부릅니다. 그렇다면 아이들은 인생의 결정적 시기를 어떻게 보내는 것이 좋을까요?

이 시기에 대부분의 부모들은 아이의 미래를 위해서라며 학습을 강요하고 많은 시간을 학원에서 보내게 합니다. 그러나 너무 어린 나이에 이루어지는 과도한 학습은 아이에게 스트레스가 되며, 아이의 정서에도 좋지 않은 영향을 끼칩니다. 그뿐 아니라 학습에 대한 흥미를 잃고 집중력이 떨어지는 등 학업 동기 부분에도 부정적인 영향을 미칩니다.

이 결정적 시기에는 학습 못지않게 부모의 역할과 친구들과의 교류가 매우 중요합니다. 맞벌이 가정이 많고, 그게 아니더라도 너나없이 해야 할 일이 많은 요즘에는 부모도 아이에게 온전히 시간을 쏟기가 어렵습니다. 하지만 아이는 잠깐이라도 부모와 함께하는 시간이 필요합니다. 그렇다면 어떻게 해야 할까요? 단시간에 아이와의 정서적 교류를 높일 수 있는 방법은 없을까요? 바로 놀이입니다. 게다가 놀이를 통해 교육적 효과까지 거둘 수 있다면 더욱 좋겠지요.

놀이를 연구하다

『학교 적응 놀이』를 집필하기 위해 모인 우리는 놀이와 교육에 대해 많은 이야기를 나누었습니다. 학교에서는 물론 각자의 집에서 아이들을 보면서 아이들에게 좋은 놀이가 무엇인지, 부모가 아이와 함께 놀고 싶을 때 쉽게 접근할 수 있는 놀이는 무엇인지, 또 어떤 놀이를 해야 교육적 효과도 거둘 수 있는지 논의하고 연구 자료를 수집했습니다. 그리고 그 놀이들을 학교에서는 반 아이들과, 집에서는 내 아이와 함께 해보았습니다. 아이들의 반응과 이후 보여준 변화도 꼼꼼히 기록했습니다.

아이는 혼자서 무엇인가를 구성하는 놀이도 할 수 있고, 부모 혹은 친구와 함께 구체적 목표를 가지고 전략을 세우는 놀이도 할 수 있습니다. 그렇게 때로는 협력하고 때로는 경쟁하며 삶의 지혜를 배웁니다. 문제 상황을 풀어나가는 문제해결력은 물론 체력과 감성도 높아집니다. 또 공부머리도 좋아집니다.

이 시기에 부모가 아이의 놀이 상대가 되어주면 효과는 더욱 극대화됩니다. 부모는 아이의 첫 사회적 상호작용 대상이고 신뢰 대상이자 의지하는 대상이기 때문입니다.

요즘 아이들의 놀이 문화

요즘 아이들의 일상을 가만히 들여다보면 그 모습이 많이 변했음을 알 수 있습니다. TV와 책을 즐겼던 부모 세대와 달리 아이들은 영상 매체인 유튜브와 스마트 기기를 즐겨 사용하고, 친구들과 SNS나 카톡, 메신저를 도구 삼아 놉니다. 친구들과 밖에서 뛰어노는 것보다 집에서 온라인 친구와 대화하는 것을 더 좋아합니다. 문제 상황이 발생하면 스마트 기기를 이용해 필요한 것을 검색하여 문제를 해결합니다. 요즘 아이들은 태어나자마자 스마트 기기를 만나고 익숙해지는, 그리고 그것을 삶에서 만능키처럼 사용하는 디지털 세대입니다.

부모는 달라진 아이들이 어렵습니다. 그리고 늘 바쁘다보니 아이의 학습 상황을 확인하는 것도 부담스럽고 같이 놀아주기는 더더욱 어렵습니다. 하지만 정말로 아이가 똑똑하고 건강하게 자라기를 원한다면, 한 번쯤 하던 일을 멈추고 가만히 생각해봐야 합니다. 지금 내 아이에게 정말 필요한 것이 무엇인지 말입니다.

우리는 교사로서 또 부모로서 쉽고 재미있고 교육적인 놀이를 제안입니다. 놀이는 정말 재미있어야 하고, 그 재미 속에 배움이 있어야 합니다. 놀이를 통해 미래 사회에 필요한 역량을 자연스럽게 함양할 수 있어야 합니다.

인생의 결정적 시기에 필요한 놀이

일찍이 미래학자 버크민스터 풀러(Buckminster Fuller)는 '지식 두 배 증가 곡선'으로 인류의 지식 총량이 늘어나는 속도를 설명했습니다. 그는 100년마다 두 배씩 증가해왔던 인류의 지식 총량이 1990년대 이후에는 25년, 현재는 13개월 만에 두 배가 되어 그 주기가 급격히 단축되었다고 했습니다. 나아가 2030년이 되면 지식 총량이 3일에 두 배씩 증가한다고 주장하면서 사회 전반에 걸쳐 이러한 변화에 대비할 수 있는 대대적인 혁신이 필요하다고 했습니다.

정보 혁명이라 불리는 4차 산업혁명은 사물인터넷, 클라우드, 빅데이터, 모바

일의 지능정보기술을 동력으로 인공지능(AI)을 가능하게 만들었고, 이는 많은 사람의 일상생활을 획기적으로 바꿔놓았습니다. 또한 교육에도 새로운 변화를 불러왔습니다. 기존의 교육이 지식 중심, 전달 위주의 방식이었다면, 이제는 미래 사회를 살아갈 학생들에게 필요한 핵심역량, 즉 스스로 학습하면서 자기에게 필요한 것을 찾을 수 있는 기본 역량을 키워주는 방식의 교육이 중심이 되었습니다.

우리는 현직 교사이자 연구자로서 유아교육, 초등교육, 교육심리, 교육방법을 연구하는 교육 전문가입니다. 우리는 초등학교 입학 전후, 인생의 결정적 시기에 아이의 정신적, 신체적 성장을 좌우하는 것이 놀이라고 생각하며 놀이에 대해 연구했습니다. 그 결과물인 『학교 적응 놀이』는 아이들이 어떤 놀이를 하면서 어떤 역량을 키울 수 있는지 아주 구체적으로 짚어줍니다. 예를 들어 '키보드로 글자 쓰기'를 하면 협업과 배려 역량, 자아존중감이 높아지고, '청기백기 놀이'를 하면 의사소통 능력과 비판적 사고력이 높아집니다. '숨겨진 버터를 찾아라'와 같은 과학 실험 놀이를 할 때는 지식과 융합 역량, 비판적 사고력, 창의적 사고력이 키워집니다. 이 책에 소개된 놀이 중 내 아이에게 필요한 역량을 키울 수 있는 놀이를 선별해 함께한다면 초등학교 입학 전후 아이들의 역량 향상에 큰 도움이 될 것입니다. 또한 초등학교에 입학한 아이의 적응력을 향상시키고 친구들 사이의 자연스러운 교감을 가능하게 해주어 학교생활 만족도를 높여줍니다.

이 책이 소개하는 놀이의 핵심 3가지

우리는 이 책을 쓰면서 아래 3가지에 초점을 맞췄습니다.

첫째, 아이들과 부모가 함께할 수 있는 놀이를 제시하였습니다. 사실 부모도 아이와 어떻게 놀아야 하는지 잘 모릅니다. 취학 전후 학교 적응 놀이부터 교과 연계 놀이, 야외 체험 놀이, 전통 놀이, 협동 놀이 등의 놀이 방법을 그림과 사진, 그리고 친절하고 꼼꼼한 설명으로 알려줍니다.

둘째, 현직 교사이자 연구자이자 부모로서, 아이들과 함께 여러 가지 놀이를 한 실제 경험을 바탕으로 놀이를 재구성하였습니다. 잘 알려진 놀이는 아이의 성장과 능력 발달에 초점을 두고 변형, 발전시켰습니다. 놀이 과정에서 부모 또는 친구들과의 대화가 중요하다고 판단했습니다. 그래서 '생각을 키우는 대화' 사례를 제시하여 아이에게 어떠한 질문과 대화를 해야 하는지 참고할 수 있도록 했습니다.

셋째, 놀이가 단순히 재미로만 끝나지 않고 의미 있는 학습으로 연결되도록 하였습니다. 모든 부모는 '의미 있는 경험을 통한 아이의 성장'을 바랍니다. 놀이를 통해 아이가 세상을 살아가기 위한 역량, 즉 협업과 배려, 의사소통, 지식과 융합, 비판적 사고, 창의적 사고, 자아존중감을 키울 수 있기를 바랍니다. 이를 위해 놀이마다 성장할 수 있는 역량을 함께 제시하여, 내 아이에게 필요한 놀이와 역량을 한눈에 찾을 수 있도록 하였습니다.

네덜란드의 역사가이자 철학자인 요한 하위징아(Johan Huizinga)는 그의 책 『호모 루덴스(Homo Ludens)』에서 "놀이는 정신적인 창조 활동"이며 "학문, 예술 등 인간의 전체적인 발전에 기여한다."고 하였습니다. 이 책 『학교 적응 놀이』를 통해 모든 아이들이 학교에서 부적응 없이 행복한 시간을 보내며, 미래 사회를 더 아름답고 건강하게 만드는 미래 인재로 성장하기를 희망합니다.

저자들을 대표하여

박희진 씀

놀이의 힘

chapter

놀아보자

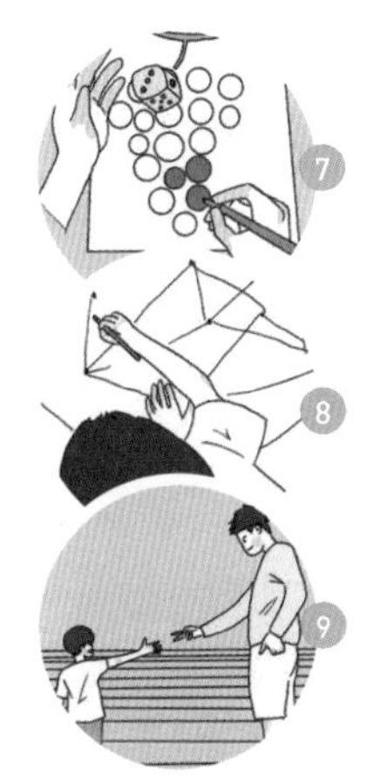

chapter

2 교과 연계 놀이 _86

chapter

3 야외 체험 놀이 _135

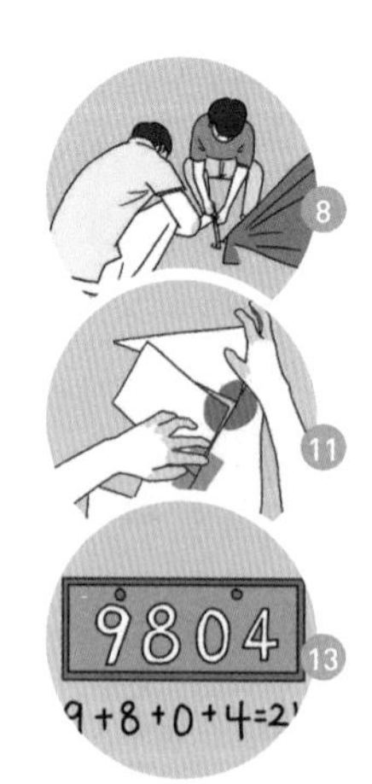

chapter

4 전통 놀이 _174

chapter

5 협동 놀이 _203

Part 1

놀이의 힘

잘 노는 아이가 더 행복하다

아이는 놀면서 큰다

아이들은 언제 행복을 느낄까요?

일반적으로 아이들은 기본적인 욕구가 충족되었을 때 행복을 느낍니다. 놀이는 인간의 기본 욕구를 충족시켜주는 활동으로, 아이들은 자발적인 놀이를 통해 '무엇인가 성취해야겠다'는 동기를 느낍니다. 이 과정에서 즐거움과 몰입을 경험하며 자신의 에너지를 발산하게 됩니다.

1989년 11월 유엔총회에서 결정된 「유엔 아동권리협약」에서도 "아동은 휴식과 여가를 즐기고 자신의 나이에 맞는 놀이와 오락 그리고 문화생활과 예술 활동에 자유롭게 참여할 수 있는 권리를 인정한다."고 명시하였습니다. 이것은 놀이가 아이의 발달에 꼭 필요한 부분이라는 것을 방증합니다.

'아이는 놀면서 큰다'는 말이 있듯이 아이들이 하는 놀이는 단순히 에너지를 발산하고 몸을 움직이는 활동 그 이상의 의미를 지닙니다. 특히

2019년 주요 포털 사이트 뉴스 기사를 중심으로 '놀이'를 키워드로 한 빅데이터 조사 결과, '유치원과 초등학생 아이들에게 놀이는 학교교육 중심의 체험을 통하여 생각하는 사람을 만들기 위한 수업의 일환으로 이루어져야 한다'는 의미가 도출되었다.

유아기의 풍부한 경험은 전인 발달은 물론이고 이후 학업 성취와 창의성 등에 긍정적인 영향을 준다는 결과가 여러 연구들에 의해 밝혀졌습니다(Miller & Almon, 2009). 뇌과학 연구에서도 놀이가 행복, 사회, 정서, 인지, 신체 발달에 중요한 역할을 한다는 사실을 입증하였습니다(Schonkoff & Phillips, 2000; Thompson, 2008).

옛날 사람은 뭘 하며 놀았을까

과거에도 놀이는 다양한 형태로 존재했습니다. 그리고 그중에는 학습 동기를 유발하거나 학습 효과가 있는 놀이도 많습니다. 이집트의 무덤 벽화를 살펴보면, 이미 기원전 3100년경에 세네트(SENNET)라는 놀이를 즐겼다는 사실을 알 수 있습니다. 세네트는 '어려운 관문을 통과하다'라

고대 이집트 사람들이 즐겼던 놀이 '세네트'
(출처: TUTANKHAMUQN'S WORLD)

는 뜻의 '세니'라는 말에서 유래되었습니다. 이는 고대 이집트인들에게 인기 있던 게임 중 하나로 그 놀이 방법이 오늘날의 체스나 바둑과 유사합니다.

우리나라에도 이와 유사한 놀이가 있습니다. 보드게임의 일종으로 볼 수 있는 승경도 놀이가 그것입니다. 그리고 서당에서는 역할극, 보드게임과 비슷한 놀이를 통해 아이들의 학습 동기와 흥미를 자극했습니다. 대표적인 놀이로는 재판 놀이와 고을 모둠 놀이가 있습니다.

승경도 놀이
옛 벼슬 이름을 종이에 도표로 그려놓은 승경도를 펼쳐두고 오각형으로 길쭉하게 만든 윤목이나 주사위를 던져 누가 먼저 높은 관직에 오르는가를 겨루는 놀이.

재판 놀이
역할극의 형태로 관아의 권력 행사나 재판 과정을 재현하며 주어진 상황에서 옳고 그름의 판단력을 기를 수 있는 놀이.

고을 모둠 놀이
정해진 책에서 고을 이름에 해당하는 글자를 찾고 거기에 자신이 알고 있는 글자를 더해 고을 이름을 만든다. 고을 이름을 많이 만드는 자가 이긴다. 전국의 지명과 지리를 배울 수 있는 놀이.

아이들은 놀이를 통해 자신의 신체적, 심리적 상태를 가장 적극적으로 표출합니다. 놀이 장면을 자세히 관찰해보면, 혼자서 또는 또래와 어울려 놀고 놀잇감을 이용하기도 합니다. 놀이는 다른 사람에 의해서가 아니라 자신의 '재미있겠다'는 마음이 동기가 되어 시작하는 행위입니다.

'어떤 것을 하고 싶다'는 마음을 심리학 용어로 동기(motive)라 하는데, 그중에서 외부 압력이나 자극 없이 스스로 과제를 성취하고자 하는 마음과 욕구를 내적 동기(internal motive)라고 합니다. 내적 동기는 무언가를 해야겠다는 자발적인 움직임을 만들어냅니다. 놀고 싶다는 동기는 노는 행위를 만들고, 아이들은 이 과정에서 재미와 즐거움을 느끼고 몰입합니다(전경옥, 2008). 아이들은 놀이를 통해 스스로 성장합니다.

집에서 혼자 노는 요즘 아이들

한국청소년활동진흥원에서는 2018년 초등학생 5,863명을 대상으로 '평일 방과 후 집에서 주로 하는 활동'을 조사하였습니다. 그 결과 10명 중 3명이 스마트폰이나 스마트기기를 가지고 유튜브를 보거나 SNS 활동을 하는 것으로 나타났습니다. 특히 4~6학년 학생은 10명 중 4명이 스마트폰을 한다고 응답하였습니다. 숙제나 학습지 등을 하는 학생은 전체 응답자의 23%였고, 1~3학년 학생은 26%가 혼자 공부한다고 대답하였습니다. 그리고 방과 후에 놀이 활동을 하는 학생은 100명 중 2명밖에 안 되는 것으로 밝혀졌습니다.

이처럼 요즘 아이들은 너무 바쁩니다. 힘들고 지쳐 있습니다. 따라서 아이들에게도 휴식이 필요합니다. 부모와 교사는 아이들이 놀 수 있는 시간을 보장해주어야 합니다. 스마트폰만 만지작거리는 아이들, 카카오톡 대화가 직접 만나 이야기를 나누는 것보다 더 편하다고 생각하는 아이들. 요즘 아이들은 어쩌면 노는 법을 제대로 배우지 못했는지도 모릅니다. 그 누구도 가르쳐주지 않았으니까요.

초등학생이 평일 방과 후 집에서 주로 하는 활동 (단위: %)

	TV·비디오	스마트폰	휴식	컴퓨터	혼자 공부	친구와 놀이	음악 듣기	군것질	만화책·잡지 읽기	그림 그리기	운동·악기	기타
1~3학년 (2,854명)	19	19	10	3	26	3	1	1	8	4	2	5
4~6학년 (3,009명)	9	37	8	8	21	1	2	1	3	3	3	5
전체 (5,863명)	14	28	9	5	23	2	2	1	5	3	3	5

(출처: 한국청소년활동진흥원(2018), 「방과 후 활동 수요 및 현황 조사」)

현대 사회에서 놀이는 스마트기기와 같은 영상 매체의 영향력 증가로 경시되고 위축되고 있습니다. 놀이 시간의 감소는 역으로 TV 및 유튜브 시청, 컴퓨터 게임 시간을 늘렸고, 아이들은 신체 활동이 적어진 만큼 비만 관련 질병 위험률이 높아졌습니다. 친구와 함께하는 놀이보다 혼자 하는 놀이를 즐기면서 우울증, 외로움과 같은 정신적 문제를 겪고 사회성 발달도 늦어지고 있습니다.

많은 연구에서 다양한 자료를 통해 놀이성 점수가 높은 아이들이 유창성, 독창성, 융통성의 측정 결과도 높다는 사실이 밝혀졌습니다. 신체적 자발성, 인지적 자발성, 유머감각, 즐거움을 표현하는 아이들일수록 창의성의 세 가지 측면인 유창성, 독창성, 융통성이 높게 나타난 것입니다. 특히 유창성은 유머감각 및 즐거움의 표현과 상관이 있으며, 어른의 적절한 개입이 있을 때 유창성은 더욱 증진됩니다.

놀이는 창의력, 상상력에 영향을 끼치는 폭넓은 경험을 제공합니다.

상징적 변형은 정신적 융통성을 확장시켜 사고를 자유롭게 하여 독특하고 새로운 방법으로 아이디어를 결합할 수 있도록 도움을 줍니다. 놀이는 이러한 인지적 풍부화의 전환 과정을 거쳐, 이후 학교생활이나 미래 사회를 살아갈 인재로서 필요한 적응 능력을 키워줍니다.

또한 아이들은 놀면서 다른 사람과의 관계를 형성합니다. 친구와 함께 놀면서 사고의 폭이 넓어지고 다양한 정서를 경험하며 문제 해결을 위한 고민과 경험을 합니다. 구체적 목표를 세우고 무언가를 만들면서 자기중심성에서 벗어나 사회에 필요한 지식과 기술을 발달시켜 나갑니다.

아이들에게 '놀이'는 스스로 선택하고 주도적으로 참여하는 과정에서 느끼는 즐거움과 기쁨 그 자체입니다. 어른들도 아이들이 주도성을 갖고 선택하여 참여하는 활동을 놀이로 인식해야 합니다. 놀이는 아이들의 권리이자 성장과 발달을 촉진하는 핵심입니다. 이제 아이들에게 놀이 시간을 돌려주어야 할 때입니다.

국가별 놀이정책

한국

- 강원도교육청, '어린이 놀이헌장' 제정(2015년 5월 4일) 및 놀 권리 보장 조례안 공포
- 전국 시도교육청, 놀이 10대 공동정책 추진
- 서울시교육청, 교육과정 내 놀이 시간 확보, 수업놀이 교구비 지원, 아이들이 놀러오는 놀이터 만들기 지원(2014년, 권고)
- 전라북도교육청, 놀이밥 60 프로젝트, 놀이지원단 운영

영국

- 국가 차원에서 놀이정책(Children's Plan) 계획 및 시행
  - 2008~2020년까지 놀이정책 장기계획 수립, 1차 기간(2008~2011년)에 4,200억 투입
  - 실행기구(Play England)를 구성해 영국 전 지역에 놀이터 및 공원 신축, 기존 놀이터 정비, 전문 인력 양성, 교육기관 및 지역사회의 참여 유도, 초등학교 평가기준에 놀이 영역 포함 등

프랑스

- 학습량은 줄이고 여가, 취미, 스포츠 활동 시간을 확대
- 학생의 학습 리듬을 교내 일과뿐만 아니라 방과 후 여가 시간까지 포함

핀란드

- 유아교육기관 및 학교에서 많은 시간을 보내는 아이들의 놀이 시간 확보
- 교육과정과 실외 놀이 연계 프로그램 운영-계절과 상관없이 실내외 활동이 대등하게 이루어지도록 놀이 기회 확보
- 유치원의 경우 영하 15도 이상이라면 하루 2회, 총 3~4시간을 실외 놀이 시간으로 운영하고 안전요원 배치

(출처: 강원도교육청(2018))

유·아동기 놀이 교육의 중요성

교육 패러다임의 변화

21세기 미래 사회에서는 창의적인 사고방식과 의사소통 능력이 중요합니다. 교통과 통신의 급속한 발달 그리고 물질적 풍요로 개개인이 자라온 다양한 문화가 시공간의 제약 없이 한곳에 공존하는 시대이기 때문입니다. 이에 따라 '아이들에게 어떠한 교육을 해야만 이상적으로 성장시킬 수 있는가'에 대한 문제가 제기되었습니다. 이것은 자녀를 둔 부모뿐만이 아니라 사회구성원 모두가 직면한 핵심 문제이며, 미래 사회가 요구하는 인재를 길러내는 기준입니다.

미래 사회는 공부만 잘하고 지식만 가득한 인재를 원하지 않습니다. 인재의 기준이 변화하고 있습니다. 세계적인 석학 다니엘 핑크(Daniel Pink)는 미래 사회가 요구하는 인재의 기준이 변화하고 있다고 주장하며 디자인, 놀이, 조화, 스토리, 의미, 공감 등을 인재의 요건으로 제시하였습니다. 수많은 정보와 지식이 공유되는 시대에 어쩌면 기존의 전통적인 교육에서 얻은 지식은 단순한 상식에 불과할지도 모릅니다. 기술의 발달과 함께 인간의 발달이 가속화되고 있으며, 교육 또한 새로운 요구로 인해 바뀌고 있습니다. 시대 흐름에 맞추어 교육 패러다임이 변화했고, 교육 집단의 반성과 새로운 시도가 이어지고 있습니다.

미래 역량을 키우는 놀이 교육

우리는 미래를 이끌어갈 대상, 즉 아이들에게 집중해야 합니다. 아이들에게 교육을 통해 미래를 살아갈 역량을 키워주는 한편 아이들이 습득한 지식과 기술을 적재적소에 활용할 줄 알게 해주어야 합니다. 또한 그 모든 과정을 통해 아이가 인간으로서 행복을 느낄 수 있게 해주어야 합니다. 이러한 교육의 결과는 개인의 성장을 넘어 국가경쟁력 향상으로까지 이어집니다.

인간의 교육 주기에서 유 · 아동기의 놀이는 아주 중요합니다. 이 시기는 사고 발달이 가장 활발하게 이루어지는 결정적 시기로, 놀이에 참여하고 몰두하는 과정을 통해 지식을 구성하고 축적합니다(Saracho & Spodek, 1996). 또 놀이 과정에서 호기심을 느끼고 탐색과 모험적인 행동 등을 통합적으로 하게 됩니다.

미래 사회가 요구하는 창의성과 생산성, 협력 또한 놀이를 통해 길러질 수 있습니다. 놀이는 외부 강요가 아닌 자신의 내적 동기에 의해 즐기는 행위입니다. 놀이가 포함하는 흥미나 자발성은 학습 효과에 큰 영향을 줍니다. 다니엘 핑크는 미래 사회가 요구하는 인재의 6가지 기준 중 하나로 '놀이'를 꼽았고, 그의 주장대로라면 '잘 노는 사람'이야말로 미래 사회에 꼭 필요한 인재인 셈입니다.

아이들은 놀이할 때 능동적이고 적극적으로 변화합니다. 아이들 스스로 하고 싶다는 동기를 갖게 되고 '흥미'를 느낍니다. 행위자의 흥미가 반영된 놀이에는 구체적 경험을 통한 학습의 기회가 내재되어 있습니다. 학습은 자신이 시작한 주도적 과정에서 자연스럽게 얻어지는 즐거움의 결과이며, 그 속에서 일어나는 사건이나 행위는 경험을 통해 효과적인 학습으로 이어집니다.

놀이의 중요성을 역설한 학자들

놀이의 중요성은 고대 그리스부터 많은 학자와 사상가들에 의해 언급되었습니다. 고대 그리스의 철학자 플라톤(Plato)은 "강제적인 교육보다 놀이 본능이 잘 발휘될 수 있는 음악과 춤을 오락처럼 가르치는 것이 효과적"이라고 했으며 아리스토텔레스(Aristoteles)는 "취학 전 유아들의 가정교육에 놀이를 활용하는 것이 바람직하다."고 하였습니다.

17세기에 들어서면서는 인간의 타고난 마음은 백지와 같다고 주장한 영국의 철학자 로크(Locke)가 "아이들은 놀면서 학습하기 때문에 어른의 지도가 필요하다."고 했으며, "상품화된 놀잇감 이외에 일상에서 사용되는 모든 물품이 다양한 놀잇감으로 제공되어야 한다."고 주장하였습니다. 또 그는 『교육에 관한 몇 가지 생각들(Some Thoughts Concerning Education)』에서 즐거움을 위해 상상적 놀이를 추구하는 성향에 빗대어 아이들을 "타고난 놀이자"라고 정의하며, 아이들에게 놀이는 필수적인 것으로 보았습니다.

프랑스 계몽사상가 루소(Rousseau) 역시 그의 책 『에밀(Emile)』에서 인간이 발달하는 단계에 따라 필요한 교육에 대해 이야기하였습니다. 루소는 '에밀'이라는 아이가 성장하는 모습을 시기별로 표현하며 발달 단계에 맞는 교육을 자연주의에 입각하여 주장하였는데, 특히 '유년기 교육'에서 아이들에게 "놀이와 기쁨 그리고 본능을 충족시켜줘야 한다."며 놀이를 통한 신체와 감각 발달의 중요성을 언급하였습니다. 그는 대부분의 성인들이 언제나 입가에 웃음을 머금었던, 마음이 평화롭던 어린 시절을 아쉬워한다며, "다시 돌아오지 않을 자녀들의 짧은 유년시절을 어째서 고통과 슬픔으로 채우려 하는가?"라는 물음으로 자녀교육에 대한 성인들의 임무에 의문을 던지기도 했습니다.

프뢰벨(Fröbel)과 몬테소리(Montessori)는 놀이를 의도적인 교육활동으로 규정하였습니다. 18세기에 프뢰벨은 루소와 페스탈로치(Pestalozzi)의 영향을 받아 놀이를 유아교육의 중요한 핵심으로 보았습니다. 그는 '유치원'을 창시한 인물로서, 세계 최초의 놀잇감 '은물'을 완성하여 체계적인 놀잇감에 교육적 원리를 결합한 놀이 교육을 탄생시켰습니다.

> 놀이는 어린이의 내적 세계를 스스로 표현하는 것이며, 내적 요구에 의해서 내계(內界)를 외계(外界)에 표현하는 것이다. 놀이는 아동기의 가장 순수한 정신적 산물이며 인간 생활 전체의 모범이다. 그러므로 놀이는 기쁨과 자유와 만족, 자기내외(自己內外)의 편안함과 세계와의 화합을 만들어낸다.
>
> 『인간 교육(Die Menschenerziehung)』 (프뢰벨 저 · 서석남 역, 2003) 중에서

19세기에 활동한 몬테소리는 노동자 자녀를 위한 유치원인 '어린이의 집'을 설립합니다. 어린이의 집은 지방의 가난한 아이들을 위한 학교였습니다. 이곳에서 몬테소리는 아이들을 위한 환경을 조성하고 다양한 교구와 학습 활동을 만들었는데, 이것이 바로 '몬테소리 프로그램'입니다.

몬테소리는 아이들이 현실 세계에서 필요한 기술을 배울 수 있도록 고안된 교구를 아이들 손과 몸 크기에 맞추어 작게 만들어 제공하였는데, 이 모든 것을 아이들을 위한 '준비된 환경'이라고 보았습니다. 몬테소리를 통해 놀이와 일의 균형이 아이들의 학습에 기여한다는 사실이 널리 퍼지기 시작했고, 놀이의 효과에 대한 관심이 커졌습니다.

아이의 발달 과정과 놀이의 역할

그러면 '논다'는 것은 무엇일까요?

많은 사람들이 '매일 놀았으면 좋겠다'는 말을 자주 합니다. 아이들도 마찬가지입니다. 그런데 논다는 게 무엇인지, 놀이가 무엇인지는 아무도 모릅니다. 언제, 어디서, 누구와, 무엇을, 어떻게, 왜 해야 하는지 이유조차 모르면서 아이들은 놀자고 조르고 부모들은 자녀와 놀았다고 말합니다.

놀이에 대한 본격적인 연구는 1920년대에 시작되었습니다. 놀이는 학습의 기초를 제공한다는 점에서 현재 재조명되고 있습니다. 또한 인간의 성장과 발달에 필수라는 견해가 주를 이루면서 놀이의 중요성은 더욱 강조되고 있습니다. 우리가 주목해야 할 부분이 바로 여기에 있습니다.

갓 태어난 신생아나 영아들을 떠올려보세요. 가만히 누워 있는 것처럼 보이지만 끊임없이 놀고 있습니다. 반사행동이나 옹알이를 하거나 모빛을 보며 깨어 있는 시간을 보냅니다. 움직이는 물체를 보며 시각을 발달시키고, 소리 나는 곳을 보려고 몸을 움직입니다. 이 과정에서 아이의 감각은 더욱 정교화되고 장난감이나 도구를 활용할 수 있는 단계로 발달이 이어집니다.

연령이 낮을수록 놀이가 아이에게 미치는 힘은 큽니다. 감각을 통해 얻은 작은 경험들이 인지 구조를 조직적이고 체계적으로 확장시켜주기 때문입니다. 또한 몸과 마음을 건강하게 성장시키는 중요한 역할을 합니다. 학습이 일어나기도 합니다. 잘 놀기만 하면 학습이 저절로 이루어진다는 뜻입니다. 아이들에게 놀이 시간은 곧 공부 시간이며, 잘 놀수록 학습을 다양하고 효과적으로 이룰 수 있습니다.

아이의 심리 치유와 놀이의 역할

놀이는 학습이나 교육의 가치 외에도 중요한 요소들을 많이 포함합니다. 놀이를 통해 우리는 아이의 발달 단계나 학습 수준, 생활 환경 등을 파악할 수 있습니다. 또 놀이 과정을 자세히 들여다보면, 아이의 정서는 물론 현재의 심리 상태와 가정 환경, 부모의 양육 방법까지도 추정할 수 있습니다.

그런 이유로 아동심리치료센터에서는 놀이로 아이의 문제행동 원인을 발달 단계상에서 찾아보고 적절한 해결 방안을 제시합니다. 전문 상담가나 심리치료사, 교사가 특정 상황을 설정하고 이에 맞는 재료로 공간을 구성하여 놀이 환경을 만듭니다. 그런 다음 20~30분 동안 아이와 함께 놀며 놀이 과정에서 드러나는 아이의 말과 행동, 감정 표현을 통해 현재 상태와 문제점을 파악합니다. 그리고 아이가 억압된 감정을 해소할 수 있게 돕고, 부모 상담을 통해 가정에서 부모가 해야 할 역할을 짚어줍니다.

놀이가 필요하고 중요한 이유는 아이들이 가장 즐겁다고 생각하는 행위를 통해 드러나는 자발성과 반복적이고 체험적인 경험 때문입니다. 아이들은 경험을 통해 새로운 경험을 창조하며, 재창조된 경험을 심화하고 확장하여 또 다른 새로운 경험으로 나아가는 과정을 반복합니다. 또한 놀이는 학습적인 필요성뿐만 아니라 사회구성원으로서의 역할을 익히기 위한 수단으로도 중요합니다.

놀이가 교육적이고 가치 있는 활동이 되기 위해서는 아이들의 흥미와 수준을 반영한 바람직한 놀이 환경이 제공되고, 어른들의 관심과 효율적인 개입이 우선시되어야 할 것입니다.

아이의 발달과 놀이의 상관관계

아이의 전인적인 성장을 돕는 놀이

놀이는 현실 세계 속 체험을 통해 이루어집니다. 현실 세계에서 이루어지는 놀이는 비실제성을 지니고 있어서 상상적인 측면이 강하고 행위의 결과보다는 그 자체가 목적이 됩니다. 놀이는 경쟁이나 특정한 규칙을 요구하기도 하는데, 규칙은 놀이 참여자에 의해 정해지고 새롭게 재구성됩니다. 놀이 속 질서 체계는 아이들의 발달을 돕는 수단입니다.

그렇다면 놀이는 '어떻게' 아이의 전인적인 성장을 돕는 것일까요?

첫째, 놀이는 신체와 기본적인 운동 능력의 발달을 촉진합니다. 신체를 이용하여 신나게 노는 아이들은 그렇지 않은 아이들보다 성취욕과 끈기, 도전정신이 월등히 높습니다. 또 놀이는 아이의 호기심을 자극하고 놀이 중 다양한 시도 과정에서 발생되는 집중력은 이후 탐구력과 지구력에까지 영향을 미칩니다.

일찍이 정신분석학자 프로이트(Freud)는 '놀이의 정서적 효과'를 강조하였습니다. 그는 놀이는 아동들에게 바라는 것을 성취하여 기쁨을 느끼게 하고, 현실에서 표출할 수 없는 불안과 공포, 갈등을 완화하는 효과가 있다고 했습니다. 교육학자 부르너(Bruner)도 놀이는 아이에게 '중요한 비즈니스'이며 어른들의 세계를 이해하고 배워나가는 수단이라고 하였습니다.

둘째, 놀이는 사회성 발달을 돕습니다. 놀이를 통해 아이는 주인공이 되어 자신의 세계를 펼치고 다른 사람을 만나며 풍부한 사회적 경험을 합니다. 놀이를 통해 세상을 배웁니다. 역할극 놀이로 타인과 함께 살아가는 지혜와 옳고 그름에 대한 도덕적 기준을 이해하게 됩니다. 또 여럿이 하는 놀이를 통해 자연스럽게 협력을 배웁니다. 자기중심적 행동에서 벗어나 집단 내에서의 규범, 질서, 조직의 가치와 의미를 깨닫고 건전한 성인으로 성장하기 위한 사회화를 학습하게 됩니다. 어린 시절 놀이에 흥미를 느끼지 못한 아이는 어른이 된 후에도 사회생활에 불편함을 느낀다고 심리학자들이 지적한 바 있습니다.

셋째, 놀이는 억압된 의식이나 감정의 에너지를 발산시켜 건강한 정서 발달에 도움을 줍니다. 아이들은 놀잇감을 쌓고 무너뜨리며 억눌린 감정을 표출하고 긴장을 해소합니다. 역할극 놀이에서 인형이나 캐릭터의 역할을 통해 자신의 감정을 이입하고, 충족되지 못한 욕구를 채워 나갑니다. 또한 부정적인 경험에 의한 스트레스를 해소하고 부모나 또래와의 갈등을 재연함으로써 타인과의 관계에서 발생하는 문제의 해결 방법을 찾아 건강한 정신을 형성하는 데 도움을 줍니다.

넷째, 놀이는 언어와 의사소통 능력을 발달시킵니다. 언어는 인간생활에 필수입니다. 놀이 역시 먼저 소통이 요구됩니다. 혼잣말이든 대화이든 말하는 과정을 통해 습득된 소통 능력과 언어 능력을 더욱 정교하게 발달시킬 수 있습니다.

다섯째, 놀이는 지적 발달에 도움을 줍니다. 아이는 놀이를 통해 사고를 발달시킵니다. 다양한 모양, 질감, 질량, 색깔, 크기, 성질을 가진 재료나 놀잇감을 가지고 놀 때 감각의 인지가 활성화되고, 사물에 대한 개념이 형성됩니다. 같은 맥락에서 발달심리학자 피아제(Piaget)는 학습에 대해 "자신을 둘러싸고 있는 주변 환경과의 능동적인 상호 작용 과정에서 동화와 조절을 통해 일어나게 되는 결과"라고 하였습니다.

여섯째, 놀이는 창의성 발달에 도움이 됩니다. 아이의 놀이는 단순한 것에서 복잡한 것으로 발전합니다. 놀잇감의 사용법을 익히고 다양한 놀이를 제안하며 구상하기도 합니다. 놀이를 통해 문제 해결 방법을 배우고 자신만의 재미있고 새로운 놀이를 탄생시키기도 합니다.

놀이의 효과를 높이는 환경

학습과 놀이의 연계

아이들은 일상에서 지식을 습득합니다. 일상생활 중에 경험하는 모든 것은 학습의 기초가 됩니다. 그리고 일상에서 느끼는 흥미와 호기심, 즐거움에 의한 자기 주도적인 노력은 학습 동기와도 관련이 깊습니다. 효과적인 학습을 위해서는 학습자의 자발적인 동기가 전제되어야 하므로, 강제적으로 가르칠 때보다 학습자 스스로 무언가를 배우고자 하는 욕구나 내적 동기가 생겨날 때 학습 효과가 높은 것은 당연합니다.

이러한 의미에서 놀이는 효과적인 학습 조건을 가장 잘 갖추고 있는 셈입니다. 놀이는 아이들이 자발적으로 하는 것이기에 활동 중에 주도적으로 참여하게 됩니다. 그리고 활동 중에 자연스레 목표를 설정하고, 그것을 달성하기 위해 협동하고 노력합니다. 때로는 의사소통을 힘들어하거나 실패를 겪기도 하지만, 그 모든 과정을 통해 몸과 마음이 성장하며 다양한 학습도 하게 됩니다.

따라서 지적 성장이 활발히 일어나는 영 · 유아기에서 아동기까지는 놀이가 더욱 중요합니다. 놀이는 학습과 발달의 토대일 뿐 아니라, 놀이를 통해 아이들 스스로 자신의 발달을 성취하며 많은 것을 학습하기 때문입니다. 최근에는 놀이 과정에서 얻어지는 '학습 잠재력'에 더욱 주목하는 추세입니다.

놀이는 북유럽 전역에서도 공식적인 아동교육지침으로서의 특권적인 위상을 나타냅니다(Einarsdottir et al., 2006). 1997년부터 핀란드의 오울루대학교와 카야니대학교에서 아동교육을 가르치는 펜티 하카라이넨(Pentti Hakkarainen)은 아동들의 삶인 놀이에서 나오는 힘과 잠재력이 학교에서 이루어지는 진정한 학습과 발달을 촉진한다면서 놀이의 중요성을 강조하였습니다. 그리고 유아들은 놀이 그 자체를 위한 놀이를 하며 깊은 만족감을 얻는다고 보았으며, 유아들이 학습을 위해 놀이하는 것은 아니지만 그들은 놀이를 통하여 학습한다고 이야기하였습니다. 또한 놀이는 어떤 활동 유형이 아닌 태도를 의미하는 것이며, 같은 활동이라도 어떤 아이에게는 놀이지만 다른 아이에게는 그렇지 않을 수 있다고 설명합니다. 이러한 점은 놀이가 아동의 심리적 발달과 학습을 촉진한다는 가정에 기본 바탕을 둔 북유럽 국가들의 관점을 반영한 것이라고 볼 수 있습니다.

부모의 적절한 개입

놀이를 아이에게 더욱 유익한 것으로 만들려면 무엇보다 놀이 환경의 주 제공자인 부모의 역할이 중요합니다. 아이들에게 양질의 놀이를 경험하게 하려면 부모가 자녀와 놀아주면서 격려하고 지지하는 역할을 해주어야 합니다(이승미, 2015). 따뜻한 칭찬이나 격려 없이 과제만 계속 부여한다면 아이는 괴로움만 느끼고 생산적이지 못한 활동으로 시간을 보내게 될 것입니다(Carter, 2010). 따라서 부모는 아이와 함께 놀면서 적절한 칭찬과 격려, 과제 부여로 교육적 효과를 높일 수 있도록 도와야 합니다.

즐거운 놀이는 아이가 놀이 중에 스스로 탐색하고 발견하는 등 '배우는 기쁨'을 느끼는 활동입니다(경기도교육청, 2017). 그런데 교육적 의도 없이 행해진 놀이는 때로 아이의 발달을 저해하기도 합니다. 가정에서 이루어지는 놀이에서 교육적 가치가 올바르게 발현되려면 놀이에 대한 부모의 의도된 계획과 함께 교육적인 목적이 바로 서 있어야 합니다.

놀이 도구와 환경

놀이가 교육적으로 가치 있는 활동이 되려면 놀이 도구와 환경이 아이들의 흥미를 유발할 수 있는 매력적인 것이어야 합니다. 물론 놀이 도구나 환경이 따로 준비되어 있지 않더라도 신체를 이용하여 다양한 놀이를 할 수 있습니다. 또 놀이 방법과 규칙은 함께하는 대상이나 흥미 요소에 따라 달라질 수 있습니다.

놀이는 보통 흥미와 호기심으로 시작되어 여러 놀이 환경과의 상호작용을 통해 하나의 '완전한 놀이'가 됩니다.

한 가지 예로, 2016년 만들어진 순천의 기적의 놀이터 '엉뚱발뚱'에는 미끄럼틀도, 그네도, 시소도 없습니다. 넓은 모래밭과 팽나무 고목, 상하수도관 위로 잔디가 덮인 언덕, 마중물을 넣을 수 있는 옛날식 펌프와 얕

기적의 놀이터 1호와 4호

은 개울이 있을 뿐입니다. 하지만 여기서 노는 아이들은 반복되는 시행착오 과정에서 스스로 무엇을 잘못했는지 알아내고, 긁히고 까이는 상처와 반성을 통해 한층 더 성장합니다.

아이는 놀이 중에 목표를 설정하고 목표에 도달하기 위해 노력합니다. 이때 여러 번의 시행착오를 통해 스스로 무엇을 잘못했는지 파악하고 반성하며 문제를 극복하기 위해 집중하는 모습을 보입니다. 아이는 그 누구도 가르쳐주지 않지만 스스로 많은 것을 배웁니다. 때로는 놀이에 함께 참여하는 다른 아이의 모습을 통해 배우고, 때로는 혼자 탐색하고 실험하는 과정에서 자신만의 지식 체계를 구성합니다.

배움
코너

4차 산업혁명 시대, 아이에게 필요한 미래 역량

요즘 아이들의 학습은 '지식'이 아닌 '역량' 중심으로 재편되고 있습니다. 4차 산업혁명의 도래로 정보와 지식의 습득을 넘어 그것을 활용할 수 있는 '역량'이 강조되고 있기 때문입니다.

역량이란?

'역량(competency)'이란 개념은 맥크리랜드(McClelland)의 논문 「지능검사보다 우월한 역량검사(Testing for competence rather than intelligence)」(1973)에 처음으로 등장합니다. 그에 따르면 개성, 동기, 실행 능력, 지식의 복합체로 정의되는 '역량'은 지능보다 직업 수행을 정확히 예측할 수 있으며 인종, 성, 사회경제적 요인의 영향을 덜 받는다고 합니다. 이러한 주장은 기존의 지능검사나 적성검사가 지식에 과도하게 집중되어 있는 상황을 비판하고 있습니다.

일반적으로 '역량'은 직무나 업무를 성공적으로 수행해내는 것에 대한 개념으로 사용됩니다. '역량이 무엇인가'에 대한 연구와 논의는 직업교육, 평생교육 분야에서 활발히 진행되었기 때문에 실제 임무 수행 과정에서 성공적으로 역할을 마친 우수한 수행자의 특성을 기반으로 역량을 설명하기도 했습니다.

기업 역시 특정 직무를 성공적으로 수행할 수 있는 유능한 인력을 충원하거나 기존 직원의 업무 성과를 높이기 위하여 역량을 연구하였습니다. 그리고 최근에는 교육 분야에서도 개인의 역량에 주목하고 있습니다.

역량에 대한 다양한 정의

OECD의 DeSeCo(The Definition and Selection of key Competences) 프로젝트에서는 미래 사회를 살아갈 아이들에게 어떤 역량이 필요한가를 알아보기 위하여 연구를 진행하였습니다. 2005년 OECD는 역량을 "복잡한 요구를 만족시킬 수 있는 능력"으로 정의하며, 다양한 역량 가운데 공통적으로 요구되는 역량을 핵심역량이라고 하였습니다. 그리고 핵심역량은 "삶의 다양한 분야의 복잡한 요구를 인지적 ·

실천적 기술, 태도, 감정, 가치, 동기 등과 같은 사회적, 행동적 요소를 통해 충족시킬 수 있는 능력"으로 제시하였습니다.

또 다른 정의에 따르면 역량은 "인간이 삶을 살아가고 사회적 활동을 하는 데 필요한 기본적인 능력"입니다(OECD, 2005; Rychen, & Salganik, 2003). 그리고 핵심역량은 "특정 영역에서의 지식이나 기술이 아닌 다양한 환경과 맥락에서 문제를 해결할 수 있는 지식과 기술, 태도까지 포괄하며"(진미석 외, 2011), "타고난 것이 아닌 학습을 통해 발전 가능한 능력"(김은주 · 성명희, 2017)입니다.

미국 국가교육협회(National Education Association)에서는 미래 사회를 대비하여 학생들이 갖추어야 할 역량으로 4가지 핵심역량인 비판적 사고와 문제 해결 능력, 의사소통 능력, 협력, 창의성 및 혁신과 함께 기초 문해력과 인성을 추가해 제시하였습니다.

세계경제포럼(World Economic Forum)에서도 2022년을 기준으로 미래 환경 변화에 따라 직업 세계에서 필요한 역량에 대해 조사한 내용을 2016년에 발표하였습니다. 그 발표 내용에는 분석적 사고와 혁신, 적극적 학습과 학습 전략, 창의성, 독창성과 주도성, 테크놀로지 설계와 프로그래밍, 비판적 사고와 분석, 복잡한 문제 해결 능력, 리더십과 사회적 영향, 정서 지능, 추론과 문제 해결에 따른 상상(ideation), 체계적 분석과 평가 능력 등 교육 분야에서 강조하는 미래 역량이 다수 포함되어 있습니다.

우리나라의 교육과 역량

우리나라는 2015 개정 교육과정에서 핵심역량을 교육에 도입하였습니다. 학교 교육에서 단순한 지식의 습득이 아닌 지식의 활용이 가능한 역량 교육을 강조한 것입니다.

2015 개정 교육과정 총론에서는 '지식 활용'으로 발상의 전환을 요구하며, 6가지 핵심역량을 자기관리 역량, 지식정보처리 역량, 창의적 사고 역량, 심미적 감성 역량, 의사소통 역량, 공동체 역량으로 규정하고 각 교과에서 가르쳐야 할 내용과 함께 학생들이 길러야 할 역량을 안내하고 있습니다.

미국의 발달심리학자 로베르타(Roberta)와 캐시(Kathy)는 『최고의 교육(Becoming Brilliant)』에서 미래 사회를 살아갈 아이들에게 키워줄 역량으로 협력, 의사소통, 콘텐츠, 비판적 사고, 창의적 혁신, 자신감 등 6가지를 제시합니다. 로베르타와 캐시뿐 아니라 많은 이들이 핵심 역량으로 언급하는 창의성과 사고력은 놀이를 통해 기를 수 있습니다. 창의적 요소들이 내포된 놀이 속에서 아이들은 상상력을 키우고 새로운 관점에서의 문제 해결 능력을 기릅니다(김호 · 유영의, 2011). 아이의 잠재된 창의력을 계발하기 위해 부모는 적절한 전략을 활용하고, 아이의 놀이 활동에 관심을 가져야 합니다. 아이들은 부모가 자신의 놀이에 관심을 가지거나 함께할 때 더 많은 흥미와 호기심을 보이고 적극적으로 임합니다. 또한 놀이를 통한 인성과 사회성 발달 효과도 높아집니다. 다시 한번 강조하자면, 놀이의 교육적 가치는 아이들의 내적 동기에 의한 자발적인 선택이라는 데 있고, 놀이가 의미 있는 경험이 되도록 자유를 허락한다면 아이들은 생각하는 힘을 키울 수 있습니다.

Part 2

놀아보자

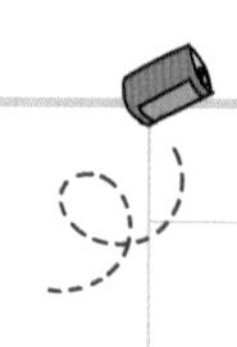

놀이를 통해 어떤 역량을 기를 수 있을까?

놀이는 과거부터 강조되어온 학습의 한 방법이며, 미래 사회에 필요한 역량을 자연스럽게 기르는 방법입니다.

'Part 2 놀아보자' 편은 다양한 놀이를 통해 몰입과 학습을 경험하도록 구성하였습니다. 그리고 미래 사회에 필요한 역량을 습득할 수 있도록 자세한 활동 내용 및 부모를 위한 발문을 함께 제시하였습니다.

놀이를 통해 기르고자 하는 아이들의 역량은 협업과 배려(Collaborat ion & Caring), 의사소통(Communication), 지식과 융합(Knowledge & Convergence), 비판적 사고(Critical Thinking), 창의적 사고(Creative Think ing), 자아존중감(Self-Esteem) 6가지입니다. 이 6가지 역량은 여러 문헌 및 학자들이 공통적으로 제시한 역량이자, 현재 학교교육에서 길러내고자 하는 역량입니다.

협업과 배려 역량은 모든 역량의 기초가 되며 가장 핵심적인 능력입니다. 인간은 사회적 동물이기 때문에 아기 때

부터 사회성을 익히는 과정에서 협력을 배웁니다. 이 역량이 있어야 다양한 시각을 존중하며 다양한 관점을 가진 사람들과 협조적으로 작업할 수 있습니다. 그리고 자신의 역할에 대해 분명히 인식하고 다른 사람들과 조화로운 관계를 유지할 수 있으며, 타인과 상호작용하면서 새로운 지식과 이해를 구성하고 확장할 수 있습니다. 또한 자신의 전공이 아닌 분야의 정보, 지식, 관점 등도 수용할 수 있습니다. 놀이는 기본적으로 다른 사람과 함께하므로 타인 배려 및 타인 존중을 통해 협업과 배려 역량을 기를 수 있습니다. 이를 통해 자연스럽게 이질적인 것을 개방적으로 받아들일 수 있게 됩니다.

의사소통 의사소통 역량은 기본적으로 협업과 배려에서 출발합니다. 또한 의사소통을 통해 협업과 배려를 촉진시킬 수 있습니다. 다양한 기술의 발달로 의사소통 수단은 다양해지고 더욱 편리해졌지만, 오히려 사람들은 소통에 더 큰 어려움을 느낍니다. 놀이는 이러한 어려움을 극복할 수 있는 가장 좋은 장치입니다.

놀이를 하기 위해서는 규칙이나 승패에 대한 의사소통이 기본적으로 요구됩니다. 또한 놀이를 통한 의사소통 역량은 정보나 의견의 교환은 물론이고 다양한 자료나 매체를 통한 소통, 서로 다른 분야나 학문 간 소통, 다양한 언어를 통한 글로벌 소통도 가능하게 합니다. 즉 의사소통 역량을 통해 서로 다른 전공이나 시각을 가진 사람들과 함께 소통하고 공감을 도출해낼 수 있으며, 타인의 이야기를 경청하고 존중할 수 있습니다.

지식과 융합

역량을 강조하는 것이 지식을 등한시하는 것은 아닙니다. 역량은 지식의 바탕 위에서 발휘할 수 있으며, 지식의 습득과 지식 간 융합과 관련되어 있습니다. 놀이를 통해 그리고 사람, 장소, 사물 그리고 주위에 일어나는 여러 사건을 통해 정보를 습득할 수 있는 역량을 기를 수 있습니다. 또한 다양한 지식의 이해, 다양한 지식 간 연결성 및 연관성에 대한 이해를 통해 새로운 관점의 융합 지식을 창출할 수 있습니다.

최근 미래 사회 인재가 갖추어야 하는 능력으로 기존의 전통적 학문 분야와 특정 전문 분야의 경계를 유연하게 넘나들며 창의적으로 문제를 해결할 수 있는 융합 역량이 강조되고 있는 것과 연관이 있습니다. 전문 지식과 인문학적 소양을 바탕으로 문제를 새로운 시각에서 발견하고 이를 해결하기 위해 다양한 분야의 지식과 기술을 넘나들며 수용하고 응용할 수 있는 능력이라 할 수 있습니다(서희정, 2014). 다시 말해, 놀이를 통해 다양한 방식의 앎을 가장 높은 수준에서 통합하는 사고인 융합 역량을 기를 수 있습니다.

비판적 사고 비판적 사고 역량은 수많은 정보가 폭발하는 빅데이터 시대에 꼭 필요한 능력입니다. 한 발짝 물러서서 무엇이 필요한지를 사색하고 어떤 질문에 대한 답이 필요한지를 생각할 수 있는 능력입니다. 올바른 정보의 판단과 활용을 위해 요구되는 사고력 중 하나인 비판적 사고 역량은 정보와 의견들에 대한 분석을 통해 결론을 도출해내는 내적인 인지 과정으로 어떠한 정보를 믿어야 할지, 말아야 할지를 결정할 때 사용되는 합리적 반성적 사고라고 볼 수 있습니다(Ennis, 1987).

무엇을 판단하고 결정하기 위한 기준이 절대적이지 않은 현대의 다문화, 다원화 사회의 구성원으로 살아가기 위해서는 비판적 사고 교육이 더욱 필요합니다(Moore, 2004). 복잡하고 다양한 정보가 넘치는 사회에 보다 잘 적응하기 위해서는 정돈되지 않은 다양한 정보 속에서 정당한 근거를 가지고 올바른 판단을 하는 사고 능력과 비판적 관점을 갖추고 있어야 합니다(육진경, 2014). 비판적 사고 역량은 교육에 있어서 다양한 학습 경험과 비판을 통해 학습 효과를 증진시킵니다. 더불어 비판적 사고 역량은 비판적으로 사고하고자 하는 태

도와 성향을 기르고, 특정 교과뿐 아니라 다양한 맥락에서 비판적으로 사고하는 마음과 생각을 가지게 합니다(윤초희, 2016).

창의적 사고

창의적 사고 역량은 새롭고 독창적이고 유용한 것을 만들어내는 능력 또는 전통적인 사고방식을 벗어나서 새로운 관계를 창출하거나, 비일상적인 아이디어를 산출하는 능력입니다(한국교육심리학회, 2000). 또한 아이디어를 개발하고 정교화할 수 있는 능력이며(Feldhusen, 1979), 새로운 관점에서 문제를 바라보거나 이미 알고 있는 2개 이상의 개념을 결합하여 새로운 개념을 만들어 내는 능력이기도 합니다(Evans, 1978).

놀이를 통한 지식의 이해 및 다양한 지식 간의 연결성 그리고 비판적 사고는 창의적 사고를 가능하게 합니다. 아이들은 천성적으로 금기에 구애받지 않고 자유롭게 흐르는 창의적인 사고력의 소유자들입니다. 따라서 아이들이 자유롭게 사고할 수 있도록 즐기며 놀 수 있는 환경을 조성해야 합니다.

자아 존중감

자아존중감은 인간의 기본 욕구이며, 대인관계를 원만히 유지시키는 요인입니다. 또한 건전한 성격 발달의 기반이 되고 개인의 성취에도 영향을 끼치므로 인간이 궁극적인 행복감을 느끼기 위한 필수 요건이라고 할 수 있습니다.

자아존중감은 인간의 인지, 정서, 행동을 통제하는 데 강력한 영향을 미치는데 이는 자신의 존재에 대한 긍정적 또는 부정적 견해이기 때문에 자아존중감이 높다는 것은 자신을 인정하고 존중하며 스스로를 가치 있는 인간으로 느끼는 것을 말합니다.

자아존중감은 의지와 끈기로 구성되는데, 놀이는 기본적으로 아이들이 흥미를 잃지 않고 활동을 지속할 수 있는 동기를 제공해줍니다. 즉, 놀이는 첫 번째 해결 방법이 통하지 않아도 자제력을 상실하지 않을 수 있는 자기 통제력과 이를 바탕으로 인내심을 가지고 해결 과정을 지속할 수 있는 능력을 길러줍니다.

학교 적응 놀이

매해 3월이면 아이들도, 선생님도, 또 부모도 매우 설렙니다. 한편으로 두렵기도 합니다. 나이를 한 살 더 먹고 새 학년이 되면 새로운 선생님과 친구들을 만나게 되면서 모든 것들이 낯설고도 기대가 되기 때문입니다. 특히 유치원을 졸업하고 초등학교에 입학하는 1학년 아이들의 마음은 더욱 떨리고 긴장될 것입니다. 이런 아이들의 마음을 안정시킬 수 있는 방법이 없을까요? 놀이를 활용하는 방법은 어떨까요?

학교 적응 놀이는 왜 필요할까요?

초등학교 입학을 앞둔 아이들은 대부분 학교에 대해 막연한 기대를 갖고 있습니다. 실제 학교에 입학한 우리 아이들은 어떨까요? 왕자님, 공주님처럼 보호받고 대접받던 유치원과 달리, 자신에게 주어진 과제를 직접 해결해야 하는 학교생활을 어려워할 수 있습니다. 어찌 보면 초등학교 입학앓이는 당연한 성장통입니다. 그런데 때로는 초등 2학년, 3학년이 되어서도 학교에 잘 적응하지 못하는 아이들이 있습니다. 이 아이들이 학교에 잘 적응하려면 무엇이 필요할까요?

초등학교의 교육 목표는 기본학습 능력과 기초생활 습관의 습득입니다. 목표를 알면 무엇을 해야 하는지 알 수 있습니다. 그러므로 초등학교 입학 전에 수와 한글에 대한 기초지식과 감각 그리고 학교에서 지켜야 하는 규칙 및 행동을 미리 습득해야 합니다. 이를 가능케 할 학교 적응 놀이, 이로써 아이들은 학교생활에 자신감을 가질 수 있을 것입니다.

부모와 함께하는 '학교 적응 놀이'를 소개합니다

학교 적응 놀이는 "아이들이 학교라는 새로운 무대에 적응하는 데 필요한 요소들을 어떻게 하면 훈련이 아닌 놀이로 습득할 수 있을까?"라는 질문을 가지고 동료 선생님들과 함께 고민하고 그 답을 정리한 결과물입니다.

유치원 시기인 6~7세부터 초등학교 1, 2학년 아이들의 학습에 도움에 될 '한글 습득 놀이'부터 수 감각을 키우는 '숫자를 활용한 놀이', 아이들의 표현력과 신체 기능 등을 키워줄 '신체 놀이' 등을 수록하였습니다.

"시작이 반이다."라는 속담이 있습니다. 우리 아이들이 학교생활의 첫 단추를 잘 끼우는 데 이 책이 도움이 되길 바랍니다.

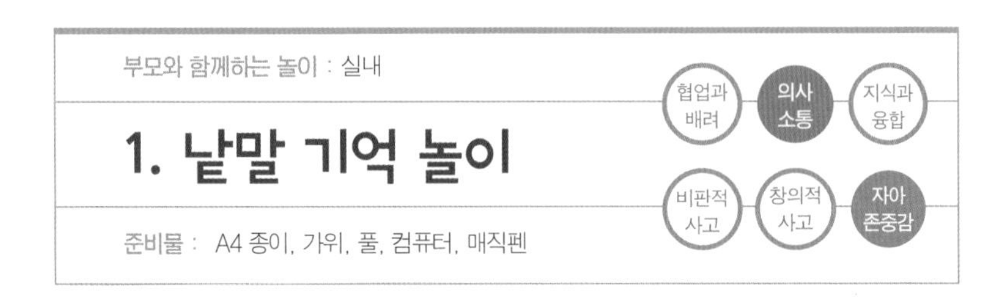

부모와 함께하는 놀이 : 실내

1. 낱말 기억 놀이

준비물 : A4 종이, 가위, 풀, 컴퓨터, 매직펜

1. 무슨 놀이일까요?

아이가 평소 좋아하는 음식, 물건 등의 이름을 이용해 한글과 친숙해질 수 있도록 도와주는 기억 놀이입니다.

2. 따라서 해볼까요?

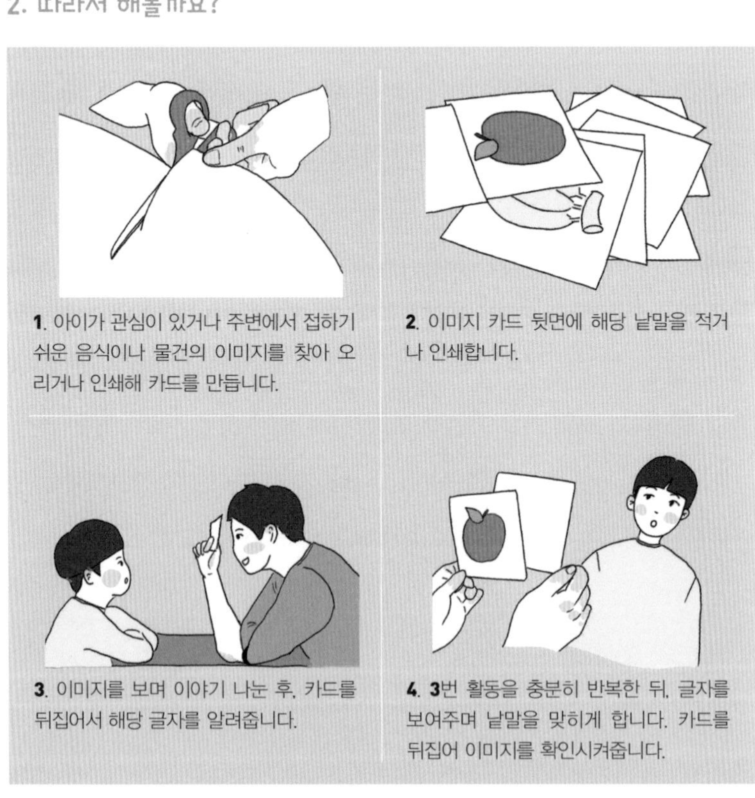

1. 아이가 관심이 있거나 주변에서 접하기 쉬운 음식이나 물건의 이미지를 찾아 오리거나 인쇄해 카드를 만듭니다.

2. 이미지 카드 뒷면에 해당 낱말을 적거나 인쇄합니다.

3. 이미지를 보며 이야기 나눈 후, 카드를 뒤집어서 해당 글자를 알려줍니다.

4. **3**번 활동을 충분히 반복한 뒤, 글자를 보여주며 낱말을 맞히게 합니다. 카드를 뒤집어 이미지를 확인시켜줍니다.

3. 우리 아이! 무엇을 배울 수 있을까요?

낱말 카드를 보며 부모님과 대화하는 과정에서 의사소통 역량이 길러집니다. 또 활동하는 동안 부모님의 칭찬과 긍정적 반응을 경험하며 자아존중감도 자라납니다.

4. 생각을 키우는 대화 Tip

"좋아하는 과일이 뭐지?"

"배를 좋아해."

"저 그림 카드 중에서 배를 찾아볼까?"

"찾았다!"

"아빠랑 놀이를 해볼까? 그림 카드를 보고 위치를 기억해봐."

"다 기억했어. 아빠."

"이제 카드를 뒤집을 테니, 아빠가 말하는 카드를 찾아보자."

이 놀이는 글자를 익히기보다는 친숙해지는 데 목적이 있습니다. 낱말 카드를 가지고 아이와 대화를 나누며, 글자에 친숙해질 수 있도록 해주세요.

5. 놀이 상담실

Q 어떤 낱말로 만들어야 할까요?

A 아이에게 익숙한 생활공간이나 관심 분야 안에서 낱말을 선정하는 것이 좋습니다. 가족 사진을 이용해 가족 호칭 카드를 만들 수 있습니다.

Q 언제 시작하면 좋을까요?

A 아이가 음성 언어를 익히며 언어에 관심을 가지는 네 살 정도가 적절한 시기입니다.

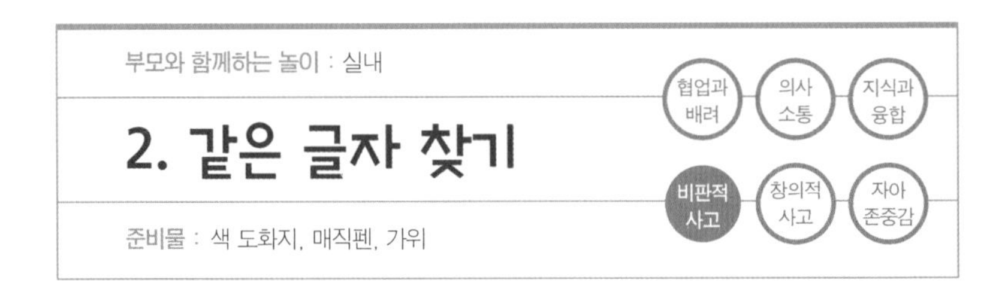

부모와 함께하는 놀이 : 실내

2. 같은 글자 찾기

준비물 : 색 도화지, 매직펜, 가위

1. 무슨 놀이일까요?

도화지를 여러 장으로 잘라 아이가 좋아하는 사물들의 이름을 2장씩 써서 카드를 만듭니다. 모든 카드를 뒤집어놓고 같은 낱말이 쓰인 카드를 찾습니다.

2. 따라서 해볼까요?

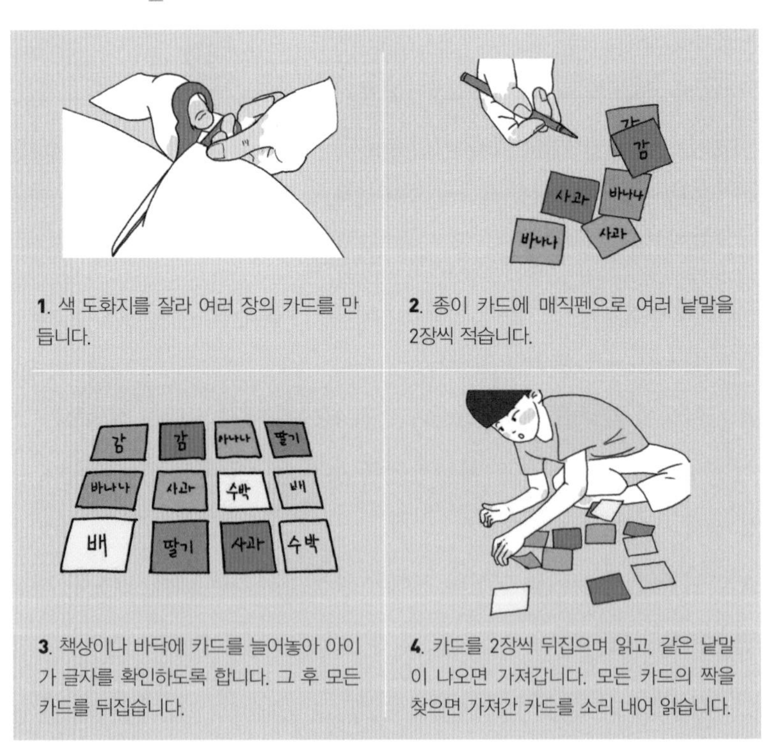

1. 색 도화지를 잘라 여러 장의 카드를 만듭니다.

2. 종이 카드에 매직펜으로 여러 낱말을 2장씩 적습니다.

3. 책상이나 바닥에 카드를 늘어놓아 아이가 글자를 확인하도록 합니다. 그 후 모든 카드를 뒤집습니다.

4. 카드를 2장씩 뒤집으며 읽고, 같은 낱말이 나오면 가져갑니다. 모든 카드의 짝을 찾으면 가져간 카드를 소리 내어 읽습니다.

3. 우리 아이! 무엇을 배울 수 있을까요?

놀이 과정에서 정보를 기억, 검토하면서 비판적 사고 역량을 기를 수 있습니다.

4. 생각을 키우는 대화 Tip

아이들은 의미가 있는 정보를 더 잘 기억한다고 합니다. 아이와 함께 대화를 나누며 카드를 놓으면 아이는 놀이에 보다 적극적으로 참여합니다.

"사과 카드는 어디에 놓을까?"

"나무 카드 옆에."

"왜 나무 카드 옆에 놓고 싶어?"

"사과는 나무에서 열리니까."

부모님이 아이와 함께 경쟁하면 아이는 더 흥미를 가질 겁니다. 이때 이기려고만 하지 마시고 상황에 따라 승패를 조절해주세요. 아이가 활동에 더 집중할 겁니다.

5. 놀이 상담실

Q 낱말 카드는 몇 장을 놓아야 하나요?

A 정해진 것은 없습니다. 아이의 수준에 맞추어서 부모님이 조절하는 것이 좋습니다. 저희 아들은 네 살 무렵(30개월 이후)에 8장으로 시작했습니다.

6. 이런 놀이도 해볼까요?

글자 카드 놀이 글자 카드(가, 갸, 거…/가, 나, 다…)를 만들어 활용하면 한글의 원리를 습득할 수 있습니다. 또 글자 카드를 크게 만들거나 뿅망치 등을 이용하면 더 역동적인 놀이를 즐길 수 있습니다.

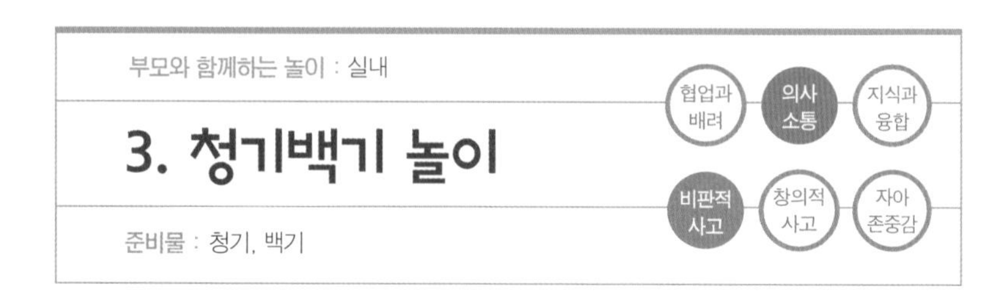
부모와 함께하는 놀이 : 실내

3. 청기백기 놀이

준비물 : 청기, 백기

1. 무슨 놀이일까요?

부모님의 지시에 대한 아이들의 반응을 보는 놀이입니다. 청기, 백기가 없다면 "오른손 들어. 왼손 들어." 하면서 놀 수도 있습니다.

2. 따라서 해볼까요?

1. 청기, 백기를 준비합니다.

2. 부모님이 지시를 하면 아이는 그 지시대로 빠르게 움직입니다.

3. 예를 들어 '청기 들어' 후 바로 '백기 들어'를 했다면 아이는 청기와 백기를 모두 들고 있어야 합니다.

4. 가족 또는 친구와 함께하면 더욱 재미있습니다.

3. 우리 아이! 무엇을 배울 수 있을까요?

부모님의 지시에 대한 비판적 수용과 반응을 통해 의사소통 역량과 비판적 사고 역량을 기를 수 있습니다.

4. 생각을 키우는 대화 Tip

우리의 언어생활 대부분은 듣기에 의해 이루어집니다. 부모님의 재치 있는 진행으로 아이들에게 경청하는 습관을 길러주면 어떨까요?

"청기 들어."

아이가 청기를 든다.

"백기 들어."

아이가 청기를 내리고 백기를 든다.

"아닌데, 청기 내리라는 말은 안 했는데."

5. 놀이 상담실

Q 청기, 백기가 꼭 필요하나요?

A 청기, 백기가 없다면 아이들이 좋아하는 장난감을 활용하셔도 됩니다. 준비물 없이 두 손으로 놀이를 하면 오른쪽, 왼쪽의 개념을 알려줄 수도 있습니다.

6. 이런 놀이도 해볼까요?

영어로도 할 수 있는 놀이입니다. "Raise your right hand." 또는 "Let's clap once, twice, three times."와 같은 간단한 영어와 부모님의 시범으로 놀이를 진행할 수 있습니다.

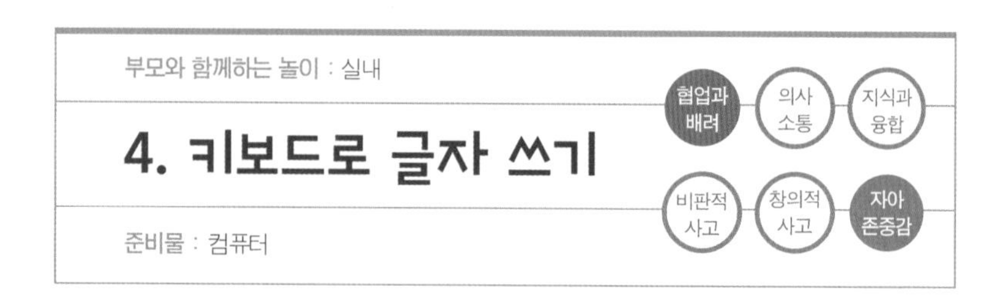

1. 무슨 놀이일까요?

컴퓨터를 하고 싶어하는 아이를 위해 고안한 놀이입니다. 아이는 키보드로 글자를 쓰는 과정에서 글자의 구성 원리를 체험할 수 있습니다.

2. 따라서 해볼까요?

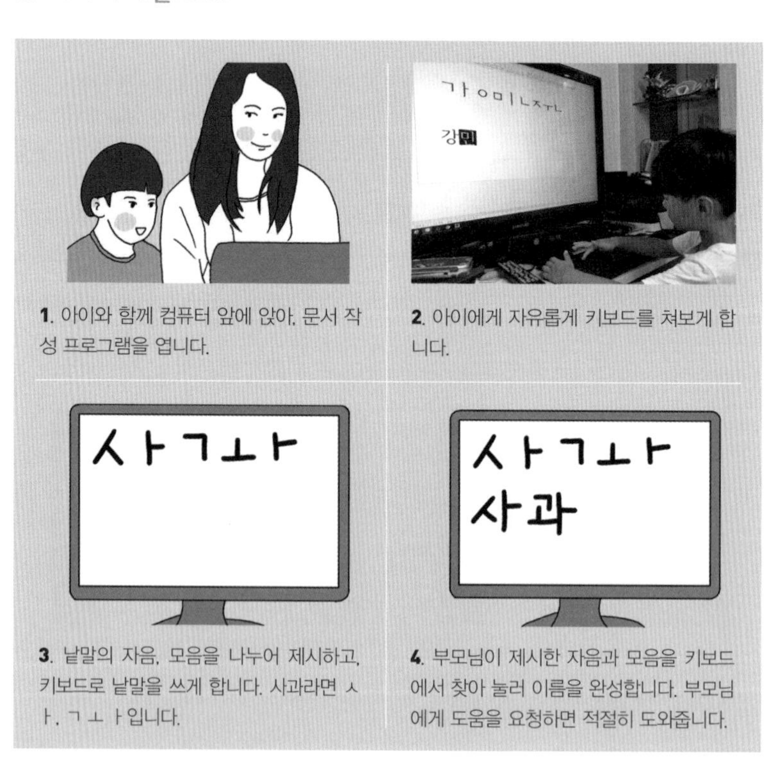

1. 아이와 함께 컴퓨터 앞에 앉아, 문서 작성 프로그램을 엽니다.

2. 아이에게 자유롭게 키보드를 쳐보게 합니다.

3. 낱말의 자음, 모음을 나누어 제시하고, 키보드로 낱말을 쓰게 합니다. 사과라면 ㅅ ㅏ, ㄱ ㅗ ㅏ입니다.

4. 부모님이 제시한 자음과 모음을 키보드에서 찾아 눌러 이름을 완성합니다. 부모님에게 도움을 요청하면 적절히 도와줍니다.

3. 우리 아이! 무엇을 배울 수 있을까요?

글자를 완성했을 때 보여준 부모님의 긍정적인 반응으로 자아존중감을 키울 수 있으며, 부모님의 도움을 받아 어려운 낱말을 만들어가는 과정에서 협업과 배려 역량을 기를 수 있습니다.

4. 생각을 키우는 대화 Tip

"아빠, 나도 컴퓨터 해볼래."

"그럼 'ㅅ ㅏ ㄱ ㅗ ㅏ' 자판에서 찾아서 눌러봐."

"('ㄱ'을 가리키며) 이거 어디에 있어?"

"숫자 밑에 줄에 있지."

"다 썼다. 아빠 이거 어떻게 읽어?"

이 놀이는 기본적으로 글자 쓰기보다는 글자 인식 및 찾기 놀이입니다. 자음, 모음을 찾으면서 자연스레 글자 모양을 익히고, 글자가 초성, 중성, 종성으로 이루어져 있음도 체험할 수 있습니다.

5. 놀이 상담실

Q 이 놀이를 하는 이유는 무엇인가요?

A 이 놀이는 아이들이 컴퓨터 자판을 가지고 놀며 자연스럽게 글자를 익힐 수 있게 도와줍니다. 글자 쓰기에 흥미를 보인다면 손으로 글자를 쓰는 활동으로 유도해주세요.

Q 어떤 글자를 활용하면 좋나요?

A 자주 접하는 물건이나 사람의 이름 등이 좋습니다. 제 아이는 유치원 친구들과 가족들의 이름을 활용했습니다.

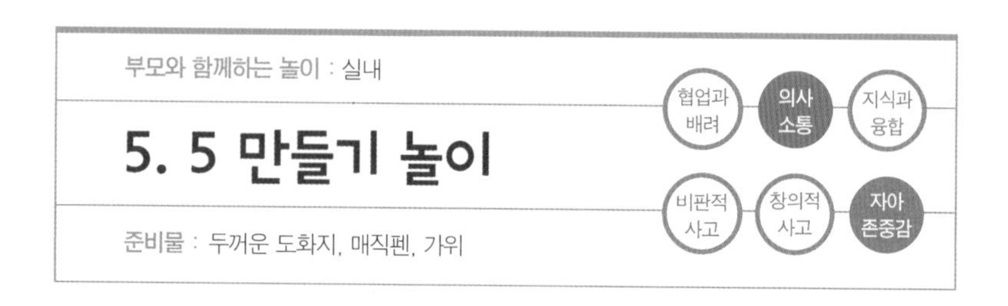

부모와 함께하는 놀이 : 실내

5. 5 만들기 놀이

준비물 : 두꺼운 도화지, 매직펜, 가위

1. 무슨 놀이일까요?

5 모으기, 가르기는 수학 연산의 기초가 되는 중요한 활동입니다. 숫자 카드를 활용하여 5 모으기, 가르기를 즐겁게 해봅니다.

2. 따라서 해볼까요?

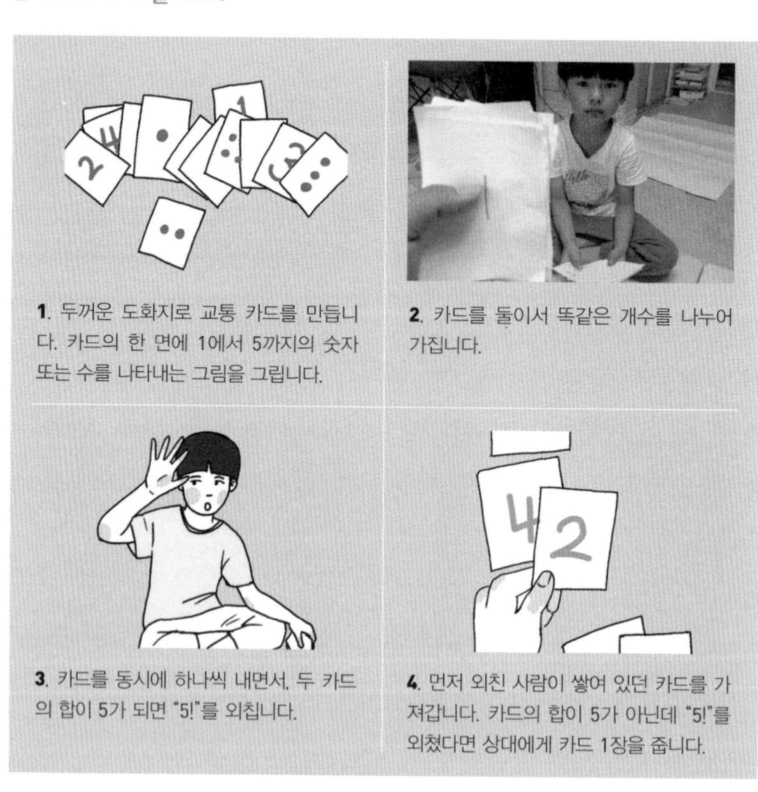

1. 두꺼운 도화지로 교통 카드를 만듭니다. 카드의 한 면에 1에서 5까지의 숫자 또는 수를 나타내는 그림을 그립니다.

2. 카드를 둘이서 똑같은 개수를 나누어 가집니다.

3. 카드를 동시에 하나씩 내면서, 두 카드의 합이 5가 되면 "5!"를 외칩니다.

4. 먼저 외친 사람이 쌓여 있던 카드를 가져갑니다. 카드의 합이 5가 아닌데 "5!"를 외쳤다면 상대에게 카드 1장을 줍니다.

3. 우리 아이! 무엇을 배울 수 있을까요?

카드 놀이를 통해 5 모으기, 가르기를 하면서 수에 대한 자신감과 자아 존중감을 키울 수 있습니다. "5!" 하고 크게 외치는 과정에서 의사소통 역량도 향상시킬 수 있습니다.

4. 생각을 키우는 대화 Tip

5 모으기, 가르기는 아이들의 연산 능력과 수 감각을 키우는 데 도움이 되는 활동입니다. 많이 할수록 도움이 되니 아이들과 즐겁게 자주 하면 좋습니다.

"아빠랑 카드로 5 만들기 놀이 해볼래?"

"어떻게 하는 건대?"

"카드를 나눠 가진 다음에 1장씩 내는 거야. 둘이 낸 카드의 숫자나 그림의 개수가 합쳐서 5가 되면 "5!"를 외치는 거지. 먼저 외친 사람이 낸 카드들을 다 가져가는 거고, 카드를 많이 가져가는 사람이 이기는 놀이야."

5. 놀이 상담실

카드를 만드는 것이 어렵다면 시중의 '할리갈리' 게임을 활용해도 좋습니다. 널리 알려진 할리갈리는 같은 종류의 과일이 5개가 나오면 종을 쳐서 카드를 가져가는 게임입니다.

6. 이런 놀이도 해볼까요?

10 만들기 놀이 형제나 친구를 포함해 3명이 있다면 3개 카드의 합이 10이 될 때 "10!"이라는 구호를 외치는 놀이를 할 수 있습니다. 단, 2명이서 할 때보다 카드의 수가 많아야 합니다.

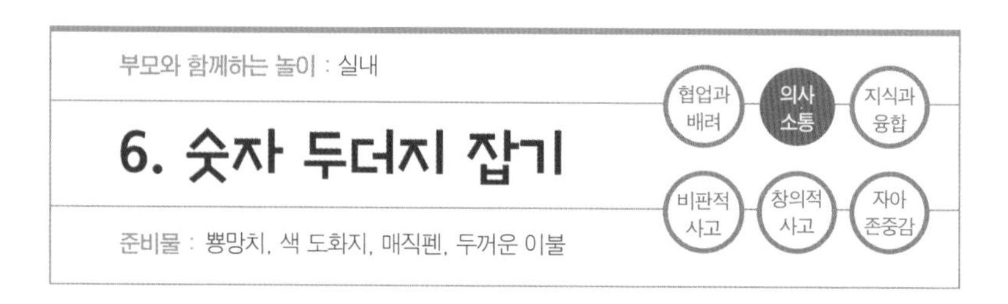

부모와 함께하는 놀이 : 실내

6. 숫자 두더지 잡기

준비물 : 뿅망치, 색 도화지, 매직펜, 두꺼운 이불

1. 무슨 놀이일까요?

부모님이 부르는 숫자가 적힌 색 도화지를 뿅망치로 때리며 숫자를 외치는 놀이입니다. 역동적인 놀이로 숫자를 익힐 수 있습니다.

2. 따라서 해볼까요?

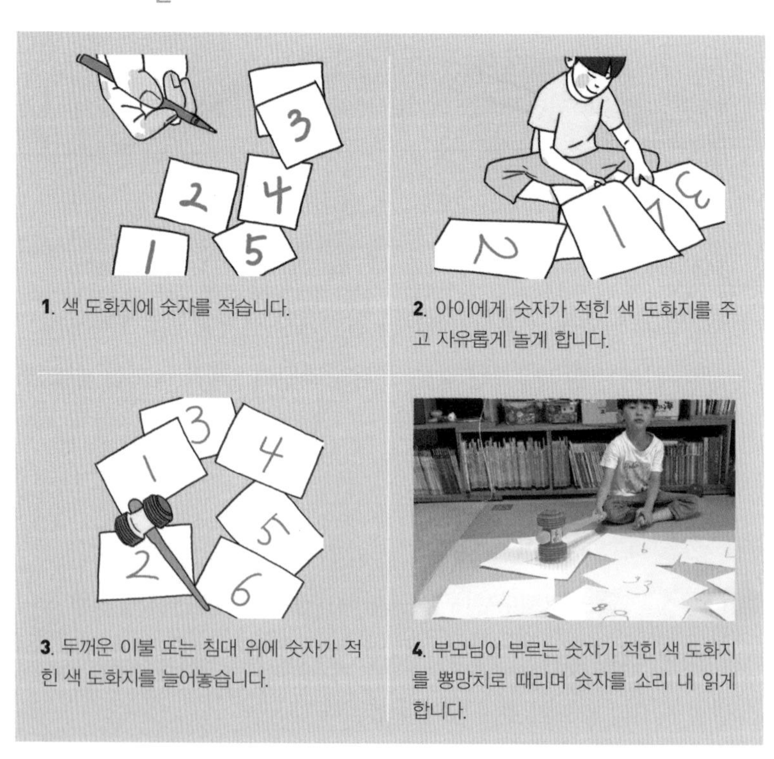

1. 색 도화지에 숫자를 적습니다.

2. 아이에게 숫자가 적힌 색 도화지를 주고 자유롭게 놀게 합니다.

3. 두꺼운 이불 또는 침대 위에 숫자가 적힌 색 도화지를 늘어놓습니다.

4. 부모님이 부르는 숫자가 적힌 색 도화지를 뿅망치로 때리며 숫자를 소리 내 읽게 합니다.

3. 우리 아이! 무엇을 배울 수 있을까요?

부모님이 외치는 숫자를 듣고 뿅망치로 그 숫자가 적힌 색 도화지를 때리며 의사소통 역량을 기릅니다.

4. 생각을 키우는 대화 Tip

처음에 숫자가 적힌 색 도화지를 가지고 자유롭게 놀게 합니다. 자유롭게 놀면서 숫자에 대한 아이의 생각을 들어봅시다. 아이가 직접 색 도화지를 놓는 것도 좋습니다. 뿅망치로 숫자가 적힌 색 도화지를 쳤을 때의 느낌도 물어봅시다.

"우리 아들은 어떤 숫자가 제일 좋아?"

"6!"

"6이 왜 좋은데?"

"파워레인저 멤버 숫자예요."

5. 놀이 상담실

Q 숫자를 몇까지 제시하면 좋을까요?

A 아이가 아는 숫자에 추가로 2~3개를 더 제시해주세요. 아이가 숫자를 잘 안다면 더 많은 숫자를 제시해도 괜찮습니다. 제한 시간을 두면 보다 박진감 있는 놀이를 즐길 수 있고, 글자로 대체하면 한글을 익히는 놀이가 됩니다.

6. 이런 놀이도 해볼까요?

숫자 딱지치기 딱지 뒷면에 숫자를 써서, 해당 숫자의 딱지를 넘기게 하는 놀이입니다. 기억 놀이와 숫자 익히기, 딱지치기를 한꺼번에 할 수 있습니다.

숫자 길 걷기 여기저기 놓여 있는 숫자가 쓰인 색 도화지 위를 수의 순서대로 걸어봅니다.

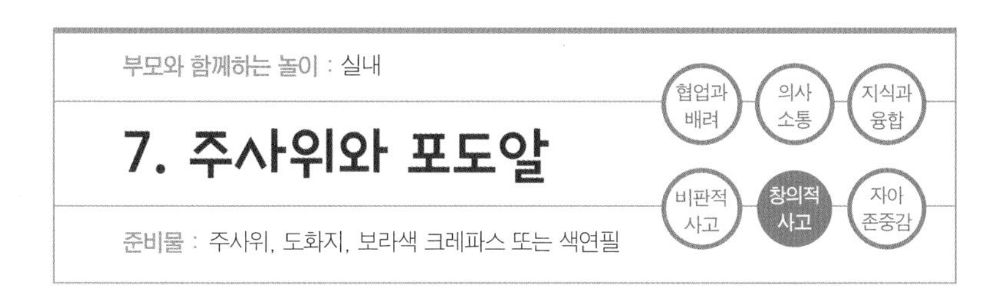

부모와 함께하는 놀이 : 실내

7. 주사위와 포도알

준비물 : 주사위, 도화지, 보라색 크레파스 또는 색연필

1. 무슨 놀이일까요?

주사위를 던져서 나온 눈의 수만큼 포도알을 그리는 놀이입니다. 이 놀이를 통해 아이는 수와 양의 일대일 대응을 배울 수 있습니다.

2. 따라서 해볼까요?

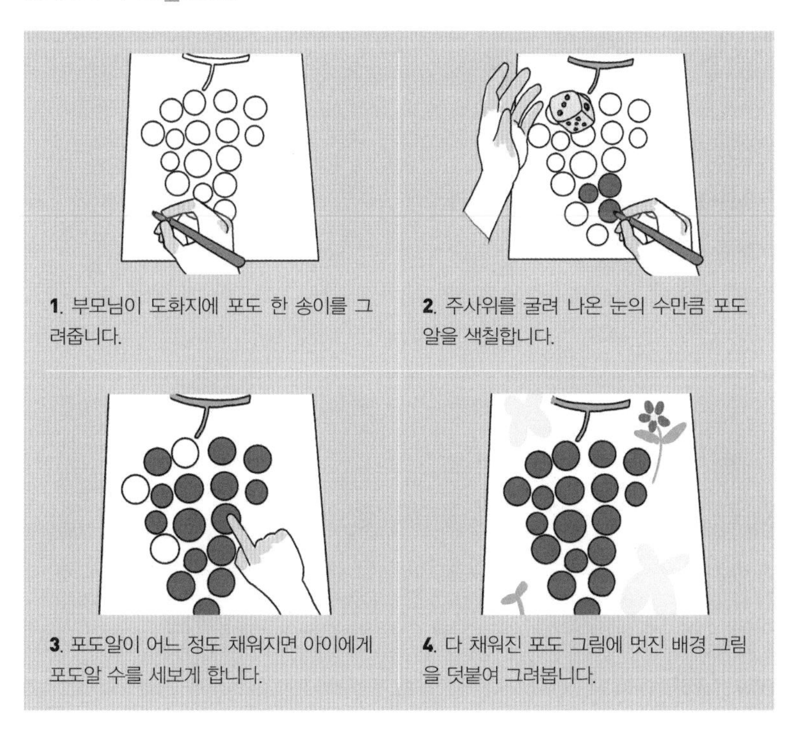

1. 부모님이 도화지에 포도 한 송이를 그려줍니다.

2. 주사위를 굴려 나온 눈의 수만큼 포도알을 색칠합니다.

3. 포도알이 어느 정도 채워지면 아이에게 포도알 수를 세보게 합니다.

4. 다 채워진 포도 그림에 멋진 배경 그림을 덧붙여 그려봅니다.

3. 우리 아이! 무엇을 배울 수 있을까요?

다양한 모양과 색깔의 포도알을 그리면서 창의적 사고 역량을 기를 수 있으며 수에 대한 자신감을 기를 수 있습니다.

4. 생각을 키우는 대화 Tip

이 놀이는 수와 양의 일대일 대응을 체험하는 것이 목적입니다. 꼭 포도알이 아니어도 됩니다. 아이가 사과를 좋아한다면 나무에 달린 사과를 그리게 해 주세요. 그 어떤 모양도 좋습니다. 놀이 시작 전 아이가 좋아하는 과일들에 대해 이야기 나누는 것은 어떨까요?

"예쁜 포도 그림이 있네. 우리 주사위를 굴려서 나온 눈의 수만큼 포도알을 색칠해보자. 주사위를 굴려볼까?"

"네!"

주사위를 굴린다.

"나온 눈이 몇 개지? 함께 세볼까?"

"하나, 둘, 셋!"

"와~, 셋이 나왔네. 이제 색칠해볼까?"

아이가 색칠을 어려워한다면 과일 모양 스티커를 활용해도 좋습니다.

5. 놀이 상담실

Q 주사위로 '0'을 가르칠 수 있을까요?

A 스티커를 이용해 주사위의 6을 0으로 바꿔서 놀이를 해보세요. 주사위를 굴려 '0'이 나오면 포도알을 색칠하지 않습니다. 자연스레 '0'의 개념을 접할 수 있겠지요?

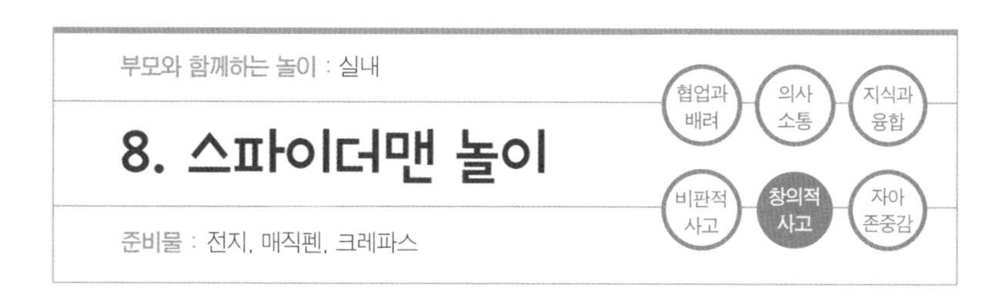

부모와 함께하는 놀이 : 실내

8. 스파이더맨 놀이

준비물 : 전지, 매직펜, 크레파스

1. 무슨 놀이일까요?

전지에 자유롭게 선을 그리는 선 그리기 놀이입니다. 부모님의 의도에 따라 세모, 네모, 동그라미와 같은 모양을 그려볼 수 있습니다.

2. 따라서 해볼까요?

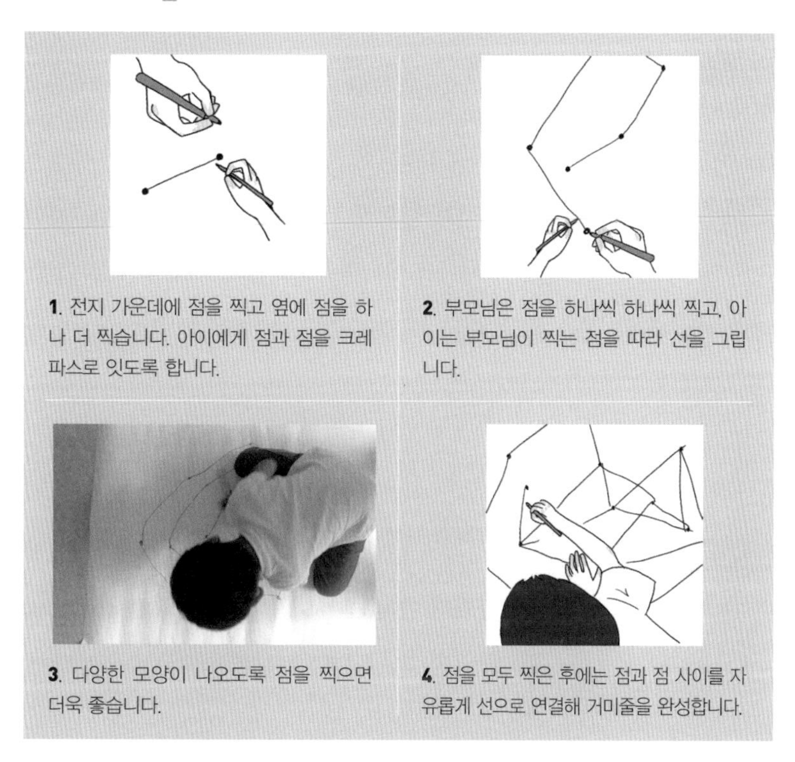

1. 전지 가운데에 점을 찍고 옆에 점을 하나 더 찍습니다. 아이에게 점과 점을 크레파스로 잇도록 합니다.

2. 부모님은 점을 하나씩 하나씩 찍고, 아이는 부모님이 찍는 점을 따라 선을 그립니다.

3. 다양한 모양이 나오도록 점을 찍으면 더욱 좋습니다.

4. 점을 모두 찍은 후에는 점과 점 사이를 자유롭게 선으로 연결해 거미줄을 완성합니다.

3. 우리 아이! 무엇을 배울 수 있을까요?

다양한 모양의 거미줄을 그리고, 그 거미줄 위에서 여러 가지 포즈를 취하며 창의적 사고 역량을 기를 수 있습니다.

4. 생각을 키우는 대화 Tip

"오늘은 이 큰 종이에 거미줄을 그려볼 거야. 아빠가 점을 찍으면 선으로 연결시켜봐. 아빠가 먼저 시범을 보여줄게."

시범을 본 후 따라서 그린다. 거미줄 완성!

"우리 아들 멋지게 거미줄 위에서 사진 찍어볼까?"

"나는 스파이더맨이다!"

5. 놀이 상담실

Q 아이가 선 긋는 것을 귀찮아합니다.

A 그럴 경우 부모님들의 재치가 필요합니다. 자동차 레이싱처럼 "출발~.", "도착~!" 등의 멘트로 아이를 이끌면 어떨까요? 부모님 두 분이 함께한다면 1명은 점을 찍고, 다른 1명은 아이와 선 빠르게 그리기 시합을 해보세요.

6. 이런 놀이도 해볼까요?

숫자 연결하기 부모님이 도화지에 1부터 정해진 수까지 차례로 수를 적은 후, 순서대로 선을 연결합니다. 인터넷에서 '숫자 연결 그림'으로 검색하면 다양한 그림을 구할 수 있습니다. 참조: 『초등 입학 전 학습놀이』, 김수현, 2014.

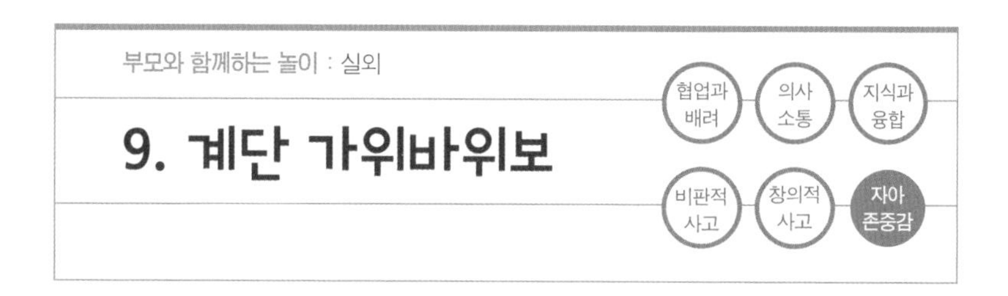

부모와 함께하는 놀이 : 실외

9. 계단 가위바위보

1. 무슨 놀이일까요?

가위바위보를 하여 이긴 사람이 계단을 올라 먼저 도착 지점에 오르는 사람이 이기는 놀이입니다.

2. 따라서 해볼까요?

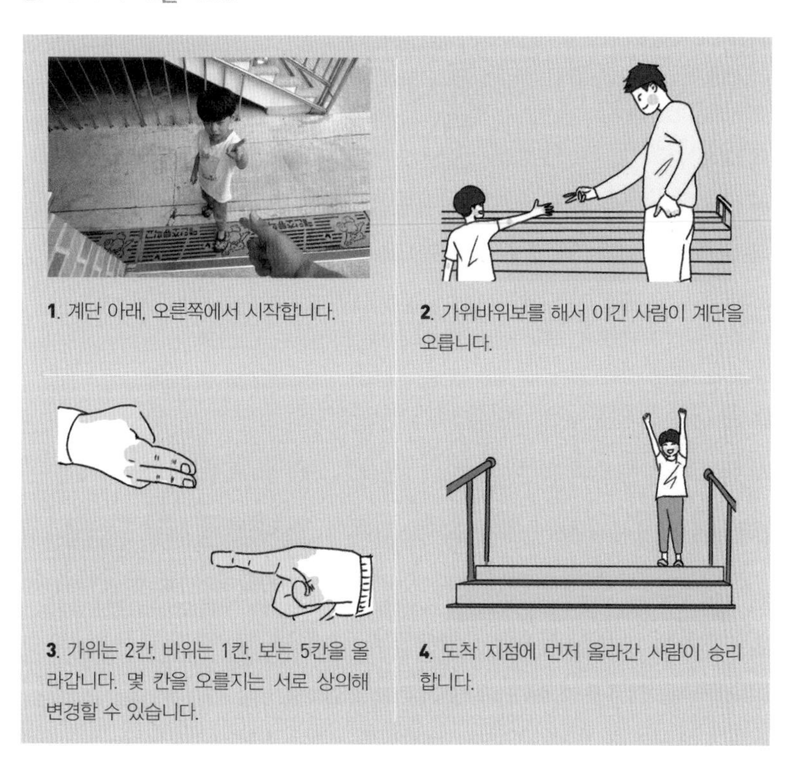

1. 계단 아래, 오른쪽에서 시작합니다.

2. 가위바위보를 해서 이긴 사람이 계단을 오릅니다.

3. 가위는 2칸, 바위는 1칸, 보는 5칸을 올라갑니다. 몇 칸을 오를지는 서로 상의해 변경할 수 있습니다.

4. 도착 지점에 먼저 올라간 사람이 승리합니다.

3. 우리 아이! 무엇을 배울 수 있을까요?

놀이에서 이기고 지는 과정을 통해 자아존중감을 키울 수 있으며, 다양한 방법으로 가위바위보를 하며 계산 능력을 키울 수 있습니다.

4. 생각을 키우는 대화 Tip

"가위바위보! 이겼다!"

"우리 아들이 만날 이기니까 재미없다. 게임 규칙을 좀 바꿔볼까?"

"게임 규칙을 바꿔요? 그래도 돼요?"

아이들은 게임 규칙을 바꿀 수 있다는 걸 잘 모릅니다. 익숙한 놀이의 규칙을 바꾸면 새로운 재미를 얻을 수 있음을 알려주세요. 예를 들면 이긴 사람이 두 사람이 낸 수를 합하거나 뺀 만큼 올라가도록 규칙을 조정하는 것은 어떨까요? 바위가 1칸, 보가 5칸인데 보로 이겼다면 6칸 혹은 4칸을 올라가는 것입니다.

한 사람은 위에서, 다른 사람은 아래에서 시작할 수도 있습니다. 가위바위보를 해서 상대방의 출발 위치에 먼저 도착한 사람이 승리입니다.

5. 놀이 상담실

Q 왜 계단 오른쪽에서 놀이를 하나요?

A 학교에는 굉장히 많은 계단이 있는데, 그곳에서 크고 작은 사고가 자주 일어납니다. 그래서 학교에서는 반드시 우측통행을 해야 합니다. 부딪혀서 넘어지면 자칫 위험할 수 있기 때문이지요. 놀이를 하면서 우측통행의 중요성에 대해 이야기해주세요. 그 외에 계단에서 뛰지 않기, 친구 잡지 않기 등을 입학 전에 알려주면 좋습니다.

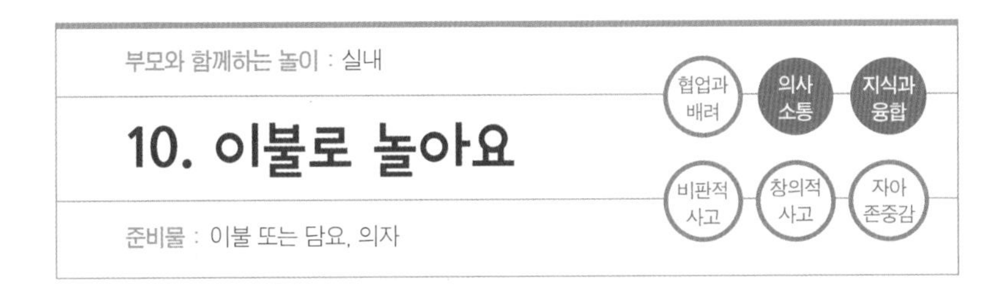

부모와 함께하는 놀이 : 실내

10. 이불로 놀아요

준비물 : 이불 또는 담요, 의자

1. 무슨 놀이일까요?

장난감 놀이만으로는 채울 수 없는 아이들의 놀이 욕구, 아이들과 몸을 부딪치며 신나게 놀 수 있는 이불 놀이 4가지를 소개합니다.

2. 따라서 해볼까요?

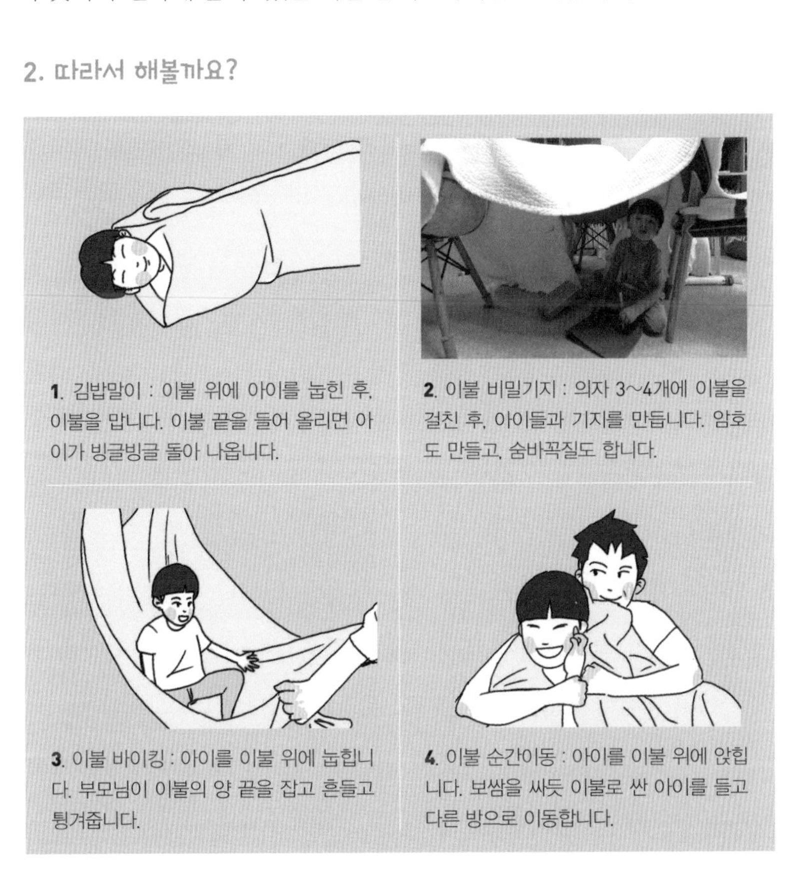

1. 김밥말이 : 이불 위에 아이를 눕힌 후, 이불을 맙니다. 이불 끝을 들어 올리면 아이가 빙글빙글 돌아 나옵니다.

2. 이불 비밀기지 : 의자 3~4개에 이불을 걸친 후, 아이들과 기지를 만듭니다. 암호도 만들고, 숨바꼭질도 합니다.

3. 이불 바이킹 : 아이를 이불 위에 눕힙니다. 부모님이 이불의 양 끝을 잡고 흔들고 튕겨줍니다.

4. 이불 순간이동 : 아이를 이불 위에 앉힙니다. 보쌈을 싸듯 이불로 싼 아이를 들고 다른 방으로 이동합니다.

3. 우리 아이! 무엇을 배울 수 있을까요?

비언어적 의사소통을 통해 의사소통 역량을 향상시킬 수 있으며, 상상력과 놀이를 결합하며 지식과 융합 역량을 키울 수 있습니다.

4. 생각을 키우는 대화 Tip

이불 비밀기지 : "어떤 암호를 만들까?"

이불 순간이동 : "이번에는 어디로 순간이동할까?"

5. 놀이 상담실

Q 몸으로 놀아주는 것이 왜 필요하나요?

A '몸으로 놀기'는 영어로 'Rough and Tumble play'라고 하는데, 직역하면 거친 신체 놀이입니다. 소근육 발달이 더딘 아이들에겐 대근육을 이용한 몸으로 놀아주기가 더 적절하며, 이는 두뇌 발달에도 긍정적인 영향을 줍니다. 또한 '몸으로 놀기'는 신체 발달과 신체 조절력을 향상시킵니다. 그리고 다양한 의사소통을 통해 비언어적 의사소통 기술을 익힐 수 있으며, 아이의 정서 발달 및 스트레스 해소에도 도움이 됩니다.

Q 아이들이 레슬링 또는 싸움 놀이를 하는데 이런 놀이도 몸으로 놀기로 봐야 하나요?

A 거친 신체 놀이의 일종으로 볼 수도 있습니다. 다만 진짜 싸움이 아닌 안전한 놀이가 되기 위해선 몇 가지를 기억해야 합니다. 우선 관찰을 통해 놀이와 공격적인 행동을 구분하도록 지도합니다. 그리고 아이들이 서로 상의하여 규칙을 만들고 이를 지키도록 응원하고 지원해주세요. 마지막으로 안전하고 충분한 공간과 환경을 마련해야 합니다.

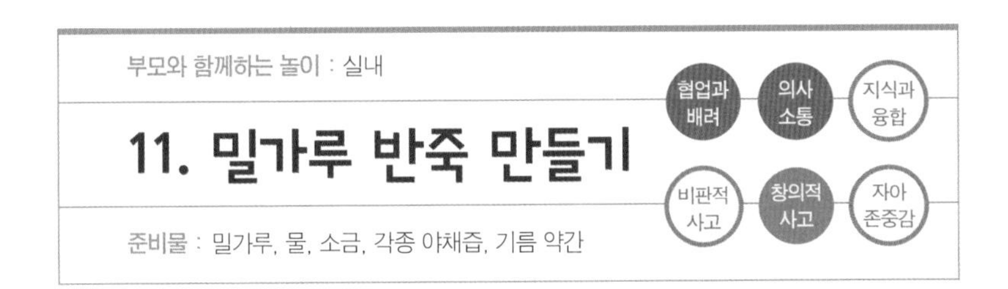

부모와 함께하는 놀이 : 실내

11. 밀가루 반죽 만들기

준비물 : 밀가루, 물, 소금, 각종 야채즙, 기름 약간

1. 무슨 놀이일까요?

요즘 아이들은 슬라임을 갖고 놀길 좋아합니다. 집에서 쉽게 할 수 있는 슬라임 놀이, 밀가루 반죽 놀이를 소개합니다. 반죽을 이용해 칼국수나 수제비도 만들 수 있어요.

2. 따라서 해볼까요?

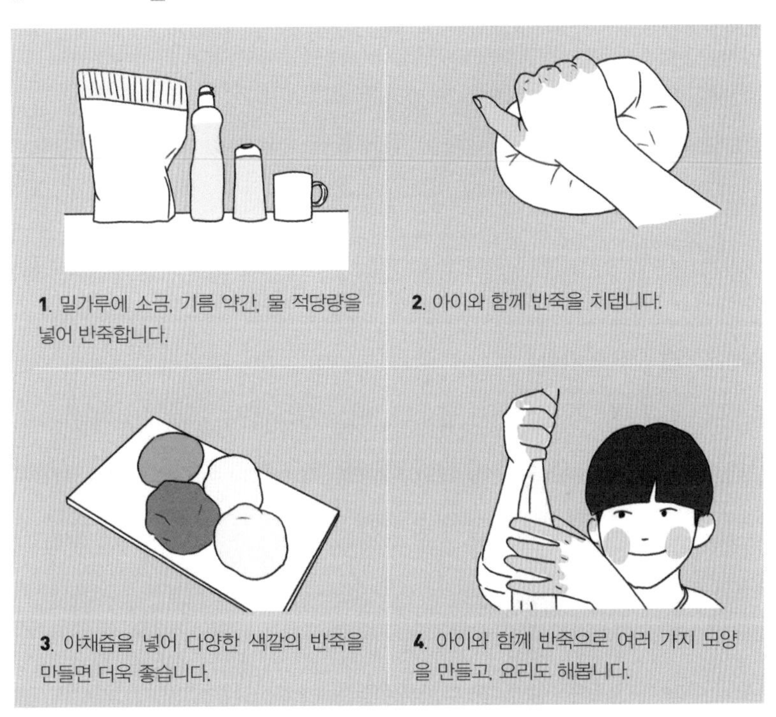

1. 밀가루에 소금, 기름 약간, 물 적당량을 넣어 반죽합니다.

2. 아이와 함께 반죽을 치댑니다.

3. 야채즙을 넣어 다양한 색깔의 반죽을 만들면 더욱 좋습니다.

4. 아이와 함께 반죽으로 여러 가지 모양을 만들고, 요리도 해봅니다.

3. 우리 아이! 무엇을 배울 수 있을까요?

밀가루 반죽으로 다양한 모양을 만들며 창의적 사고 역량을 향상시킬 수 있습니다. 또한 부모님과 합동 작품을 제작하며 협업과 배려 그리고 의사소통 역량도 키울 수 있습니다.

4. 생각을 키우는 대화 Tip

"당근즙과 시금치즙을 섞어서 만들면 어떤 색의 반죽이 될까?"
"노란색이나 녹색이 될 것 같아."

"지금 무슨 모양을 만들고 있어?"
"공룡 모양, 아빠는?"

"반죽이 퍽퍽하네, 무엇을 더 넣으면 좋을까?"
"물을 넣으면 좋을 것 같아."

5. 놀이 상담실

Q 많은 사람들이 '손 유희, 손 놀이'에 대해 이야기하는데, 손으로 하는 놀이가 왜 중요한가요?

A 흔히 손은 제2의 두뇌라고 합니다. 이는 두뇌에서 손을 조절하는 사령실이 가장 커서 운동 중추의 절반 이상을 차지하기 때문입니다. 그래서 인지 흔히 어렸을 때 손을 많이 움직인 사람이 운동 능력이 발달하고 머리도 좋다고 하지요.

우리는 손을 통해서 많은 자극을 받습니다. 손을 통한 건강한 자극은 두뇌를 발달시킵니다. 쉽게 할 수 있는 손 놀이에는 단추 꿰기, 실뜨기, 블록 놀이 등이 있습니다. 중요한 것은 아이가 손 놀이를 즐겁게 하는 것입니다.

6. 이런 놀이도 해볼까요?

아이들과 만든 반죽을 냉장고에 30분 정도 숙성시킨 후, 칼국수나 수제비를 만들어 먹어봅시다. 요리사가 된 것처럼 자부심을 느끼는 아이들의 모습이 정말 귀엽습니다. 수제비를 만들 때는 너무 두껍고 크게 만들면 잘 익지 않아서 먹지 못할 수 있으니 얇고 작게 만들어야 한다고 알려주세요. 얇고 작은 수제비를 만들다보면 자연스레 소근육을 많이 사용하게 됩니다.

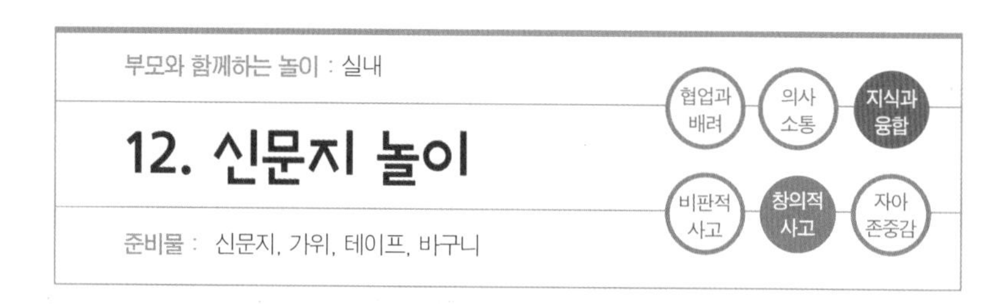

부모와 함께하는 놀이 : 실내

12. 신문지 놀이

준비물 : 신문지, 가위, 테이프, 바구니

1. 무슨 놀이일까요?

종이를 찢고 낙서하며 노는 것을 매우 좋아하는 우리 아이들. 쉽게 버려지는 신문지를 가지고 할 수 있는 재미있는 놀이 4가지를 소개합니다.

2. 따라서 해볼까요?

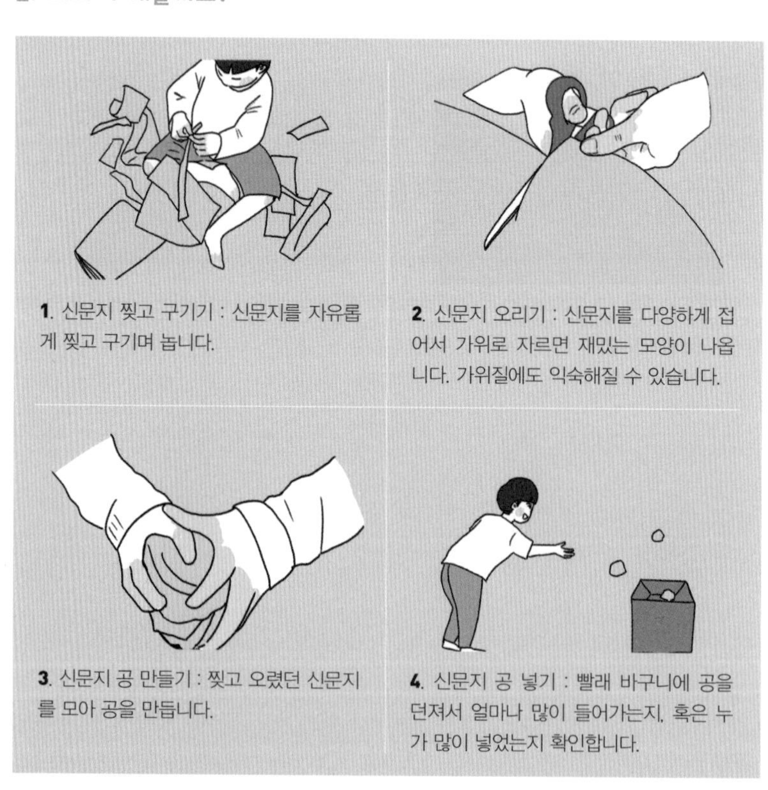

1. 신문지 찢고 구기기 : 신문지를 자유롭게 찢고 구기며 놉니다.

2. 신문지 오리기 : 신문지를 다양하게 접어서 가위로 자르면 재밌는 모양이 나옵니다. 가위질에도 익숙해질 수 있습니다.

3. 신문지 공 만들기 : 찢고 오렸던 신문지를 모아 공을 만듭니다.

4. 신문지 공 넣기 : 빨래 바구니에 공을 던져서 얼마나 많이 들어가는지, 혹은 누가 많이 넣었는지 확인합니다.

3. 우리 아이! 무엇을 배울 수 있을까요?

자유롭게 자르고 찢고 구기는 과정을 통해 창의적 사고 역량을 기를 수 있습니다. 읽고 버려지는 신문지를 다양한 놀잇감으로 만들어보는 과정을 통해 지식과 융합 역량이 길러집니다.

4. 생각을 키우는 대화 Tip

신문지 찢고 구기기 : "막 찢었는데 희한한 모양이 되었네. 이거 무슨 모양 같아?"

신문지 오리기 : "이렇게 여기를 자르면 어떤 모양의 거미줄이 나올까?"

신문지 공 만들기 : "한번 누워볼래? 신문지 공을 이불처럼 위에 부어줄게. 느낌이 어떠니?"

신문지 공 넣기 : "공을 많이 넣은 사람이 승리하는 거야."

5. 놀이 상담실

Q 다른 종이가 아닌 신문지를 활용하는 이유는 무엇인가요?

A 신문지를 추천하는 이유는 얇고 가벼워서 다른 종이보다 쉽게 구겨지고 공을 만들어 던지고 놀 때 아프지 않기 때문입니다. 그런데 요즘은 신문을 구독하지 않는 가정이 많으므로, 지역 일간지를 차곡차곡 모아서 사용하는 방법을 권해드립니다. 이것도 여의치 않다면 갑 티슈를 활용해도 좋습니다. 갑 티슈 비우기 같은 활동으로 놀이의 포문을 열면 아이들이 매우 좋아합니다.

6. 이런 놀이도 해볼까요?

신문지 난타 신문지를 길이와 두께를 다르게 말아 여러 가지 막대를 만듭니다. 신문지 막대로 다양 물체를 두드리면서 신문지 막대의 길이와 두께, 두드리는 물체에 따른 소리의 변화를 느껴봅니다. 두드리는 빠르기와 세기를 다르게 해 다양한 리듬도 만들어봅니다.

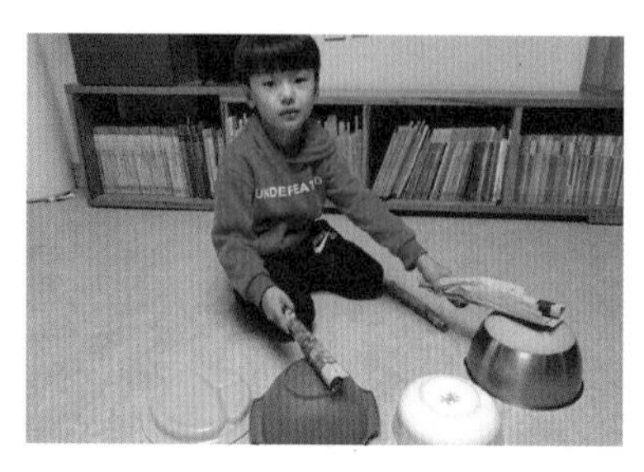

신문지 격파 신문지의 양쪽을 잡아 팽팽하게 해줍니다. 발차기, 박치기 등 다양한 동작으로 신문지를 격파합니다. 이 놀이는 아이에게 원초적인 즐거움을 선사합니다.

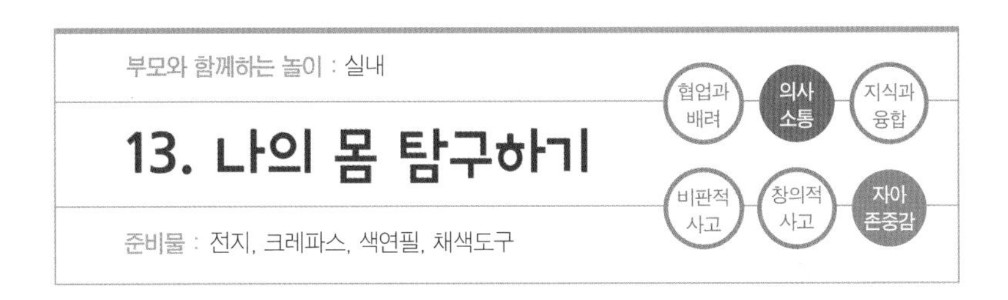

부모와 함께하는 놀이 : 실내

13. 나의 몸 탐구하기

협업과 배려 / 의사 소통 / 지식과 융합 / 비판적 사고 / 창의적 사고 / 자아 존중감

준비물 : 전지, 크레파스, 색연필, 채색도구

1. 무슨 놀이일까요?

전지에 아이의 몸 실루엣을 그리고 멋지게 꾸미는 놀이입니다. 아이의 흥미와 꿈 또는 미래 학교생활에 관해 이야기를 나누며 꾸며보세요.

2. 따라서 해볼까요?

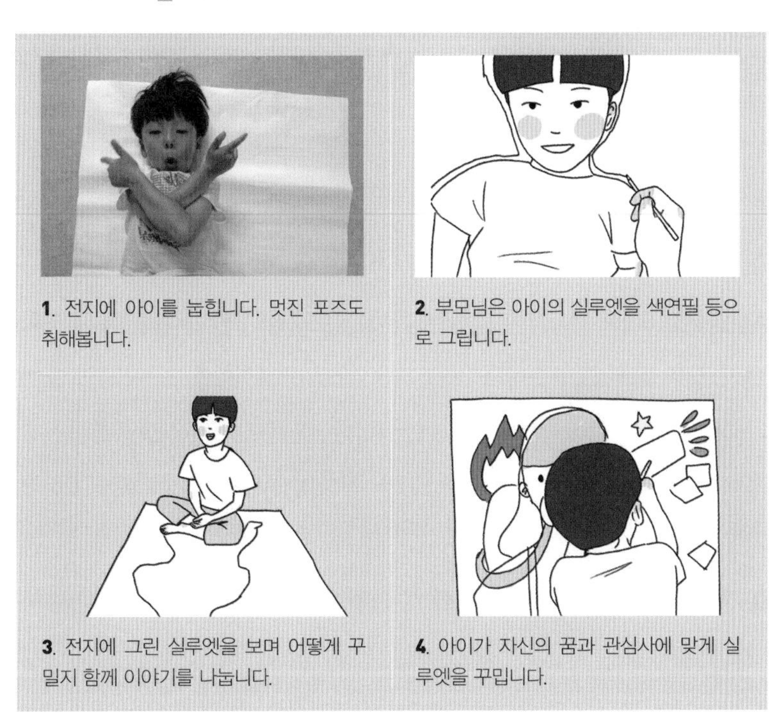

1. 전지에 아이를 눕힙니다. 멋진 포즈도 취해봅니다.

2. 부모님은 아이의 실루엣을 색연필 등으로 그립니다.

3. 전지에 그린 실루엣을 보며 어떻게 꾸밀지 함께 이야기를 나눕니다.

4. 아이가 자신의 꿈과 관심사에 맞게 실루엣을 꾸밉니다.

3. 우리 아이! 무엇을 배울 수 있을까요?

자신의 몸 실루엣을 보고 스스로 성장을 확인하는 과정에서 자아존중감을, 그림을 그리며 나누는 대화를 통해 의사소통 역량을 기를 수 있습니다.

4. 생각을 키우는 대화 Tip

"누워볼래? 키도 재볼 겸 전지에 몸 전체를 그려보자."

아이는 눕고, 부모님은 아이의 몸을 그린다.

"네 몸을 그린 그림을 보니 기분이 어때?"

"다음에 또 그려서 얼마나 컸는지 확인해보자."

"이제 같이 멋지게 꾸며보자. 어떻게 꾸미고 싶어? 꿈과 관련된 것으로 꾸며볼까? 아님 내년 학교생활?"

5. 놀이 상담실

Q 저희 아이는 꿈이 없다고 합니다. 꿈이 없는 아이 괜찮은가요?

A 괜찮습니다. 사실 꿈이 없다는 아이들은 굉장히 많습니다. 특히 고학년의 경우 더욱 그렇습니다. 사춘기 이전의 장래희망은 그 당시의 흥미나 관심사와 관련이 있는 경우가 많습니다. 그러므로 아이들에게 자신이 무엇을 좋아하고, 싫어하는지 알아갈 수 있도록 다양한 경험의 기회를 제공하는 것이 중요합니다.

Q 아이의 몸이 너무 커서 전지에 다 그릴 수가 없습니다. 어떻게 해야 하나요?

A 상반신만 그려도 좋습니다. 이때는 말풍선을 그려 현재 아이의 관심사

를 표현하는 방법을 활용해보세요. 꼭 전신을 그리고 싶다면 '롤 전지'를 구하면 됩니다. 긴 전지를 말아놓은 두루마리인데, 성인의 실루엣까지 충분히 그릴 수 있습니다.

6. 이런 놀이도 해볼까요?

친구나 형제와 함께하면 더 좋습니다. 전지를 몇 장 준비해 서로의 몸을 그려주며 어떻게 꾸밀지 묻고 답하다보면 서로에 대해 더욱 잘 알게 됩니다.

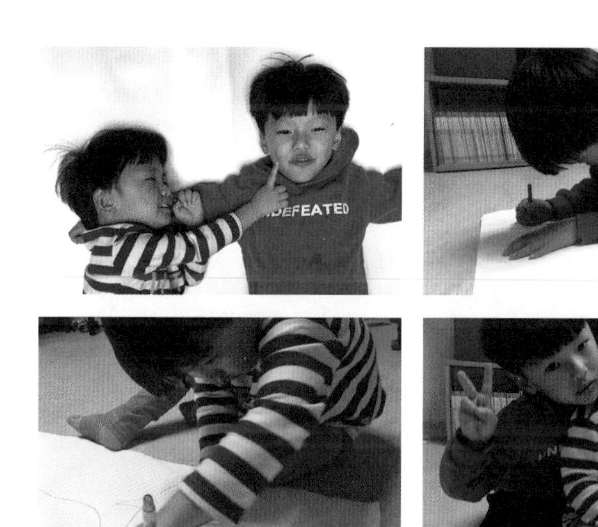

부모와 함께하는 놀이 : 실외

14. 학교 탐험

1. 무슨 놀이일까요?

앞으로 다니게 될 학교를 견학하는 활동입니다. 학교를 탐험하며 구석구석 둘러보고, 유치원과 다른 부분을 비교하는 시간을 가져봅시다.

2. 따라서 해볼까요?

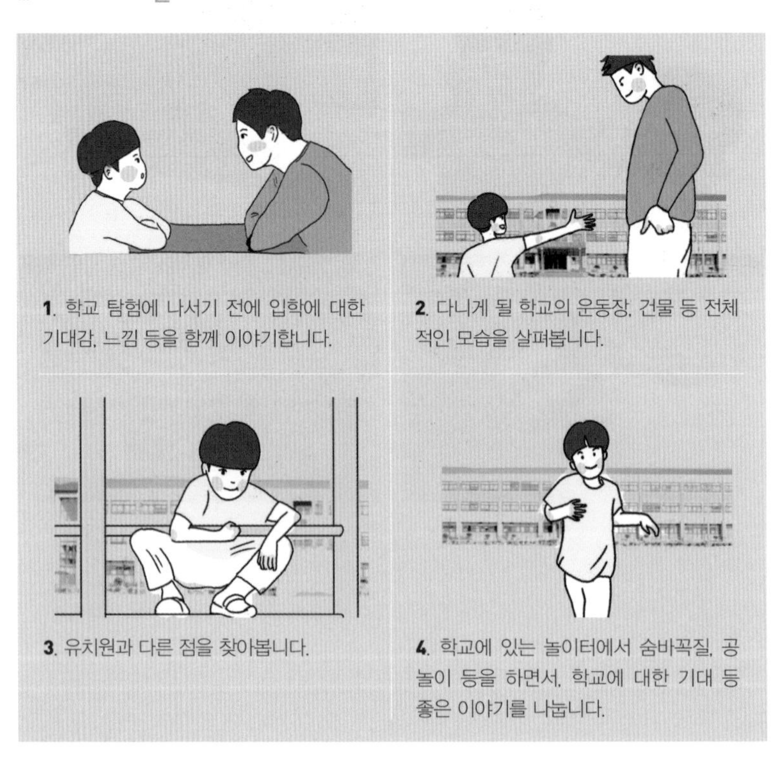

1. 학교 탐험에 나서기 전에 입학에 대한 기대감, 느낌 등을 함께 이야기합니다.

2. 다니게 될 학교의 운동장, 건물 등 전체적인 모습을 살펴봅니다.

3. 유치원과 다른 점을 찾아봅니다.

4. 학교에 있는 놀이터에서 숨바꼭질, 공놀이 등을 하면서, 학교에 대한 기대 등 좋은 이야기를 나눕니다.

3. 우리 아이! 무엇을 배울 수 있을까요?

아이와 미래 학교생활에 대한 긍정적인 이야기를 나누며 자아존중감과 의사소통 역량을 키웁니다. 이로써 아이는 학교생활에 대한 자신감을 얻을 수 있습니다.

4. 생각을 키우는 대화 Tip

입학 전에 아이가 다니게 될 학교에서 놀아보는 경험은 학교에 대한 친근한 감정을 만들어줍니다. 성공적인 학교생활을 결정하는 요인 중 하나가 아이의 학교에 대한 긍정적인 인식입니다. "너 이제 학교 가면 유치원처럼 칭얼대면 안 된다!"와 같은 부정적인 말보단 학교를 탐험하며 학교에 가면 좋은 점을 알려주거나 학교생활에 대한 응원의 말을 해주세요. 예를 들어볼까요?

"여기가 어디인 줄 알아? 여기는 앞으로 네가 다니게 될 학교야."

"이 학교랑 지금 다니는 유치원이랑 무엇이 다른 것 같아?"

"학교에선 다양한 것을 배우게 돼. 그럼 엄청 똑똑해지겠네."

5. 놀이 상담실

Q 이번에 처음으로 아이를 학교에 보냅니다. 무엇을 준비해야 할까요?

A 아이가 원하는 일을 선생님의 도움을 받아 해결하는 유치원과 달리 학교는 많은 일들을 스스로 해내야 합니다. 이처럼 유치원과 판이하게 다른 환경 때문에 몇 가지 습관이나 요령을 알고 입학하는 것이 학교 적응에 도움이 됩니다. 이러한 정보는 입학 전 예비소집일에 학교에 가면 알 수 있습니다.

교과 연계 놀이

놀이는 그 자체로 즐거운 활동입니다. 하지만 놀이를 통해 배움의 기쁨까지 함께 느낄 수 있다면 더욱 의미 있고 가치 있는 일일 것입니다. 특히 유아기는 놀이와 학습을 구분하지 않는 시기이므로, 아이들에게 놀이는 절대적으로 중요합니다. 그들은 놀이를 통해 배우고, 배우는 것이 곧 놀이이기 때문입니다. 그런데 우리의 현실은 어떠한가요? 우리 아이들은 과연 제대로 놀고 있을까요?

교과 연계 놀이, 왜 필요할까요?

우리 아이들은 노는 기쁨을 잃어버린 지 오래입니다. 왜 그럴까요? 유아기부터 이미 과도한 학습량에 노출되고, 얌전히 앉아 학습하기를 강요당합니다. 그래서 놀아볼 기회조차 박탈당했습니다. 그러면 우리 아이, 놀게만 하면 괜찮을까요? 그렇지 않습니다. 놀고 싶어도 놀 사람이 없어서, 놀 거리가 없어서 제대로 놀지 못할 수도 있습니다.

교과 연계 놀이를 통해 학문의 즐거움을 느끼게 해주고 싶은 작지만 큰 바람을 가져봅니다. 사실 학문의 세계를 탐구하여 발견의 기쁨을 느끼는 것은 인간의 고유한 능력입니다. 우리 아이들도 지식 암기 위주의 교육 세태에서 벗어나 스스로 하는 여러 가지 활동을 통해 발견의 기쁨과 체험의 즐거움을 경험할 수 있다면 얼마나 좋을까요?

이 챕터에서는 아이의 연령에 맞는 여러 가지 놀이를 교과 활동과 연결지어 학문적 원리를 발견하고 체험하는 기회를 마련했습니다. 또 준비에서 실행에 이르기까지 스스로 할 수 있도록 놀이를 구성함으로써 잠들어 있는 아이들의 자기 주도성을 일깨우고자 했습니다.

'교과 연계 놀이'를 소개합니다

직접적인 조작 활동이 주를 이루는 통합교과를 비롯해 과학, 수학 등의 교과에서 활용할 수 있는 놀이들을 소개하였습니다. 그리고 주변에서 구하기 쉬운 재료들을 이용한 놀이로 실생활과의 연계성을 도모하였고, 아이가 주도성을 발휘할 수 있는 부분을 마련하였습니다. 특히 과학 교과는 다양한 실험들이 가능하므로 실험과 놀이를 접목하여 아이들이 과학적 원리를 충분히 경험할 수 있게 하였습니다. 교과 연계 놀이를 통해 아이들이 학교 공부에 대한 거부감을 없애고, 더 즐겁고 적극적인 학교생활을 할 수 있을 것으로 기대합니다.

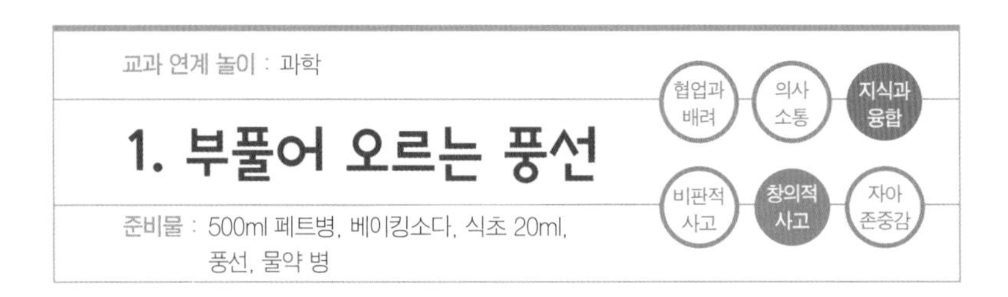

1. 무슨 놀이일까요?

베이킹소다라고 부르는 탄산수소나트륨과 식초의 반응으로 기체가 생기면서 풍선이 부풀어 오르는 것을 확인하는 실험 놀이입니다.

2. 따라서 해볼까요?

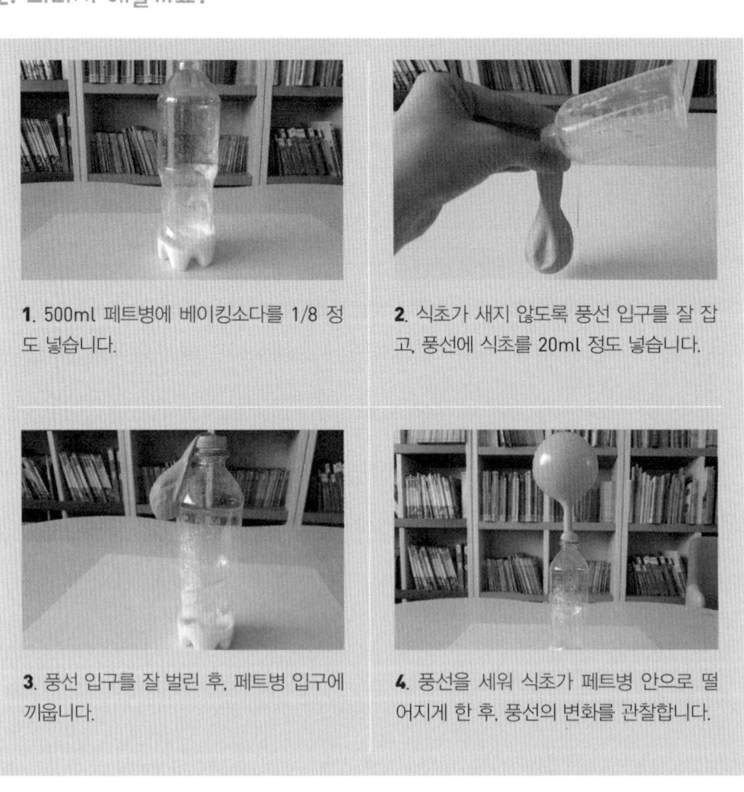

1. 500ml 페트병에 베이킹소다를 1/8 정도 넣습니다.

2. 식초가 새지 않도록 풍선 입구를 잘 잡고, 풍선에 식초를 20ml 정도 넣습니다.

3. 풍선 입구를 잘 벌린 후, 페트병 입구에 끼웁니다.

4. 풍선을 세워 식초가 페트병 안으로 떨어지게 한 후, 풍선의 변화를 관찰합니다.

3. 학교에서는 이렇게 배워요

교과	학년	교육과정 성취기준
과학	5~6	산소, 이산화탄소를 실험을 통해 발생시키면서 그 성질을 확인한 후, 각 기체의 성질을 설명할 수 있다.

4. 생각을 키우는 대화 Tip

"베이킹소다와 식초가 만나면 어떻게 될 것 같아?"

"잘 모르겠어요."

"그럼 이제 잘 관찰해보자. 어떻게 되었니?"

"부글부글 거품이 나면서 풍선이 부풀었어요."

"그래. 실험 놀이를 하기 전에 먼저 결과를 예상해보는 습관을 들이면 좋아. 그리고 이번 실험은 끝난 다음에 바로 정리하지 말고 좀 더 놔두고 풍선의 크기 변화를 관찰하면 더욱 좋단다."

5. 놀이 상담실

Q 사용된 재료에 대해 자세히 알고 싶어요.

A 베이킹소다는 탄산수소나트륨으로 만들어진 것으로 집에서 흔히 사용하는 물질입니다. 입자 모양이 불규칙해서 냄새 흡수나 세척에 좋은데, 인체에 유해한 독성이 없어서 화학제품 대신에 많이 사용하지요. 집에서 쉽게 구할 수 있는 재료로 실험을 하는 경험은 실생활과 과학의 밀접한 연관성을 느껴볼 수 있는 기회가 되고, 학교에서 실험할 때 보다 친숙하게 다가갈 수 있는 마음가짐을 만들어줍니다.

Q 이 실험 놀이에 활용된 과학 원리가 알고 싶어요.

A 이산화탄소의 생성입니다. 탄산수소나트륨($NaHCO_3$)과 식초(CH_3COOH)가 만나면 초산나트륨(CH_3COONa)과 이산화탄소(CO_2),

물(H_2O)이 생성됩니다. 이때 발생하는 이산화탄소가 풍선을 부풀게 합니다.

6. 실험 놀이가 끝나면

실험 후 페트병에 남은 베이킹소다와 식초는 천연 세제로 활용할 수 있습니다. 싱크대에 부은 후 쓱싹쓱싹 닦아주면 묵은 때를 제거할 수 있답니다. 재미있는 실험 놀이 후에 남은 재료로 깨끗이 청소까지 할 수 있으니 그야말로 일석이조지요?

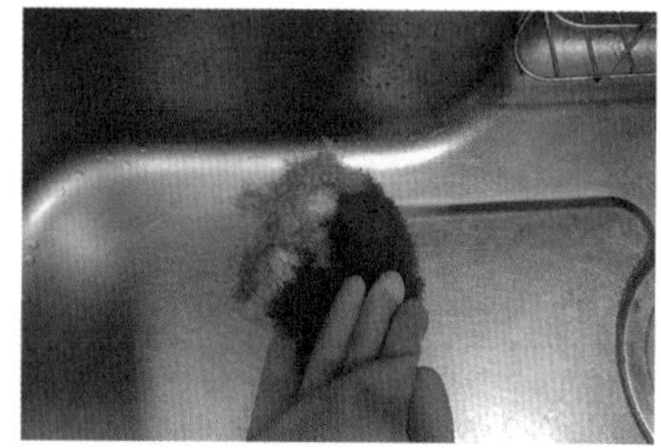

7. 대체 재료 및 구입

풍선은 크기에 따라 탄성이 다릅니다. 너무 작은 풍선을 사용하면 풍선이 잘 부풀어 오르지 않을 수도 있습니다. 이 실험 놀이에는 10인치 풍선이 적당합니다.

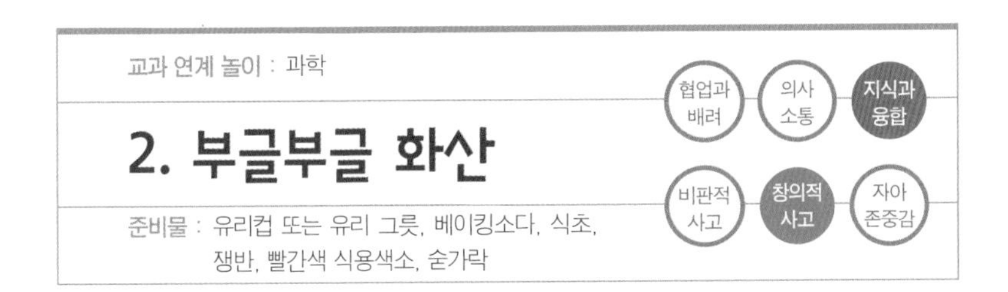

교과 연계 놀이 : 과학

2. 부글부글 화산

준비물 : 유리컵 또는 유리 그릇, 베이킹소다, 식초, 쟁반, 빨간색 식용색소, 숟가락

1. 무슨 놀이일까요?

산성 물질과 염기성 물질이 격렬한 화학반응을 일으키도록 해서 폭발하는 모습을 관찰하는 실험 놀이입니다.

2. 따라서 해볼까요?

1. 쟁반 위에 투명한 유리컵을 놓습니다.
2. 유리컵에 베이킹소다를 2~3숟가락 넣습니다.
3. 빨간색 식용 색소를 1숟가락 넣습니다.
4. 식초 반 컵을 빠르게 붓고 변화를 관찰합니다.

3. 학교에서는 이렇게 배워요

교과	학년	교육과정 성취기준
과학	3~4	화산 활동이 우리 생활에 미치는 영향을 발표할 수 있다.
		화산 활동으로 나오는 여러 가지 물질을 설명할 수 있다.
	5~6	산성 용액과 염기성 용액의 여러 가지 성질을 비교하고, 산성 용액과 염기성 용액을 섞었을 때의 변화를 관찰할 수 있다.

4. 놀이 상담실

Q 화산 활동이 무엇인가요?

A 화산 활동은 땅속 깊은 곳에 있던 뜨거운 마그마가 땅의 갈라진 틈을 뚫고 나오는 현상을 말해요.

Q 화산 활동의 장점과 단점이 궁금해요.

A 용암이 흘러내려 불이 나거나 화산재로 인해 햇빛이 차단되어 생태계가 파괴되고 인명피해가 발생합니다. 하지만 온천으로 관광사업을 하거나 지열발전이 가능하고, 화산재가 비옥한 토양을 만들어 벼농사에 도움이 되는 긍정적인 점도 있어요.

참조: 네이버 지식백과

5. 이런 놀이도 해볼까요?

투명한 유리컵에 베이킹소다와 액체 세제를 넣어 잘 섞은 뒤, 레몬즙을 짜 넣어 유리컵 속의 변화를 관찰합니다.

교과 연계 놀이 : 과학

3. 숨겨진 버터를 찾아라

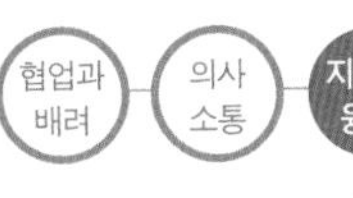

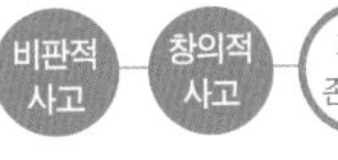

준비물 : 뚜껑이 있는 투명한 유리병, 동물성 생크림, 체, 키친 볼

1. 무슨 놀이일까요?

생크림은 버터와 버터밀크가 섞인 혼합물이어서 분리할 수 있습니다. 일상생활에 존재하는 혼합물을 분리하는 실험 놀이입니다.

2. 따라서 해볼까요?

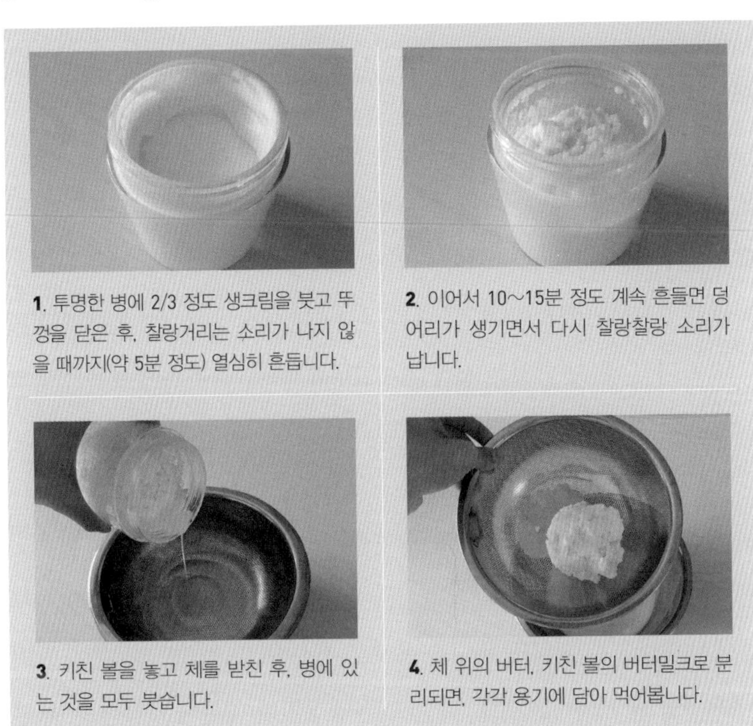

1. 투명한 병에 2/3 정도 생크림을 붓고 뚜껑을 닫은 후, 찰랑거리는 소리가 나지 않을 때까지(약 5분 정도) 열심히 흔듭니다.

2. 이어서 10~15분 정도 계속 흔들면 덩어리가 생기면서 다시 찰랑찰랑 소리가 납니다.

3. 키친 볼을 놓고 체를 받친 후, 병에 있는 것을 모두 붓습니다.

4. 체 위의 버터, 키친 볼의 버터밀크로 분리되면, 각각 용기에 담아 먹어봅니다.

3. 학교에서는 이렇게 배워요

교과	학년	교육과정 성취기준
과학	3~4	일상생활에서 혼합물의 예를 찾고 혼합물 분리의 필요성을 설명할 수 있다.

4. 생각을 키우는 대화 Tip

"우리 주변에 있는 혼합물에는 뭐가 있을까?"

"바닷물이랑 초코우유요."

"맞아. 우리 주변에 있는 대부분의 물질이 혼합물이란다. 그래서 필요한 물질을 얻으려면 혼합물을 분리하는 법을 알고 있어야 해."

"아까 분리한 버터와 버터밀크의 맛이 궁금해요."

"우리가 분리한 버터와 버터밀크는 보존제가 없어서 빨리 먹는 게 좋단다. 어서 먹어보자."

5. 놀이 상담실

Q 이 실험 놀이에 활용된 과학 원리가 알고 싶어요.

A 바로 혼합물의 분리입니다. 혼합물은 2가지 이상의 물질이 원래 성질을 그대로 가진 채 섞여 있는 것을 의미합니다. 예를 들어 설탕물은 설탕과 물이 섞인 혼합물인데 설탕의 단 성질과 물의 성질이 모두 존재하지요.

6. 실험 놀이가 끝나면

체 위에 걸러진 버터는 보존제가 없는 천연 버터입니다. 천연 버터도 시중에서 판매하는 버터와 동일한 용도로 사용할 수 있으므로, 빵을 굽거나 요리할 때 사용해보세요. 다만 보존제가 없기 때문에 가능한 한 빠른 시일 내에 사용해야 합니다.

버터밀크는 닭 요리를 할 때 닭의 비린내를 잡아주는 데 사용할 수 있으며, 대표적인 산성 우유로 영양가가 높아 다양한 요리에 사용됩니다. 또 그대로 마셔도 괜찮습니다. 버터밀크는 맛이 쉽게 변하니 가급적 빨리 먹는 것이 좋습니다.

7. 대체 재료 및 구입

생크림은 마트에 가면 비교적 쉽게 구할 수 있습니다. 다만 다양한 종류의 생크림이 있기 때문에 제품 뒷면에 표기된 원재료 및 영양 성분을 확인한 후에 구입합니다.

생크림에는 식물성과 동물성 2가지 종류가 있는데, 식물성 생크림은 팜유, 야자유, 식용유 등 식물성 유지에서 추출하는 것을 말하고, 동물성 생크림은 우유에서 추출한 것을 말합니다. 식물성 생크림은 제품 뒷면에 식물성 크림 혹은 식물성 유지(팜유, 경화 팜유)라고 적혀 있고, 동물성 생크림은 유크림 96.6%나 100% 등의 표기와 함께 유지방 함량(38% 이상)이 표시되어 있습니다.

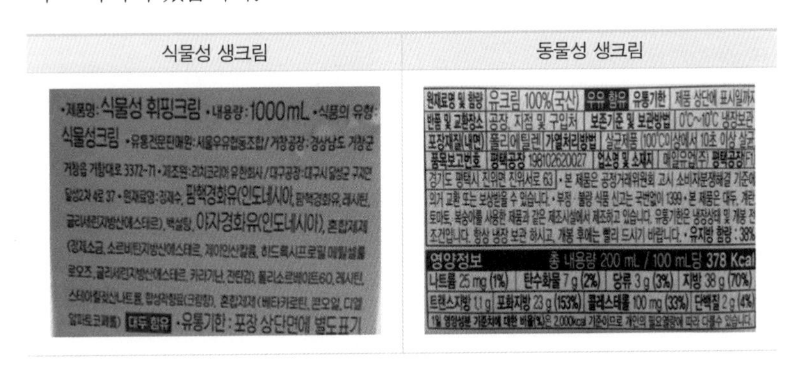

교과 연계 놀이 : 과학

4. 빨대는 어디로 갔을까?

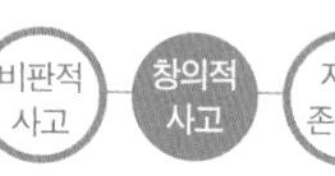

준비물 : 투명한 유리컵, 물, 식용유, 빨대

1. 무슨 놀이일까요?

빛이 투명한 액체를 통과하면서 일어나는 현상인 빛의 굴절을 이용한 실험 놀이입니다.

2. 따라서 해볼까요?

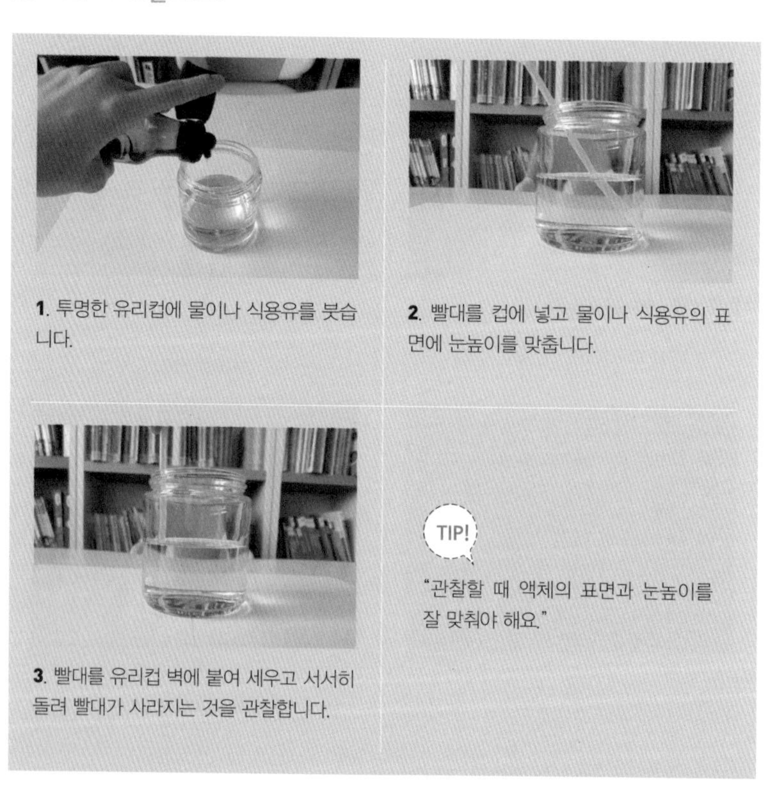

1. 투명한 유리컵에 물이나 식용유를 붓습니다.

2. 빨대를 컵에 넣고 물이나 식용유의 표면에 눈높이를 맞춥니다.

3. 빨대를 유리컵 벽에 붙여 세우고 서서히 돌려 빨대가 사라지는 것을 관찰합니다.

TIP!

"관찰할 때 액체의 표면과 눈높이를 잘 맞춰야 해요."

3. 학교에서는 이렇게 배워요

교과	학년	교육과정 성취기준
과학	5~6	빛이 유리나 물, 볼록 렌즈를 통과하면서 굴절되는 현상을 관찰하고, 관찰한 내용을 그림으로 표현할 수 있다.

4. 놀이 상담실

Q 이 실험 놀이에 활용된 과학 원리가 알고 싶어요.

A 빛의 굴절입니다. 빛이 투명한 물체를 통과할 때 진행 방향이 바뀌는 현상을 굴절이라고 합니다. 빛은 종류가 다른 투명한 물체를 통과할 때 진행되는 속도가 달라집니다. 따라서 공기 중의 빨대와 물 또는 식용유 안에 있는 빨대가 꺾여서 보이는 것이지요. 또 빨대는 물이나 식용유 속에 여전히 있지만, 빨대를 돌리면서 빨대에 반사된 빛이 우리 눈에 들어오지 않기 때문에 빨대가 사라진 것처럼 보이게 됩니다.

참조: 네이버 어린이백과

Q 어떤 컵을 사용하는 게 좋을까요?

A 물을 담을 투명한 유리컵을 선택할 때는 폭이 좁고 기다란 것이 좋습니다. 그래야 적은 물로도 실험을 할 수 있으니까요. 유리컵 대신에 유리병을 사용해도 됩니다.

5. 이런 놀이도 해볼까요?

물 위에 식용유를 부어 2개의 층을 만든 다음 빨대나 젓가락을 넣습니다. 그러면 빨대가 식용유 층과 물 층에서 각각 굴절하여 꺾이는 것을 관찰할 수 있습니다. 식용유를 통과하는 빛의 속도와 물을 통과하는 빛의 속도가 달라서, 즉 굴절률이 달라서 굴절이 두 번 일어나는 것입니다.

6. 실험 놀이가 끝나면

실험 놀이에 사용된 식용유는 조심스레 분리하여 요리할 때 다시 사용해도 괜찮습니다. 또 벽에 남은 스티커 자국을 제거할 때 사용할 수도 있습니다. 물과 완전히 분리되지 않은 기름은 하수구에 바로 버리지 말고 키친타월로 잘 흡수해서 쓰레기통에 버립니다.

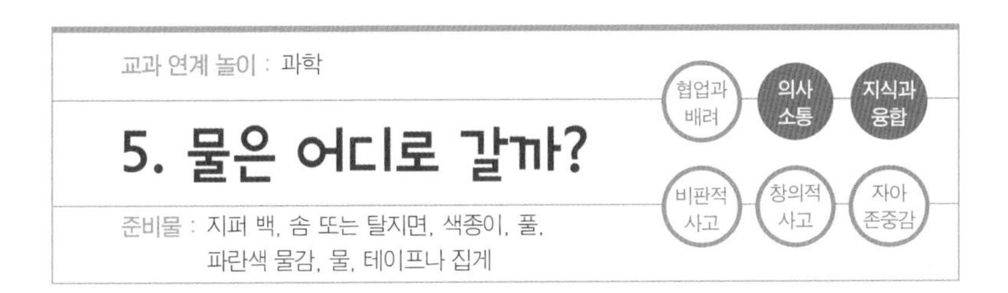

교과 연계 놀이 : 과학

5. 물은 어디로 갈까?

준비물 : 지퍼 백, 솜 또는 탈지면, 색종이, 풀, 파란색 물감, 물, 테이프나 집게

1. 무슨 놀이일까요?

물은 없어서는 안 될 매우 소중한 자원입니다. 이번 실험 놀이에서는 물의 순환을 알아봅니다.

2. 따라서 해볼까요?

1. 지퍼 백의 바깥쪽에 색종이와 솜으로 태양과 구름을 만들어 붙입니다.

2. 파란색 물감을 물에 섞습니다.

3. **2**에서 만든 파란색 물을 지퍼 백에 1/4 정도 채웁니다.

4. 벽에 지퍼 백을 테이프나 집게 등으로 고정시키고 2~3일 정도 관찰합니다.

3. 학교에서는 이렇게 배워요

교과	학년	교육과정 성취기준
과학	3~4	물이 이동하거나 상태가 변하면서 순환하는 과정을 생명체, 지표면, 공기 사이에서 일어나는 다양한 현상과 관련지어 설명할 수 있다.
	5~6	이슬, 안개, 구름의 공통점과 차이점을 이해하고 비와 눈이 내리는 과정을 설명할 수 있다.

4. 놀이 상담실

Q 이 실험 놀이에 활용된 과학 원리가 알고 싶습니다.

A 물의 순환입니다. 물은 수천 년 동안 같은 양을 유지하고 있는데, 그 이유는 물이 상태가 변하며 돌고 돌아 결국 되돌아오기 때문입니다. 물은 공기 중으로 증발해서 떠돌다가 이슬이 되어 다시 돌아오고, 하늘로 올라가 구름이 되었다가 눈이나 비가 되어 다시 우리 곁으로 돌아옵니다.

Q 어떻게 하면 실험이 잘 될까요?

A 따뜻한 물을 넣은 후, 햇볕이 잘 드는 유리창에 두면 성공적인 실험 결과를 얻을 수 있습니다.

5. 이런 놀이도 해볼까요?

물의 순환과 관련된 동화책을 읽고 물의 여행에 대해 이야기를 나누면 놀이가 더욱 풍성해질 것입니다.

빗방울이 뚝뚝뚝(주디스 앤더슨 글, 마이크 고든 그림, 2012, 상상스쿨)
물속에 빠진 돼지(백명식 지음, 2013, 내인생의책)
물이 돌고 돌아(미란다 폴 글, 제이슨 친 그림, 2016, 봄의정원)

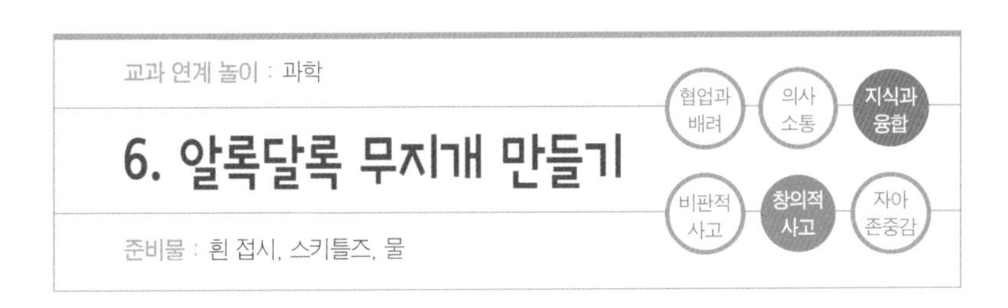

교과 연계 놀이 : 과학

6. 알록달록 무지개 만들기

준비물 : 흰 접시, 스키틀즈, 물

1. 무슨 놀이일까요?

알록달록 예쁜 색깔의 젤리사탕(스키틀즈)이 녹는 모습을 관찰하는 실험 놀이입니다. 이 활동을 통해 용해를 이해할 수 있습니다.

2. 따라서 해볼까요?

1. 흰 접시를 준비하고 스키틀즈를 접시 테두리를 따라 배열합니다.

2. 따뜻한 물을 접시 가운데에 조심해서 붓습니다.

3. 알록달록 색이 번지는 모습을 관찰합니다.

4. 다른 사탕이나 초콜릿으로도 실험을 해 봅니다.

3. 학교에서는 이렇게 배워요

교과	학년	교육과정 성취기준
과학	5~6	물질이 물에 녹는 현상을 관찰하고 용액을 설명할 수 있다.

4. 놀이 상담실

Q 실험 놀이를 하면서 주의할 사항은 무엇인가요?

A 가장 중요한 것은 안전입니다. 물의 온도는 따뜻한 정도면 충분하므로, 너무 뜨거운 물을 사용하다 다치는 일이 없도록 합니다. 물을 부을 때는 따뜻한 물을 접시 가운데 천천히 부어서 과자의 배치 상태가 흐트러지지 않도록 합니다. 이때 오목한 파스타볼을 이용하면 더욱 좋습니다.

다양한 색으로 코팅된 젤리사탕, 초콜릿이라면 무엇이든 괜찮습니다. 젤리사탕 등을 어떻게 배치하느냐에 따라 다양한 모습이 연출되기 때문에, 원하는 모습을 예상하며 배치하는 것도 재미있는 활동이 됩니다.

Q 이 놀이에 활용된 과학 원리를 알고 싶어요.

A 용해입니다. 용해는 용매와 용질이 균일하게 섞이는 현상으로, 일반적으로 '녹는다'고 표현하지요. 젤리사탕은 표면이 설탕으로 코팅되어 있어서 따뜻한 물을 부으면 설탕이 녹아내리면서 표면에 있던 색소도 함께 녹아내리게 됩니다. 그 결과 물이 흘러가는 대로 색소가 예쁘게 퍼져나가는 모습을 관찰할 수 있습니다.

5. 이런 놀이도 해볼까요?

넓은 접시에 스키틀즈를 하나씩 따로 떼어놓고 따뜻한 물을 부으면 이런 모습이 됩니다.

6. 대체 재료 및 구입

이 실험 놀이는 알맞은 재료를 선택하는 게 중요합니다. 스키틀즈를 사용하면 알록달록 예쁜 색깔을 얻을 수 있습니다. 그러나 이와 유사한 비틀즈는 비교적 연한 색깔이어서 효과가 극명하게 드러나지 않습니다.

교과 연계 놀이 : 과학

7. 예쁜 꽃을 피워보자

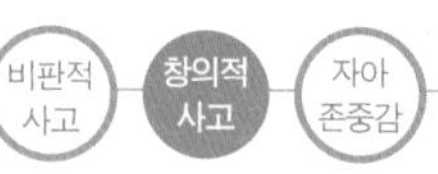

준비물 : 장미꽃, 거름종이, 수성 사인펜, 넓은 접시, 가위, 빨대, 물, 풀, 초록색 종이, 꽃 테이프

1. 무슨 놀이일까요?

색의 번짐을 이용하여 예쁜 꽃을 만드는 활동입니다. 아이들이 만든 꽃을 모아 꽃병에 꽂을 수도 있습니다.

2. 따라서 해볼까요?

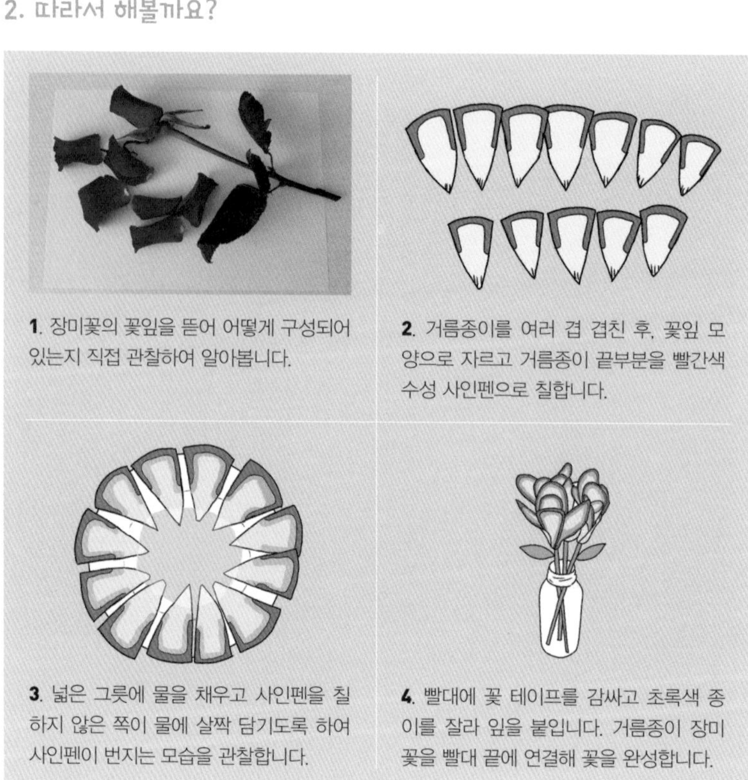

1. 장미꽃의 꽃잎을 뜯어 어떻게 구성되어 있는지 직접 관찰하여 알아봅니다.

2. 거름종이를 여러 겹 겹친 후, 꽃잎 모양으로 자르고 거름종이 끝부분을 빨간색 수성 사인펜으로 칠합니다.

3. 넓은 그릇에 물을 채우고 사인펜을 칠하지 않은 쪽이 물에 살짝 담기도록 하여 사인펜이 번지는 모습을 관찰합니다.

4. 빨대에 꽃 테이프를 감싸고 초록색 종이를 잘라 잎을 붙입니다. 거름종이 장미꽃을 빨대 끝에 연결해 꽃을 완성합니다.

3. 학교에서는 이렇게 배워요

교과	학년	교육과정 성취기준
과학	5~6	식물의 전체적인 구조 관찰과 실험을 통해 뿌리, 줄기, 잎, 꽃의 구조와 기능을 설명할 수 있다.

4. 생각을 키우는 대화 Tip

붉은색이 번진 비싹 마른 거름종이로 꽃 모양을 만들며 자연스럽게 증발에 대해 이야기할 수도 있습니다.

"물기가 다 어디로 갔지?"

"공기 중으로 갔을 것 같아요."

"그럼 어떨 때 물이 잘 증발할까? 빨래가 어떤 날 잘 마르지?"

활동을 마무리한 후, 색과 크기가 다른 진주 핀으로 암술, 수술을 표현하며 꽃의 구조에 대해 탐색할 수도 있습니다.

5. 놀이 상담실

Q 이 실험 놀이는 언제 하면 좋을까요?

A 여러 가지 꽃들을 관찰하기 좋은 봄이 좋습니다. 직접 꽃을 만드는 활동을 하면서 봄에 피는 꽃들에 대해서도 알아보고, 봄을 맞아 푸르게 변해가는 자연의 아름다움을 느껴보는 것도 좋습니다.

6. 이런 놀이도 해볼까요?

커피 필터 꽃이 피었어요 거름종이 대신 커피 필터로 꽃을 만들어봅니다. 키친타월도 색다른 꽃을 만들 수 있는 재료입니다.

1. 커피 필터를 여러 장 겹쳐 꽃잎 모양으로 자릅니다.

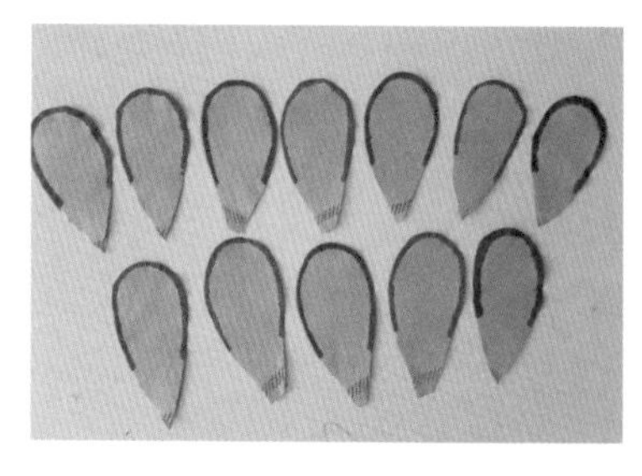

2. 잘린 꽃잎 가장자리를 따라 수성 사인펜을 칠합니다.

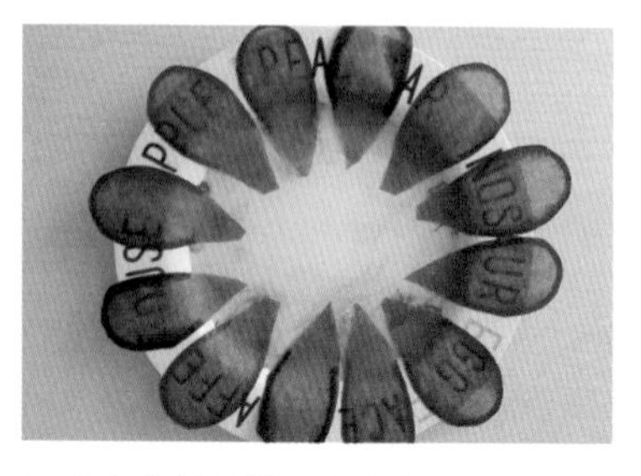

3. 커피 필터 꽃잎을 1장씩 펼쳐서 뾰족한 부분이 물에 담기도록 늘어놓습니다.

4. 사인펜이 번진 꽃잎을 잘 말린 후, 빨대를 줄기삼아 꽃잎을 1장씩 붙이고 꽃 테이프로 돌돌 말아 완성합니다.

교과 연계 놀이 : 과학

8. 발레리나야, 춤을 추렴

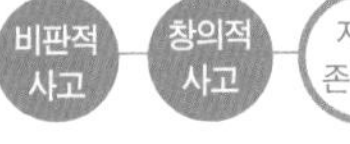

준비물 : 둥근 자석 2개, 스티커, 밑이 둥근 통, 가위, 상자 뚜껑, 지점토, 종이, 사인펜, 빨대, 나무젓가락

1. 무슨 놀이일까요?

자석의 성질을 이용하여 춤추는 발레리나를 만드는 실험 놀이입니다. 즐겁게 자석의 성질을 탐구해봅시다.

2. 따라서 해볼까요?

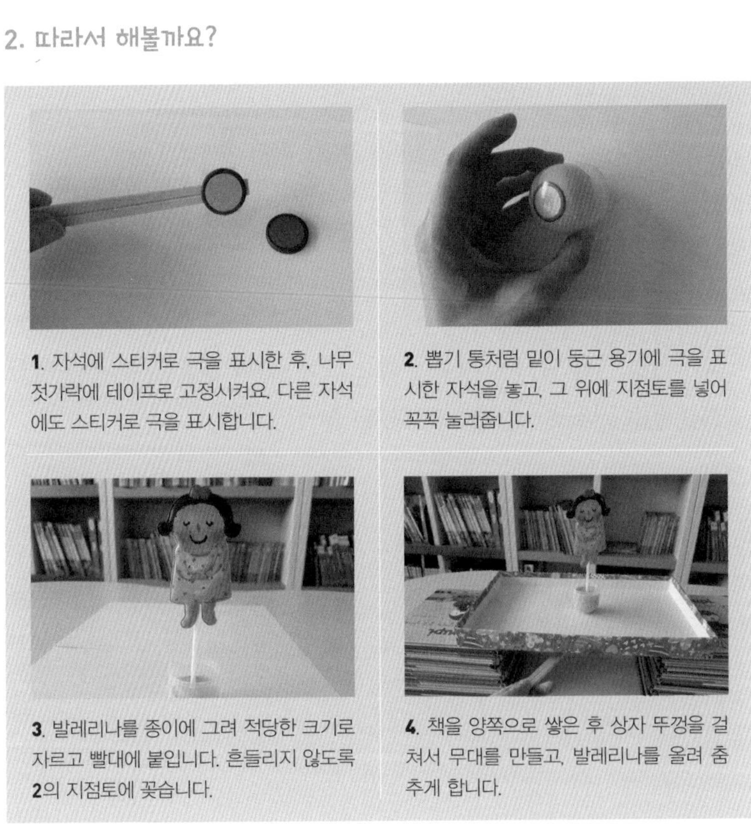

1. 자석에 스티커로 극을 표시한 후, 나무젓가락에 테이프로 고정시켜요. 다른 자석에도 스티커로 극을 표시합니다.

2. 뽑기 통처럼 밑이 둥근 용기에 극을 표시한 자석을 놓고, 그 위에 지점토를 넣어 꾹꾹 눌러줍니다.

3. 발레리나를 종이에 그려 적당한 크기로 자르고 빨대에 붙입니다. 흔들리지 않도록 **2**의 지점토에 꽂습니다.

4. 책을 양쪽으로 쌓은 후 상자 뚜껑을 걸쳐서 무대를 만들고, 발레리나를 올려 춤추게 합니다.

3. 학교에서는 이렇게 배워요

교과	학년	교육과정 성취기준
과학	3~4	자석 사이에 밀거나 당기는 힘이 작용하는 현상을 관찰하고 두 종류의 극을 구별할 수 있다.

4. 생각을 키우는 대화 Tip

"우리 주변에 자석에 붙는 것들이 뭐가 있을까?"

"옷걸이나 가위의 자르는 부분, 손톱깎이는 붙을 것 같아요. 그런데 종이나 지우개는 붙지 않아요."

"맞아. 자석에 붙는 것이 있고, 붙지 않는 것이 있지. 그럼 자석끼리는 붙을까? 직접 자석을 붙여보자. 어떠니?"

"찰싹 붙기도 하고 서로 밀어내기도 해요."

"그건 자석이 같은 극끼리는 서로 밀어내고, 다른 극끼리는 서로 끌어당기는 성질을 가지고 있기 때문이야."

5. 이런 놀이도 해볼까요?

직접 자석을 들고 다니며 '자석에 붙는 것'과 '붙지 않는 것'을 찾는 활동을 해보세요. 자석의 성질을 더욱 잘 알 수 있습니다.

6. 대체 재료 및 구입

이 실험 놀이에 사용된 자석은 검은색의 둥글고 납작한 자석입니다. 크기는 준비한 용기에 들어가는 것으로 선택하면 됩니다.

교과 연계 놀이 : 수학

9. 부릉부릉 자동차

준비물 : 휴지 심, 플라스틱 병뚜껑, 나무 꼬치, 글루건, 물감, 붓, 숫자나 모양 스티커, 가위, 칼, 송곳, 매직펜

1. 무슨 놀이일까요?

휴지 심으로 자동차를 만들어 좋아하는 인형을 태운 후 자동차 경주를 할 수 있는 실험 놀이입니다.

2. 따라서 해볼까요?

1. 휴지 심 가운데 네모 모양으로 구멍을 뚫고, 휴지 심을 물감으로 색칠합니다.

2. 송곳으로 휴지 심에 구멍을 뚫고 나무 꼬치를 끼운 후, 가위로 꼬치 끝을 잘라냅니다.

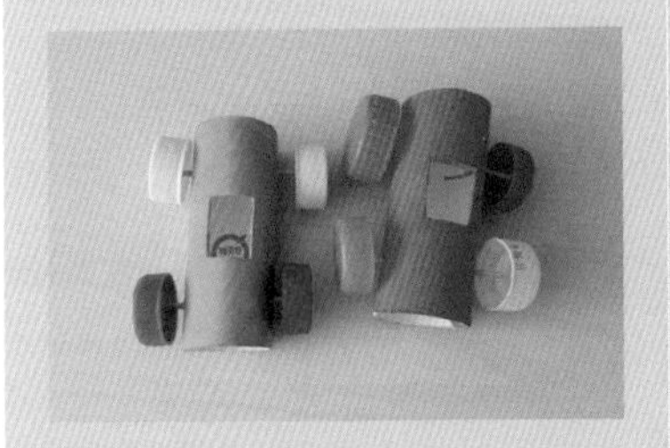

3. 글루건으로 나무 꼬치에 플라스틱 병뚜껑을 붙입니다.

4. 숫자나 모양 스티커로 휴지 심을 장식하고 스티커나 매직펜으로 바퀴를 장식해주면 완성! 네모 구멍에 인형을 태워도 좋습니다.

3. 학교에서는 이렇게 배워요

교과	학년	교육과정 성취기준
수학	1~2	구체물의 길이, 들이, 무게, 넓이를 비교하여 각각 '길다, 짧다', '많다, 적다', '무겁다, 가볍다', '넓다, 좁다' 등을 구별하여 말할 수 있다.
		구체물의 길이를 재는 과정에서 자의 눈금과 일치하지 않는 길이의 측정값을 '약'으로 표현할 수 있다.

4. 생각을 키우는 대화 Tip

"나무 꼬치는 휴지심보다 길이가 짧네?"
위와 같은 말로 길이를 어림으로 비교해보거나 직접 자로 측정하는 활동을 해볼 수 있습니다.

5. 놀이 상담실

비록 진짜 잘 달리는 자동차는 아니지만, 아이들은 직접 만든 것이라 좋아할 겁니다. 여러 가지 도형 스티커가 있으면 직접 꾸미는 것도 좋고, 숫자 스티커로 자동차에 좋아하는 번호를 붙여 즐겁게 경주를 즐길 수도 있습니다.

6. 이런 놀이도 해볼까요?

바닥에 마스킹 테이프로 출발선을 표시하고 여러 대의 휴지 심 자동차를 밀어 달려간 거리를 비교해봅니다. 거리를 비교하기 위한 더하고 빼는 활동을 통해 사칙연산의 기초도 다질 수 있습니다.
휴지 심 가운데 자석을 투명 테이프로 고정시킨 후 '발레리나야, 춤을 추렴'과 같이 자석을 이용해 경주를 하는 것도 가능합니다.

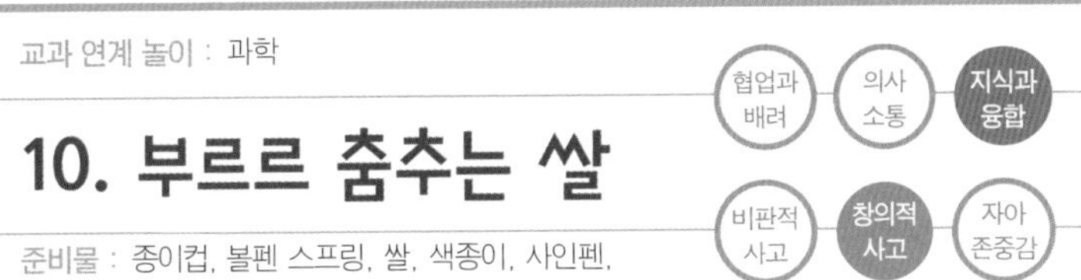

교과 연계 놀이 : 과학

10. 부르르 춤추는 쌀

준비물 : 종이컵, 볼펜 스프링, 쌀, 색종이, 사인펜, 풀, 주름 빨대, 송곳

1. 무슨 놀이일까요?

소리의 떨림을 이용한 활동입니다. 눈으로 직접 소리의 떨림을 관찰할 수 있어 아이들의 흥미를 끌 수 있습니다.

2. 따라서 해볼까요?

1. 종이컵을 예쁘게 꾸민 후, 종이컵을 뒤집어 그 위에 쌀 20~30톨을 올려놓습니다. 쌀은 골고루 퍼지도록 배치합니다.

2. 종이컵 바로 위에 입을 대고 '아' 소리를 내 쌀이 내는 소리나 움직이는 모습을 관찰합니다.

3. 종이컵을 들고 종이컵의 아래쪽에 입을 대고 '아' 소리를 내어 **2**에서 관찰한 쌀의 모습과 비교합니다.

4. 종이컵에 구멍을 뚫고 주름 빨대를 끼워 '오' 하고 크게 소리를 내봅니다. 이렇게 하면 주름 빨대가 소리를 모아줍니다.

3. 학교에서는 이렇게 배워요

교과	학년	교육과정 성취기준
과학	3~4	여러 가지 물체에서 소리가 나는 현상을 관찰하여 소리가 나는 물체는 떨림이 있음을 설명할 수 있다.

4. 생각을 키우는 대화 Tip

"종이컵 위에서 쌀이 움직이게 하려면 어떻게 해야 할까?"

"바람을 불어요. 아니면 도구로 종이컵을 쳐요."

"그런데 그렇게 하면 쌀이 떨어질 것 같은데…. 떨어지지 않고 움직이게 하는 방법은 뭐가 있을까?"

이런 대화를 통해 쌀이 떨어지지 않고 움직이게 하는 여러 방법을 아이 스스로 생각해보게 합니다.

주름 빨대를 이용한 실험의 경우 종이컵이 바닥에 밀착되도록 손으로 살며시 누른 채 소리를 내면 더 좋은 결과를 얻을 수 있습니다. 소리가 빠져나가지 않아 쌀들이 더욱 잘 움직이거든요.

5. 놀이 상담실

Q 이 놀이에 사용된 과학 원리는 무엇일까요?

A 소리의 전달 방식입니다. 소리는 공기의 떨림이 귀에 있는 고막을 통해 전달됩니다. 쌀 대신 볼펜 속 스프링으로 실험해볼 수도 있는데, 둘 다 소리의 높낮이에 따라 떨리는 모습이 다릅니다. 이번 실험 놀이에서는 **2**보다 **3**에서, **3**보다 **4**에서 더 많은 떨림을 관찰할 수 있답니다.

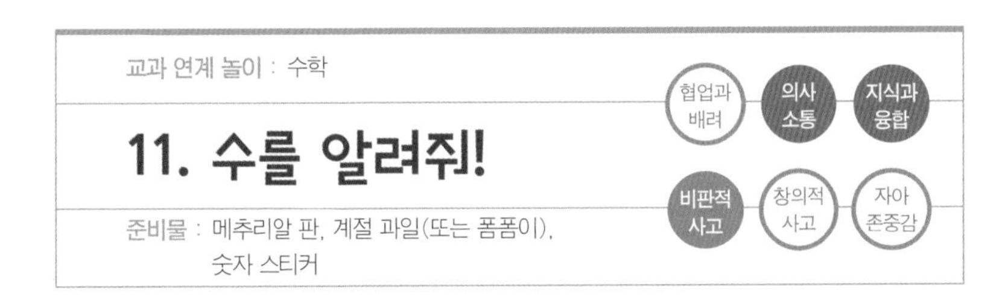

교과 연계 놀이 : 수학

11. 수를 알려줘!

준비물 : 메추리알 판, 계절 과일(또는 폼폼이), 숫자 스티커

1. 무슨 놀이일까요?

메추리알 판을 활용해서 수를 세고, 곱셈의 개념을 배우는 놀이입니다. 분류 활동도 함께 해볼 수 있습니다.

2. 따라서 해볼까요?

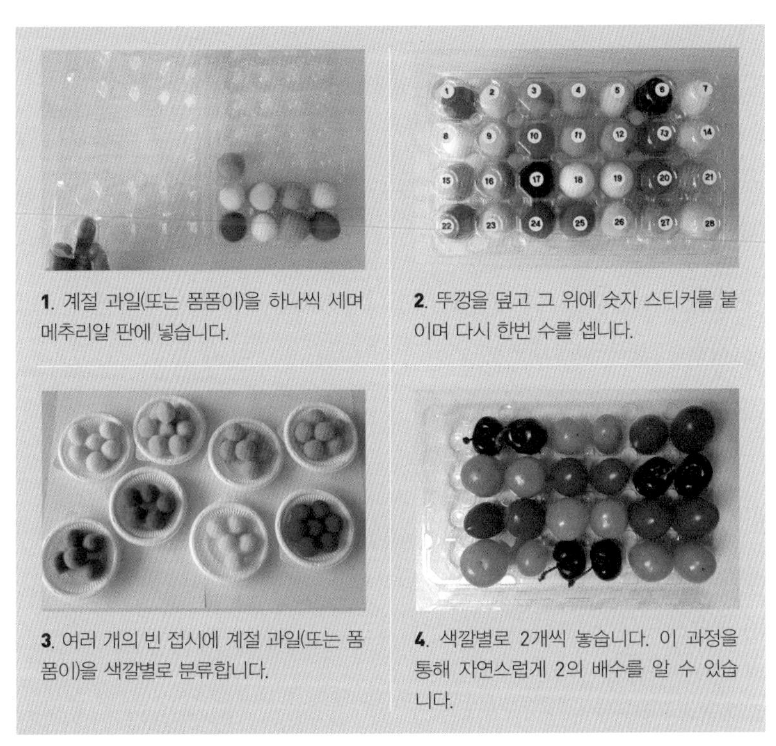

1. 계절 과일(또는 폼폼이)을 하나씩 세며 메추리알 판에 넣습니다.

2. 뚜껑을 덮고 그 위에 숫자 스티커를 붙이며 다시 한번 수를 셉니다.

3. 여러 개의 빈 접시에 계절 과일(또는 폼폼이)을 색깔별로 분류합니다.

4. 색깔별로 2개씩 놓습니다. 이 과정을 통해 자연스럽게 2의 배수를 알 수 있습니다.

3. 학교에서는 이렇게 배워요

교과	학년	교육과정 성취기준
수학	1~2	0과 100까지의 수 개념을 이해하고, 수를 세고 읽고 쓸 수 있다.
		곱셈구구를 이해하고, 한 자리 수의 곱셈을 할 수 있다.
		물체, 무늬, 수 등의 배열에서 규칙을 찾아 여러 가지 방법으로 나타낼 수 있다.
		자신이 정한 규칙에 따라 물체, 무늬, 수 등을 배열할 수 있다.

4. 놀이 상담실

Q 메추리알 판이라니, 놀이할 수 있는 재료가 정말 무궁무진하군요.

A 네. 메추리알 판은 크기도 적당하고 한 판에 메추리알도 많이 들어가기 때문에 10 이상의 큰 수를 알아보기에 적절한 재료입니다. 메추리알 판은 종류도 다양하기 때문에 용도에 맞게 골라서 사용할 수 있습니다. 8×5 메추리알 판으로는 5의 배수를 알아볼 수 있지요. 그리고 달걀판은 너무 크기도 하고 메추리알 판과 달리 뚜껑을 덮을 수 없어서 다소 불편하다는 점도 알려드립니다.

재미있는 수 놀이로 수 개념을 익힙니다. 그리고 곱셈은 무조건 구구단을 외우는 것보다는 구체물로 여러 번 더한 것이 곱이 된다는 사실을 알려주는 것이 효과적입니다.

5. 이런 놀이도 해볼까요?

과일 꼬치 나무 꼬치 또는 이쑤시개가 있으면 분류 활동 후 남은 과일로 과일 꼬치를 만들어서 함께 시장 놀이를 해봅니다.

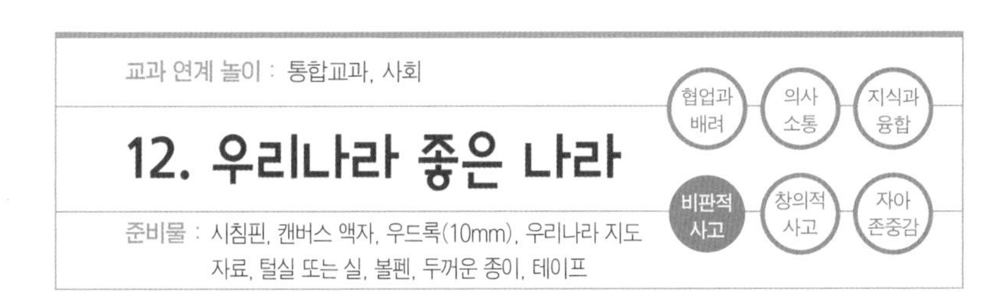

교과 연계 놀이 : 통합교과, 사회

12. 우리나라 좋은 나라

협업과 배려 / 의사 소통 / 지식과 융합 / 비판적 사고 / 창의적 사고 / 자아 존중감

준비물 : 시침핀, 캔버스 액자, 우드록(10mm), 우리나라 지도 자료, 털실 또는 실, 볼펜, 두꺼운 종이, 테이프

1. 무슨 놀이일까요?

우리나라 지도를 캔버스 액자에 실로 표현하며 스트링 아트를 체험하는 놀이입니다.

2. 따라서 해볼까요?

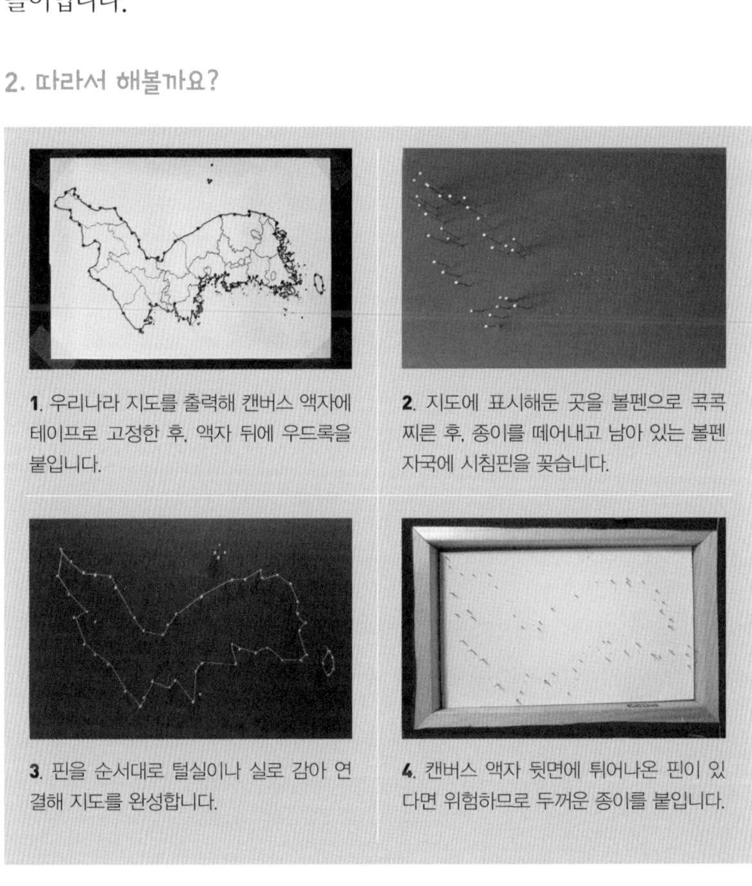

1. 우리나라 지도를 출력해 캔버스 액자에 테이프로 고정한 후, 액자 뒤에 우드록을 붙입니다.

2. 지도에 표시해둔 곳을 볼펜으로 콕콕 찌른 후, 종이를 떼어내고 남아 있는 볼펜 자국에 시침핀을 꽂습니다.

3. 핀을 순서대로 털실이나 실로 감아 연결해 지도를 완성합니다.

4. 캔버스 액자 뒷면에 튀어나온 핀이 있다면 위험하므로 두꺼운 종이를 붙입니다.

3. 학교에서는 이렇게 배워요

교과	학년	교육과정 성취기준
통합교과	1~2	우리나라의 상징을 여러 가지 방법으로 표현한다.
사회	5~6	독도를 지키려는 조상들의 노력을 역사적 자료를 통하여 살펴보고, 독도의 위치 등 지리적 특성에 대한 이해를 바탕으로 영토주권 의식을 기른다.

4. 생각을 키우는 대화 Tip

세계 지도를 살펴보며 대화를 시작합니다.

"우리나라는 어디에 있을까?"

"우리나라 주변에는 어떤 나라들이 있을까? 나라마다 국토의 모양이 모두 다르구나."

이런 대화를 통해 이번 놀이로 쉽게 접근할 수 있습니다.

5. 놀이 상담실

Q 이 놀이와 관련된 미술 기법이 궁금해요.

A '스트링 아트'라는 미술 기법입니다. 점과 점을 연결해 선을 만들고 선과 선이 모여 곡선을 만들어내는 시각적 효과를 표현하는 예술입니다. 직선 수십 개를 규칙에 따라 그리면 원, 하트, 나비, 꽃 등 원하는 모양을 만들 수 있습니다.

Q 캔버스 액자라는 재료가 조금 생소한데요.

A 캔버스 액자는 문구점에서 쉽게 구할 수 있습니다. 생각보다 비싸지 않고, 작품이 완성되면 인테리어 효과도 있어서 인기 만점이랍니다.

6. 대체 재료 및 구입

스트링 아트를 할 때 사용되는 캔버스 액자는 대부분 흰색 아니면 검정색입니다. 그래서 실의 색깔을 정할 때 액자 색과 대비되는 색으로 정하는 것이 좋습니다. 왜냐하면 작품을 만들었을 때 훨씬 선명하게 잘 보이기 때문입니다.

7. 이런 놀이도 해볼까요?

스트링 아트 고리 만들기 일정한 규칙으로 직선을 연결하여 아름다운 곡선을 만드는 다양한 형태의 스트링 아트를 체험할 수 있는 키트를 구입해도 좋습니다. 완성된 작품은 가방이나 핸드폰에 매달 수 있으므로 성취감도 느낄 수 있습니다. 스트링 아트의 수학적 원리는 선을 연결할 때마다 이미 그려진 선과 최대한 많이 만나게 하는 것으로 그림으로 나타내면 다음과 같습니다.

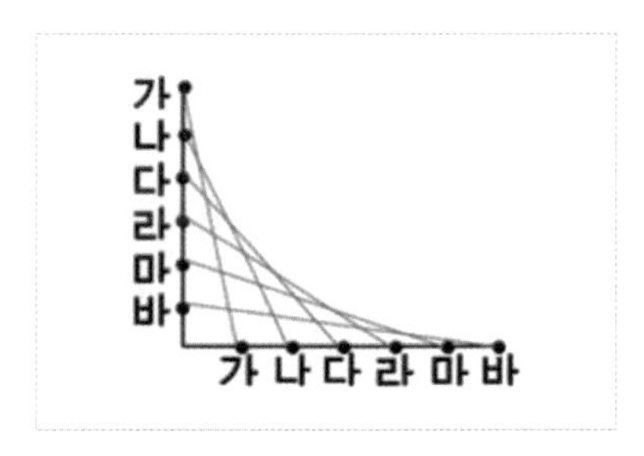

교과 연계 놀이 : 통합교과

13. 나도 예술가!

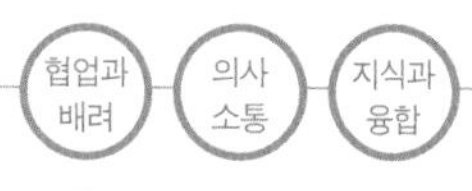

준비물 : 캔버스 액자 2개(12cm×12cm), 사진, 먹지, 펜, 매직펜(네임펜), 면봉, 물감

1. 무슨 놀이일까요?

나의 모습을 점묘법과 팝아트라는 새로운 기법으로 표현하는 놀이입니다.

2. 따라서 해볼까요?

1. 밑그림을 그리는 단계로, 먼저 사진을 캔버스 액자 사이즈에 맞춰 출력한 뒤, 캔버스 액자에 먹지를 놓고 사진을 올려 선을 따라 그립니다.

2. 먹지로 새긴 선을 매직펜이나 네임펜으로 좀 더 진하게 그립니다.

3. 한 캔버스는 면봉을 이용해서 물감을 콕콕 찍어 색칠해 점묘화 느낌으로 그림을 완성합니다.

4. 다른 캔버스에는 물감을 진하게 색칠하고, 매직펜으로 선을 덧그려 선명한 그림을 완성합니다. 재미있는 무늬를 넣어도 좋습니다.

3. 학교에서는 이렇게 배워요

교과	학년	교육과정 성취기준
통합교과	1~2	나의 몸을 창의적으로 표현하고, 활발하게 움직일 수 있는 놀이를 한다.

4. 놀이 상담실

Q 이 놀이와 관련된 미술 기법이 궁금해요.

A 점묘법과 팝아트입니다. 점묘법은 점을 찍어서 그림을 그리는 기법을 말합니다. 선과 면이 아닌 수많은 점들로 화면을 구성하기 때문에 밀도 높은 화면을 만들 수 있는데, 일반적인 기법보다 더 많은 시간이 필요합니다.

팝아트는 파퓰러 아트(Popular Art, 대중예술)를 줄인 말로, 1960년대 뉴욕을 중심으로 일어난 미술의 한 경향을 가리킵니다. 앤디 워홀, 로이 리히텐슈타인 등이 대표적인 작가입니다.

5. 이런 놀이도 해볼까요?

명화 감상하기 팝아트의 대가 앤디 워홀의 다양한 작품들을 함께 보며 느낌을 이야기해봅시다.

명화 따라 그리기 명화의 밑그림을 준비하고 오일 파스텔로 유화를 그리듯 함께 그려봅시다. 시중에 나와 있는 DIY 제품을 활용해도 괜찮습니다.

참조: 『엄마표 초등통합 교과놀이』, 류지원, 2018.

교과 연계 놀이 : 수학

14. 귤 피라미드 만들기

준비물 : 귤, 도화지(A4 종이), 펜

1. 무슨 놀이일까요?

귤을 가지고 수를 세거나 더하고 먹기도 하는 맛있는 수학 놀이입니다.

2. 따라서 해볼까요?

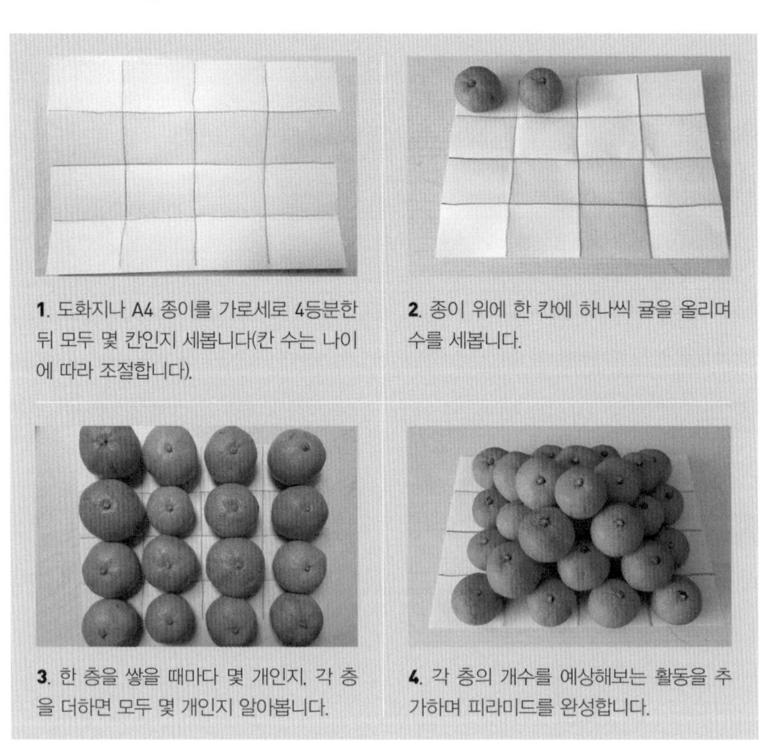

1. 도화지나 A4 종이를 가로세로 4등분한 뒤 모두 몇 칸인지 세봅니다(칸 수는 나이에 따라 조절합니다).

2. 종이 위에 한 칸에 하나씩 귤을 올리며 수를 세봅니다.

3. 한 층을 쌓을 때마다 몇 개인지, 각 층을 더하면 모두 몇 개인지 알아봅니다.

4. 각 층의 개수를 예상해보는 활동을 추가하며 피라미드를 완성합니다.

3. 학교에서는 이렇게 배워요

교과	학년	교육과정 성취기준
수학	1~2	덧셈과 뺄셈이 이루어지는 실생활 상황을 통하여 덧셈과 뺄셈의 의미를 이해한다.
		두 자리 수의 범위에서 덧셈과 뺄셈의 계산 원리를 이해하고 그 계산을 할 수 있다.
	5~6	쌓기 나무로 만든 입체도형을 보고 사용된 쌓기 나무의 개수를 구할 수 있다.

4. 놀이 상담실

"귤 하나에 모두 몇 조각이 들어 있을까?", "귤 한 상자에는 귤이 몇 개나 들어 있을 것 같아?", "귤 한 상자의 무게는 얼마나 될까?"와 같은 다양한 수학적 질문을 던져보세요.

5. 이런 놀이도 해볼까요?

귤 불꽃 쇼 귤껍질을 반으로 접은 후 촛불에 가까이 대고 눌러봅시다. 귤껍질에서 나온 즙이 촛불에 닿으면 불꽃이 생깁니다. 귤껍질에는 '테레빈유'라는 기름이 들어 있는데, 이 기름이 타면서 불꽃이 일어나는 것입니다.

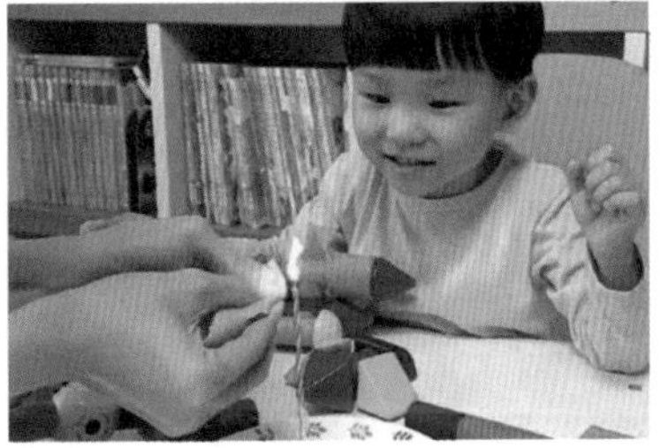

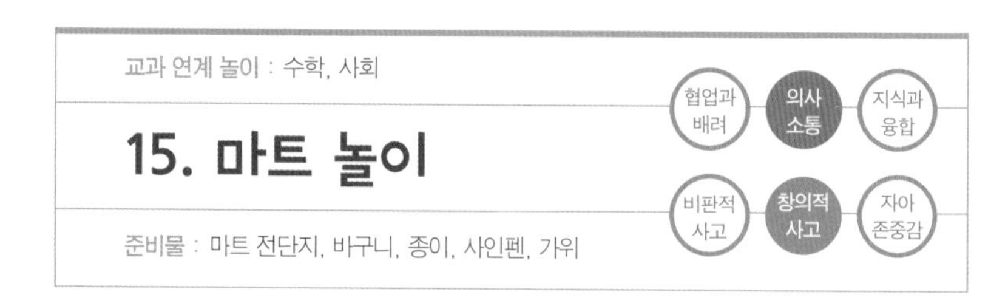

교과 연계 놀이 : 수학, 사회

15. 마트 놀이

준비물 : 마트 전단지, 바구니, 종이, 사인펜, 가위

1. 무슨 놀이일까요?

마트 전단지의 물건들을 나만의 기준으로 분류하는 놀이입니다. 공통 속성을 기준으로 하는 분류의 개념을 익힐 수 있습니다.

2. 따라서 해볼까요?

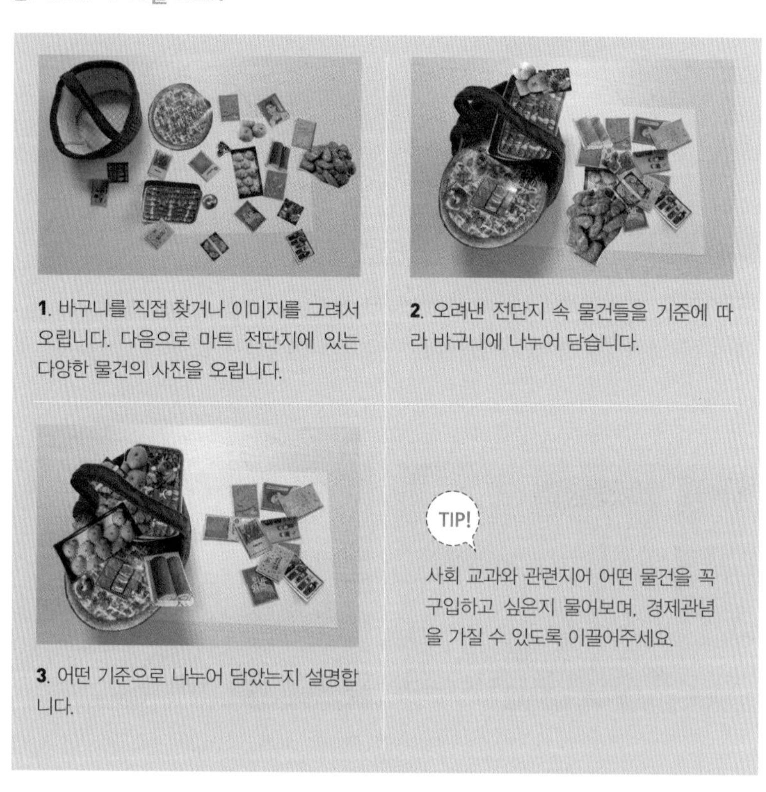

1. 바구니를 직접 찾거나 이미지를 그려서 오립니다. 다음으로 마트 전단지에 있는 다양한 물건의 사진을 오립니다.

2. 오려낸 전단지 속 물건들을 기준에 따라 바구니에 나누어 담습니다.

3. 어떤 기준으로 나누어 담았는지 설명합니다.

TIP!

사회 교과와 관련지어 어떤 물건을 꼭 구입하고 싶은지 물어보며, 경제관념을 가질 수 있도록 이끌어주세요.

3. 학교에서는 이렇게 배워요

교과	학년	교육과정 성취기준
수학	1~2	교실 및 생활 주변에 있는 사물들을 정해진 기준 또는 자신이 정한 기준으로 분류하여 개수를 세보고, 기준에 따른 결과를 말할 수 있다.
사회	3~4	자원의 희소성으로 경제활동에서 선택의 문제가 발생함을 파악하고, 시장을 중심으로 이루어지는 생산, 소비 등 경제활동을 설명한다.

4. 놀이 상담실

Q 더 어린 친구들도 충분히 할 수 있을 것 같은데, 어떤 방법으로 놀이를 해야 할까요?

A 어린 친구들의 경우라면 색을 분류 기준으로 삼아 놀이를 할 수 있습니다. 혹은 과자를 달콤한 맛, 짠맛, 매운맛으로 나누어볼 수도 있습니다.

5. 이런 놀이도 해볼까요?

맛으로 나누기 여러 가지 캐러멜이나 젤리를 맛별로 접시에 나누어 담아봅시다.

교과 연계 놀이 : 수학

16. 규칙을 찾아라!

준비물 : 여러 가지 모양의 과자(고래밥), 접시

1. 무슨 놀이일까요?

여러 가지 모양의 과자를 규칙을 만들어 나열하면서 규칙성 개념을 익히는 놀이입니다.

2. 따라서 해볼까요?

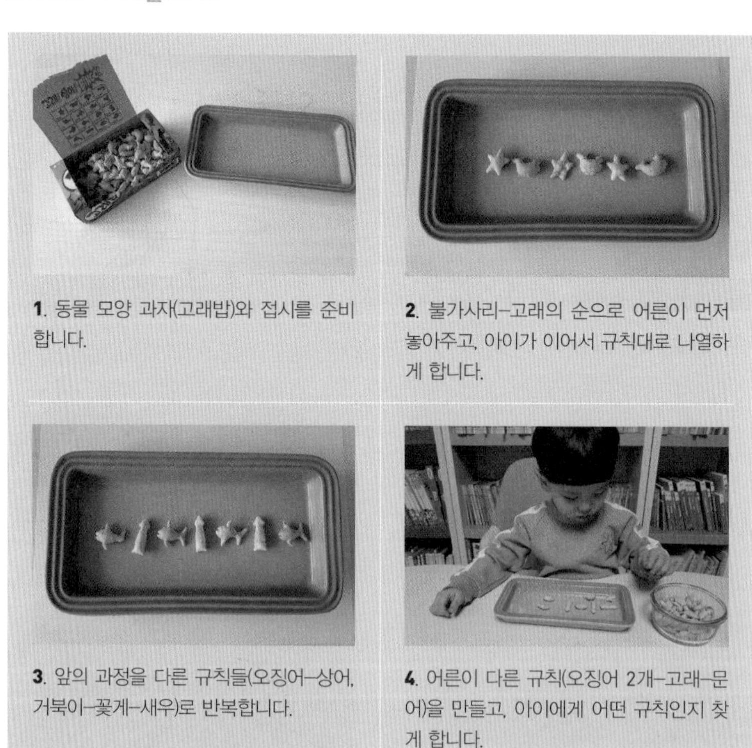

1. 동물 모양 과자(고래밥)와 접시를 준비합니다.

2. 불가사리-고래의 순으로 어른이 먼저 놓아주고, 아이가 이어서 규칙대로 나열하게 합니다.

3. 앞의 과정을 다른 규칙들(오징어-상어, 거북이-꽃게-새우)로 반복합니다.

4. 어른이 다른 규칙(오징어 2개-고래-문어)을 만들고, 아이에게 어떤 규칙인지 찾게 합니다.

3. 학교에서는 이렇게 배워요

교과	학년	교육과정 성취기준
수학	1~2	물체, 무늬, 수 등의 배열에서 규칙을 찾아 여러 가지 방법으로 나타낼 수 있다.
		자신이 정한 규칙에 따라 물체, 무늬, 수 등을 배열할 수 있다.

4. 생각을 키우는 대화 Tip

"과자 모양이 다양하구나. 이 과자들을 줄 세워서 우리만의 암호를 만들어 볼까?"

"어떤 규칙으로 줄을 세웠는지 말해줄래?"

이런 질문을 통해 규칙의 개념에 쉽게 다가가도록 도와줍니다.

규칙은 생활 주변에 존재하는 다양한 현상을 탐구하는 데 필요하고, 함수 개념의 기초가 되므로 중요합니다. 규칙은 실생활의 복잡한 문제를 해결하는 데도 유용하게 사용됩니다.

5. 놀이 상담실

Q 이 놀이를 하면 어떤 점이 좋을까요?

A 규칙을 쉽게 찾을 수 있습니다. 동시에 추론 능력이 길러져 수학 문제를 푸는 데도 도움이 됩니다. 더불어 생활 속에서 쉽게 접할 수 있는 보도블록이나 신호등에서 규칙을 찾는 활동을 통해 관찰력과 집중력을 키울 수 있습니다.

교과 연계 놀이 : 수학

17. 째깍째깍 시계

준비물 : 색깔 종이 접시, 검은 종이, 펜, 가위, 송곳, 할핀, 양면테이프, 아이스크림 막대, 숫자 스티커

1. 무슨 놀이일까요?

시계를 만들고 시계의 규칙을 익히는 놀이입니다. 시계 읽기를 어려워하는 아이들은 이 놀이로 시계 읽기 원리를 쉽게 이해할 수 있습니다.

2. 따라서 해볼까요?

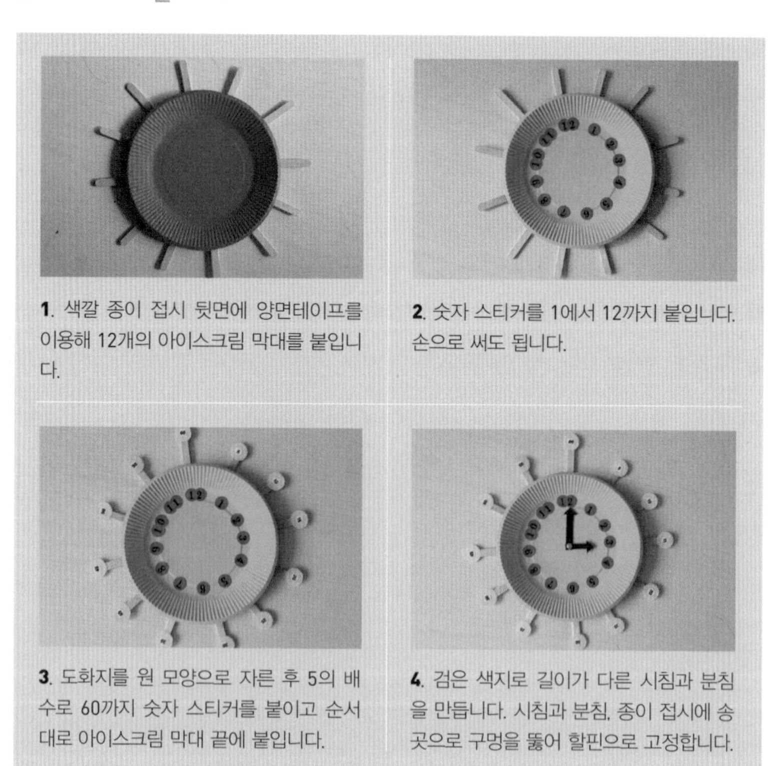

1. 색깔 종이 접시 뒷면에 양면테이프를 이용해 12개의 아이스크림 막대를 붙입니다.

2. 숫자 스티커를 1에서 12까지 붙입니다. 손으로 써도 됩니다.

3. 도화지를 원 모양으로 자른 후 5의 배수로 60까지 숫자 스티커를 붙이고 순서대로 아이스크림 막대 끝에 붙입니다.

4. 검은 색지로 길이가 다른 시침과 분침을 만듭니다. 시침과 분침, 종이 접시에 송곳으로 구멍을 뚫어 할핀으로 고정합니다.

3. 학교에서는 이렇게 배워요

교과	학년	교육과정 성취기준
수학	1~2	시계를 보고 시각을 '몇 시 몇 분'까지 읽을 수 있다.
		1시간은 60분임을 알고, 시간을 '시간', '분'으로 표현할 수 있다.

4. 놀이 상담실

Q 시계 읽기를 어려워하는 친구들이 많아요. 왜 그럴까요?

A 디지털 전자시계의 영향도 있을 겁니다. 시계를 배우는 아이들에게는 전자시계보다 시침과 분침이 있는 아날로그 시계를 읽을 수 있는 기회를 자주 제공해주는 것이 좋습니다.

Q 시간을 재는 것도 측정이라고 할 수 있나요? 왜 이것이 중요한가요?

A 우리 주변에는 시간, 길이, 무게, 넓이 등 다양한 속성이 존재합니다. 측정은 이러한 속성을 단위를 이용하여 재거나 어림함으로써 수치화하는 것입니다. 이 과정에서 경험하는 비교, 측정, 어림은 수학 학습을 통해 길러야 할 중요한 기능이고, 이는 실생활이나 다른 교과의 학습에서 유용하게 활용됩니다. 또한 측정을 통해 길러지는 양에 대한 감각은 수학적 소양을 기르는 데 도움이 되므로 중요한 활동입니다.

5. 이런 놀이도 해볼까요?

손목시계 만들기 휴지 심에 색종이를 붙여 꾸미고 한쪽 부분을 잘라 손목에 끼울 수 있게 합니다. 병뚜껑을 시계처럼 꾸민 후에 휴지심에 붙여 손목시계처럼 만듭니다.

참조: 『엄마표 초등통합 교과놀이』, 류지원, 2018.

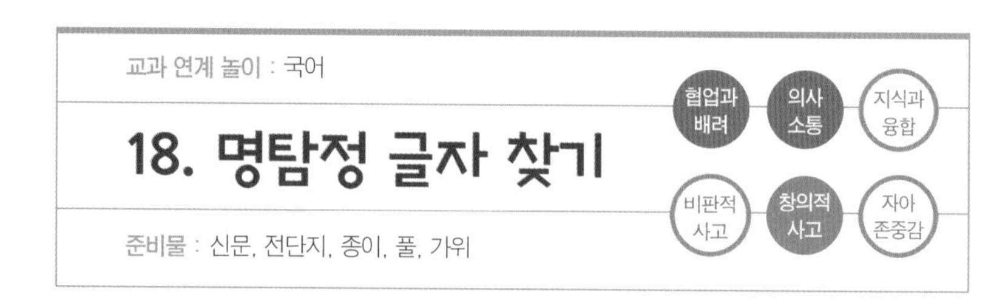

교과 연계 놀이 : 국어

18. 명탐정 글자 찾기

협업과 배려 / 의사소통 / 지식과 융합 / 비판적 사고 / 창의적 사고 / 자아 존중감

준비물 : 신문, 전단지, 종이, 풀, 가위

1. 무슨 놀이일까요?

신문이나 전단지를 가지고 놀며 글자를 찾아 문장을 만드는 놀이입니다. 이 놀이는 글자와 낱말, 문장에 흥미를 느끼도록 이끄는 활동입니다.

2. 따라서 해볼까요?

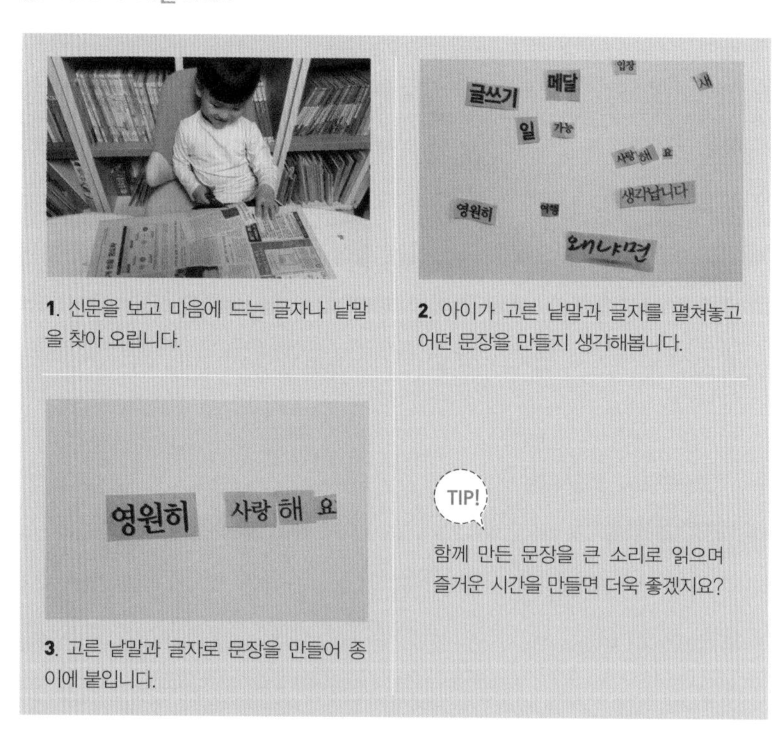

1. 신문을 보고 마음에 드는 글자나 낱말을 찾아 오립니다.

2. 아이가 고른 낱말과 글자를 펼쳐놓고 어떤 문장을 만들지 생각해봅니다.

3. 고른 낱말과 글자로 문장을 만들어 종이에 붙입니다.

TIP! 함께 만든 문장을 큰 소리로 읽으며 즐거운 시간을 만들면 더욱 좋겠지요?

3. 학교에서는 이렇게 배워요

교과	학년	교육과정 성취기준
국어	1~2	글자, 낱말, 문장을 소리 내어 읽는다.
		문장과 글을 알맞게 띄어 읽는다.
		자신의 생각을 문장으로 표현한다.
		글자, 낱말, 문장을 관심 있게 살펴보고 흥미를 가진다.

4. 놀이 상담실

Q 신문을 가지고 어떤 놀이를 할 수 있을까요?

A 신문을 가지고 노는 일은 아이들과 함께하기 어렵지 않으니 쉽게 도전할 수 있습니다. 신문에 있는 글자나 낱말, 문장, 사진 등 많은 것을 활용하면 아이와 보다 즐거운 국어활동을 할 수 있지 않을까요? 또 신문에서 오린 글자나 낱말들을 배치하면서 자연스럽게 문장을 만들며 다양한 표현을 익힐 수 있답니다.

5. 이런 놀이도 해볼까요?

제목을 찾습니다 신문 기사에서 제목과 사진을 각각 잘라 도화지에 붙인 후, 아이가 제목과 사진을 살펴보고 서로 연관 있는 것들을 펜으로 잇도록 합니다.

이름을 찾아라 친구나 가족의 이름 글자를 신문이나 잡지에서 찾고 이를 이용해 삼행시를 지어보는 놀이입니다. 학기 초 친구들끼리 서로 낯설어할 때 하면 좋은 놀이입니다. 이 놀이를 통해서 친구와 친밀감을 형성할 수 있고, 친구의 좋은 점을 발견할 수도 있습니다.

숨은 낱말 만들기 글자들을 무작위로 나열하여 부모님이나 아이가 그 글자들로 원하는 낱말을 만드는 놀이입니다. 부모님이 낱말을 만들어 설명하면 아이가 찾는 놀이도 가능합니다.

놀이를 하려면 먼저 도화지를 적당한 크기로 잘라, 한 글자씩 적습니다. 벽 또는 바닥에 글자 카드들을 나열합니다. 이제 준비가 끝났습니다. 어떻게 놀이를 해야 할까요?

"우리 집에서 숨바꼭질 해볼까?"

아이와 함께 숨바꼭질을 합니다.

"이번엔 여기 글자들 속에 숨어 있는 낱말들을 찾아보자."

"보라색에 동그란 알맹이가 여러 개 있는 과일은 뭘까?"

"포도."

"혹시 여기 글자 카드에서 포도를 찾을 수 있을까?"

"찾았다!"

"민준이가 만들고 싶은 낱말은 없어? 한 번 살펴보고 만들어보자."

교과 연계 놀이 : 통합교과

19. 과일의 변신은 무죄!

협업과 배려 | 의사 소통 | **지식과 융합**

비판적 사고 | **창의적 사고** | 자아 존중감

준비물 : 곤충 사진, 여러 가지 과일과 채소(방울토마토, 바나나, 사과, 키위 등), 이쑤시개, 플라스틱 칼, 접시

1. 무슨 놀이일까요?

자신이 좋아하는 곤충을 과일로 만드는 활동입니다. 주변의 동식물 등 자연 환경을 탐색하며 자연과 자신의 관계를 생각해봅니다.

2. 따라서 해볼까요?

1. 곤충도감이나 인터넷에서 좋아하는 곤충 사진을 찾고, 자세히 관찰합니다.

2. 곤충의 모양, 색, 무늬, 다리의 개수, 날개의 특징 등 생김새에 대해 이야기한 후 직접 그려봅니다.

3. 여러 가지 과일들을 큰 접시에 담아놓고, 아이 앞에 작은 접시와 플라스틱 칼을 준비해줍니다.

4. 과일을 적당한 모양과 크기로 잘라 이쑤시개로 연결하여 곤충을 만듭니다.

3. 학교에서는 이렇게 배워요

교과	학년	교육과정 성취기준
통합교과	1~2	여름에 볼 수 있는 동식물을 살펴보고 그 특징을 탐구한다.
		동식물의 겨울나기 모습을 살펴보고, 좋아하는 동물의 특성을 탐구한다.

4. 놀이 상담실

Q 놀이 도중에 주의해야 할 사항이 있을까요?

A 날카로운 이쑤시개로 과일들을 연결하다가 손이 다치는 일이 없도록 주의해야 합니다. 플라스틱 칼도 조심해서 사용해야 하고요. 이런 위험한 측면이 있지만 직접 활동하면서 쌓은 지식은 오래 남게 되므로 의미 있는 시간을 만들 수 있습니다.

5. 이런 놀이도 해볼까요?

과일 꼬치 만들기 남은 과일로 과일 꼬치를 만들 수 있습니다. 이때 규칙을 만들어서 꽂으면 패턴 수학 놀이가 됩니다.

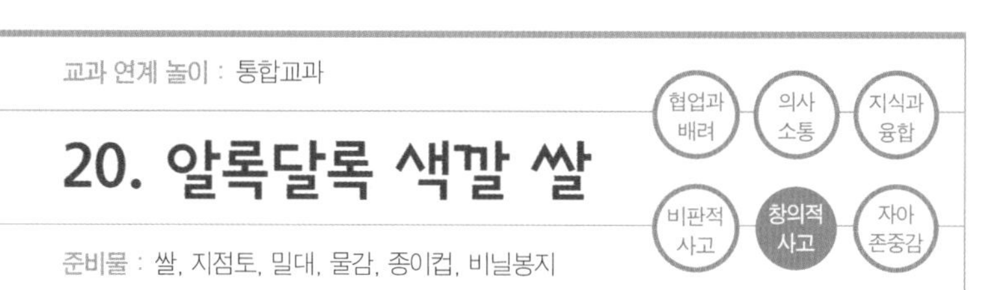

교과 연계 놀이 : 통합교과

20. 알록달록 색깔 쌀

준비물 : 쌀, 지점토, 밀대, 물감, 종이컵, 비닐봉지

1. 무슨 놀이일까요?

쌀에 예쁘게 색깔을 입혀 작품을 만드는 놀이입니다. 색의 다양함과 아름다움을 느낄 수 있고, 집중력도 기를 수 있습니다.

2. 따라서 해볼까요?

1. 종이컵에 쌀을 담고 물감을 넣은 후 잘 섞어 색을 입힙니다.

2. 비닐봉지를 깔고 색을 입힌 쌀을 펼쳐 잘 말립니다.

3. 지점토를 밀대로 밀어서 평평하게 펼칩니다.

4. 지점토가 굳기 전에 색을 입힌 쌀을 꾹꾹 눌러 붙여 그림을 그립니다. 그늘에서 잘 말린 뒤 붙지 않은 쌀을 털어냅니다.

3. 학교에서는 이렇게 배워요

교과	학년	교육과정 성취기준
통합교과	1~2	가을의 모습과 느낌을 창의적으로 표현한다.
		가을 낙엽, 열매 등을 소재로 다양하게 표현한다.

4. 생각을 키우는 대화 Tip

"가을에 수확하는 곡식에는 뭐가 있을까?"

"쌀이요."

활동 중에 이런 대화를 나누며 가을에 수확하는 다양한 곡물과 열매로 대화를 확장해가는 것도 좋습니다.

5. 이런 놀이도 해볼까요?

가을 그림 그리기 가을에는 쌀뿐 아니라 다른 곡식들도 많이 재배됩니다. 다양한 곡식과 자연물을 이용해 작품을 만들 수 있습니다. 색지 위에 목공용 풀을 이용해서 다양한 곡식과 나뭇잎을 붙여 나만의 작품을 만듭니다.

야외 체험 놀이

우리 아이들은 유튜브와 같은 자극적인 콘텐츠의 홍수 속에서 아주 쉽게 즐거움을 찾습니다. 즐거움이란 본질적으로 대상과의 관계와 탐구 속에서 생겨나는 것입니다. 그런데 지금은 즉흥성, 자극성 같은 싸구려 즐거움이 진짜 즐거움을 대체하고 있습니다. 어떻게 하면 싸구려 즐거움에서 벗어날 수 있을까요?

야외 체험 놀이는 왜 필요할까요?

과거의 아이들은 재미있는 '일'을 찾아 집 밖으로 나갔습니다. 나가면 친구들과 할 수 있는 놀이가 무궁무진했지요. 지금은 어떤가요? 부쩍 집에서 놀려는 아이들이 많습니다. 왜냐하면 집에도 재밌는 일이 많기 때문입니다. 그 재밌는 일이란 스마트폰과 같은 디지털 매체입니다. 디지털 매체는 세상의 모든 것을 직접 관찰하고 경험하는 대신, 무의미하게 스쳐 지나가도록 만들었습니다. 요즘 아이들이 지나칠 정도로 생각하기를 싫어하는 것 역시 이 때문입니다.

밖으로 나가 직접 만지고, 듣고, 보고, 맡고, 맛보고, 느끼며 자연을 가지고 놀아야만 인간 본연의 감각이 깨어납니다. 유튜브로 아무리 많은 꽃과 나무를 본다 한들 직접 맡고 만져본 꽃향기와 나뭇잎만 못합니다. 영상으로 아무리 준엄한 산, 수려한 바다, 광활한 초원과 대지를 세세히 본다 해도 직접 가본 동네 뒷산, 가까운 공원, 작은 계곡보다 못합니다.

부모와 함께하는 야외 체험 놀이는 우리 주변의 대상을 관찰하고 익히게 만들어 아동의 인지적, 정서적 세계를 확장시켜줍니다. 부모와 함께 예측 가능한 위험을 경험하면서 아이는 자연스레 도전 의식을 기를 수 있습니다.

부모와 함께하는 '야외 체험 놀이'를 소개합니다

야외 체험 놀이는 우리 주변에서 시작합니다. 이 챕터에서는 기존의 익숙한 장소를 새롭게 볼 수 있는 시각을 제시하고, 낯익은 사물을 새롭게 관찰할 수 있는 관점을 제공합니다.

아울러 주변에서 쉽게 모을 수 있는 나뭇잎, 낙엽, 솔방울 등을 이용한 놀이, 곤충을 관찰하는 놀이 등을 제시하였습니다. 그뿐 아니라 차 안이나 식당에서 할 수 있는 다양한 놀이도 소개하였습니다.

여기에 소개된 놀이가 더욱 많은 엄마 아빠표 체험 놀이를 개발하는 마중물이 되길 기대합니다.

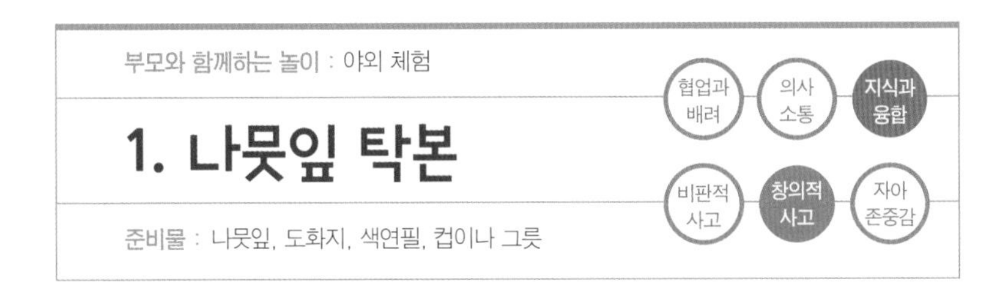

부모와 함께하는 놀이 : 야외 체험

1. 나뭇잎 탁본

준비물 : 나뭇잎, 도화지, 색연필, 컵이나 그릇

1. 무슨 놀이일까요?

동네를 산책하다보면 여러 가지 나무와 나뭇잎을 볼 수 있습니다. 이 놀이는 잎맥이 뚜렷한 나뭇잎을 가지고 탁본을 만드는 활동입니다.

2. 따라서 해볼까요?

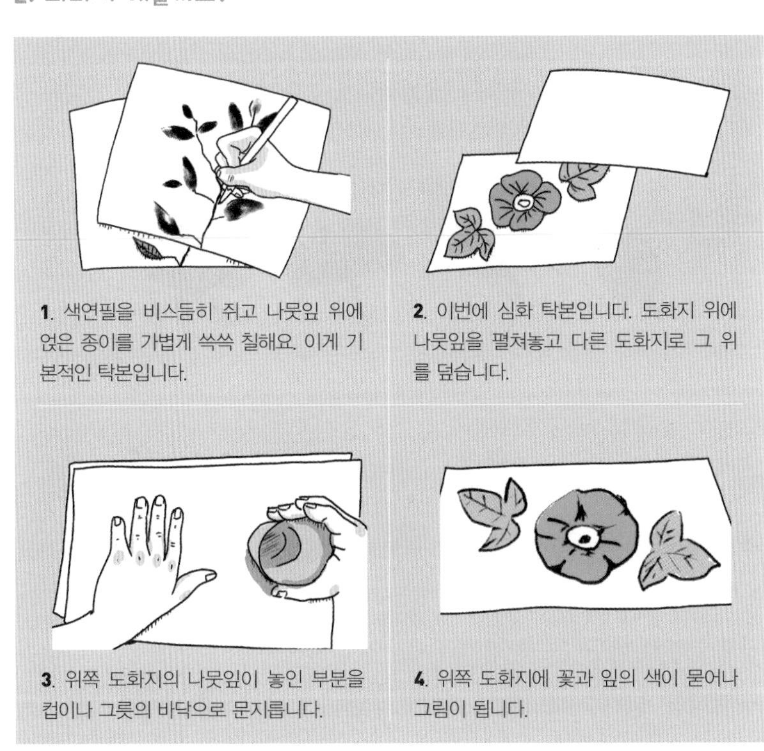

1. 색연필을 비스듬히 쥐고 나뭇잎 위에 얹은 종이를 가볍게 쓱쓱 칠해요. 이게 기본적인 탁본입니다.

2. 이번에 심화 탁본입니다. 도화지 위에 나뭇잎을 펼쳐놓고 다른 도화지로 그 위를 덮습니다.

3. 위쪽 도화지의 나뭇잎이 놓인 부분을 컵이나 그릇의 바닥으로 문지릅니다.

4. 위쪽 도화지에 꽃과 잎의 색이 묻어나 그림이 됩니다.

3. 우리 아이! 무엇을 배울 수 있을까요?

여러 모양의 나뭇잎을 모아 관찰하고 그 특징을 찾는 활동은 창의적 사고 역량과 지식과 융합 역량을 길러줍니다.

4. 생각을 키우는 대화 Tip

"도화지를 문질러야 하는데, 어떤 게 좋을까?"
"돌멩이 같은 단단한 물건이 좋을 거 같은데…."
"그래? 돌멩이로 하면 탁본이 예쁘게 나올까?"
"돌로 세게 두드리면 나뭇잎 색깔이 더 잘 나타날 것 같아요."
"음~, 돌멩이로 하면 색깔이 더 잘 나타날 수도 있겠다. 혹시 그릇 같은 걸로 하면 어떨 것 같아? 우리 돌멩이로도 해보고 그릇으로도 해보자."
고학년의 경우 나란히맥과 그물맥에 대한 얘기를 해도 좋습니다.

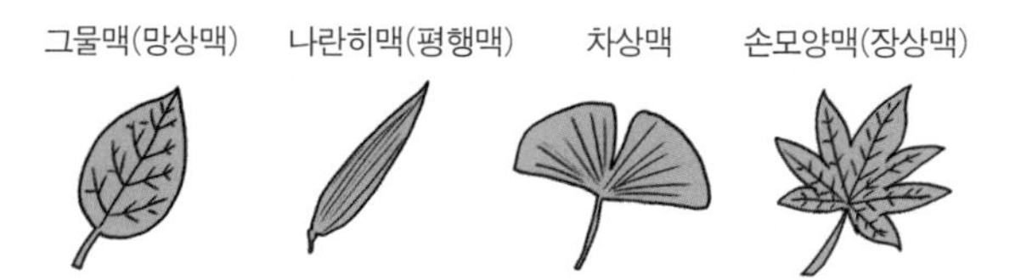

5. 놀이 상담실

Q 나뭇잎을 모으려다 나뭇가지를 부러뜨리는 경우도 있을 것 같습니다. 살아있는 생명을 소중히 여기는 방법을 교육해야 하지 않을까요?

A 예. 나무도 나뭇잎도 생명이 있는 소중한 존재입니다. 따라서 아이들에게 함부로 나뭇가지를 꺾거나 나뭇잎을 따서는 안 된다는 것을 알려줘야 합니다. 산책을 하다보면 의외로 주변에 떨어진 나뭇가지나 나뭇잎들이 많습니다. 이를 잘 활용하는 것으로 지도해주세요.

6. 이런 놀이도 해볼까요?

손수건 염색하기 도화지 대신에 단색의 손수건을 나뭇잎 위에 올려서 탁본을 하면 예쁜 나만의 손수건을 만들 수 있습니다.

나뭇잎 도장 찍기 주변에서 쉽게 구할 수 있는 나뭇잎을 이용한 도장 찍기 놀이입니다. 잎맥이 뚜렷한 나뭇잎 뒷면에 수채화 물감을 붓으로 칠한 뒤 종이에 찍어내는 활동입니다. 나뭇잎의 형태와 잎맥을 관찰하기 좋은 놀이랍니다.

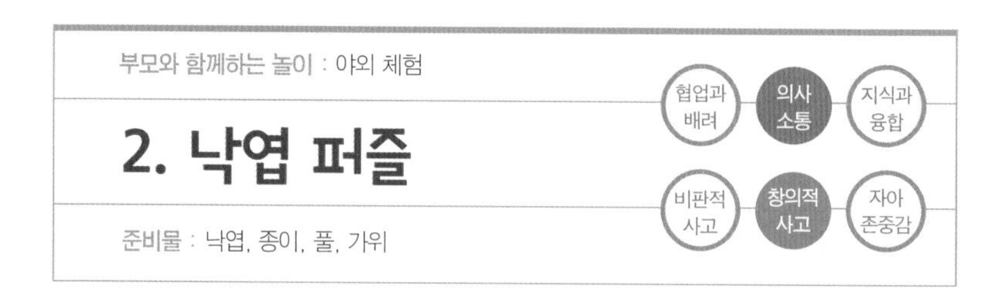

부모와 함께하는 놀이 : 야외 체험

2. 낙엽 퍼즐

준비물 : 낙엽, 종이, 풀, 가위

1. 무슨 놀이일까요?

집 주변에서 주울 수 있는 알록달록하고 재미있는 모양의 낙엽을 가지고 다채롭게 놀아보는 활동입니다.

2. 따라서 해볼까요?

1. 산책을 하다 낙엽을 줍습니다. 낙엽은 클수록 좋아요.

2. 풀을 이용하여 낙엽을 종이에 꼼꼼히 붙입니다.

3. 붙인 낙엽을 모양대로 오린 후 여러 조각으로 자릅니다. 연령과 수준에 따라 조각의 개수를 조절해주세요.

4. 다양한 나뭇잎 조각으로 가족 또는 친구들과 함께 낙엽 퍼즐을 맞춥니다.

3. 우리 아이! 무엇을 배울 수 있을까요?

다양한 모양의 퍼즐을 제작하는 활동을 통하여 창의적 사고 역량을 기르고, 가족이나 친구들과 함께 퍼즐을 맞추면서 의사소통 역량을 기를 수 있습니다.

4. 생각을 키우는 대화 Tip

"주워온 낙엽들의 색깔과 모양을 살펴볼까?"

"색깔이 정말 다양하고 예뻐요."

"정말 그렇구나. 그런데 같은 나무에서 떨어진 낙엽은 다 똑같은 색일까?"

"그럴 것 같은데…, 한번 살펴볼게요. 어? 색깔이 다르네요?"

"그렇지? 같은 나무에서 떨어진 나뭇잎인데 왜 색깔이 다를까? 우리 한번 생각해보자."

5. 놀이 상담실

Q 단풍은 무엇인가요?

A 단풍(丹楓)은 늦가을에 식물의 잎이 붉은색, 노란색, 갈색으로 변하는 현상을 말합니다.

Q 나뭇잎은 왜 색깔이 왜 변할까요?

A 가을철 날씨가 추워지면 잎의 엽록소가 분해되어 엽록소에 의해 가려졌던 색소들이 드러나 색깔이 변합니다. 혹은 잎이 시들면서 잎 속의 물질들이 다른 색소로 바뀌어 색깔이 변하는 겁니다.

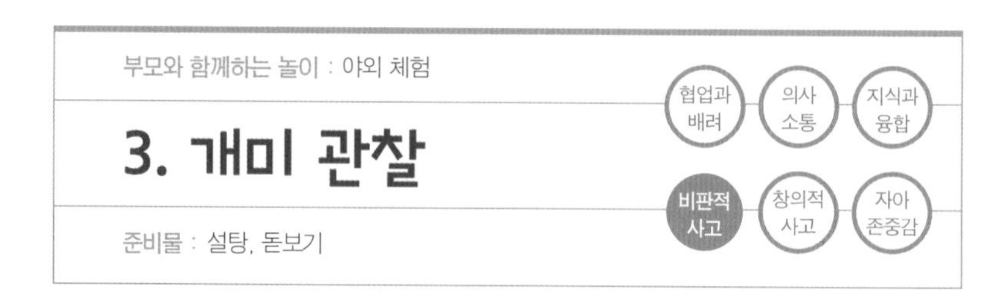

부모와 함께하는 놀이 : 야외 체험

3. 개미 관찰

준비물 : 설탕, 돋보기

1. 무슨 놀이일까요?

산책을 하다 개미와 개미집을 발견했을 때, 개미에게 설탕을 주면 어떤 일이 벌어지는지 관찰하는 놀이입니다.

2. 따라서 해볼까요?

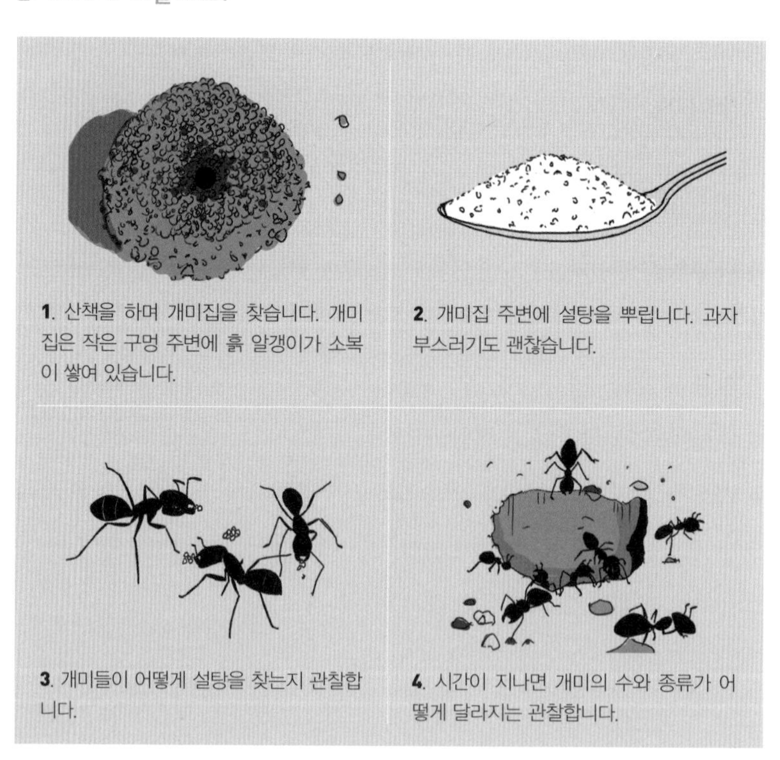

1. 산책을 하며 개미집을 찾습니다. 개미집은 작은 구멍 주변에 흙 알갱이가 소복이 쌓여 있습니다.

2. 개미집 주변에 설탕을 뿌립니다. 과자 부스러기도 괜찮습니다.

3. 개미들이 어떻게 설탕을 찾는지 관찰합니다.

4. 시간이 지나면 개미의 수와 종류가 어떻게 달라지는 관찰합니다.

3. 우리 아이! 무엇을 배울 수 있을까요?

개미가 먹이를 두고 어떻게 행동하는지 생각하고 관찰하는 과정에서 비판적 사고 역량을 기를 수 있습니다.

4. 생각을 키우는 대화 Tip

꼭 설탕이 아니어도 괜찮습니다. 빵 조각이나 과자 부스러기를 활용해도 되니까요. 또한 아이가 막연히 개미를 구경하는 데 그치지 않고, 제대로 관찰할 수 있도록 구체적이고 다양한 질문을 던집니다.

"개미의 크기와 모양을 살펴볼까?"

"설탕을 어떻게 들고 가는 것 같아?"

"개미는 자기보다 몇 배나 크고 무거운 물건을 들고 갈 수 있다는데, 정말일까?"

5. 놀이 상담실

Q 개미에 대한 흥미로운 동영상 자료가 있을까요?

A 유튜브에 개미와 관련된 많은 동영상 자료가 있습니다. 특히 개미의 생태를 재미있게 다룬 자료가 있는데, 바로 EBS 지식채널에서 방영된 〈개미 에피소드〉입니다. 자녀와 함께 본다면 작지만 강인한 개미의 삶을 생생하게 느낄 수 있을 것입니다.

6. 이런 놀이도 해볼까요?

공벌레 관찰 공벌레는 개미와 같이 땅에서 흔히 볼 수 있는 벌레입니다. 나뭇가지로 살짝 건들면 몸을 공 모양으로 만들어서 공벌레라고 부릅니다.

개미 기르기 어항에 흙을 적당량 채우고 개미를 잡아 넣으면 개미의 생활상을 관찰할 수 있습니다. 집에서 만들기 어렵다면 개미 관찰 키트를 구입해 관찰할 수 있습니다.

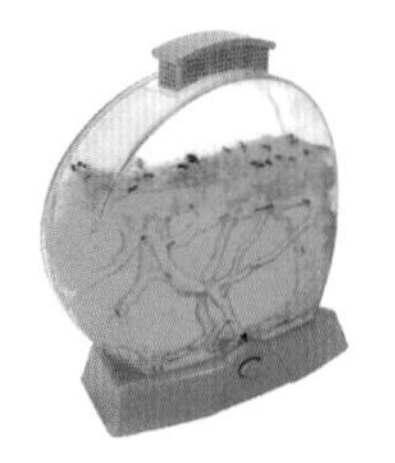

개미 관찰 키트
(출처: 러닝리소스)

거미줄 관찰 산책을 하다보면 거미줄을 많이 발견할 수 있는데요, 거미줄에 바람을 불거나 나뭇잎을 올려 거미가 어떻게 반응하는지 살펴볼까요?

(출처: 픽사베이 무료 이미지)

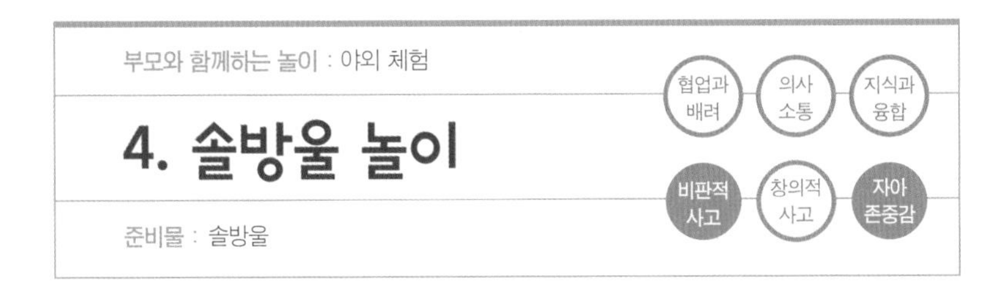

부모와 함께하는 놀이 : 야외 체험

4. 솔방울 놀이

준비물 : 솔방울

1. 무슨 놀이일까요?

아이와 함께 산에 오르면 맑은 공기와 더불어 다양한 체험을 할 수 있습니다. 그중에서 솔방울을 이용해서 노는 방법을 소개합니다.

2. 따라서 해볼까요?

1. 소나무가 많은 곳으로 갑니다. 수풀이 우거지거나 땅이 고르지 못한 곳은 피합니다.

2. 떨어진 솔방울 중 비늘이 온전히 붙은 것을 골라 한 아름 모읍니다.

3. 솔방울을 원하는 곳에 다양한 방법으로 던져봅시다. 눈을 감고 던지거나 뒤로 던지거나 발로 차는 것도 좋습니다.

4. 마지막으로 솔방울의 비늘 크기, 모양 등을 자세히 관찰합니다.

3. 우리 아이! 무엇을 배울 수 있을까요?

솔방울을 만지고 던지는 활동으로 자아존중감을, 솔방울을 자세히 관찰하는 활동으로 비판적 사고 역량을 기를 수 있습니다.

4. 생각을 키우는 대화 Tip

햇볕에 바짝 마른 솔방울을 관찰하면서 대화를 나눕니다.

"솔방울 비늘 사이를 살펴볼까? 무엇이 보이니?"

"어? 씨앗이 있어요."

"씨앗 모양이 어떠니? 혹시 날아가기에 좋은 모양이니?"

"단풍나무 씨앗이랑 비슷한 것 같아요. 그러니까 잘 날아가겠죠?"

"그런데 솔방울 씨앗은 왜 잘 날아가야 하는 걸까?"

5. 놀이 상담실

Q 습도에 따라 솔방울의 모습은 어떻게 달라지나요?

A 솔방울을 약 8시간 정도 건조한 곳에 두면 활짝 벌어집니다. 반대로 물에 1시간 정도 담가두면 완전히 오므라듭니다. 즉, 솔방울은 습하면 오므라들고 건조하면 벌어집니다.

옛날 조상님들은 처마 밑에 솔방울을 달아두었다고 합니다. 왜 그랬을까요? 솔방울이 공기 중의 수분을 흡수해 오므라들면 비가 오곤 했기 때문에 우산을 들고 나가거나 빨래를 하지 않았다고 합니다.

6. 이런 놀이도 해볼까요?

솔방울을 이용한 천연 가습기 만들기 솔방울 채취 시기는 10월이 적당합니다. 채취한 솔방울은 물에 넣어 15~20분 정도 끓이고, 흐르는 물에 씻은 후 햇볕에 바짝 말립니다. 활짝 벌어진 솔방울을 찬물에 1시간 정도 넣어두면 물을 흡수해 완전히 오므라듭니다. 건조한 겨울철에 이 솔방울들을 방 안에 놓아두면 천연 가습기 역할을 합니다. 솔방울이 머금었던 수분이 증발하면서 습도를 높여주는 것이지요. 이와 비슷하게 편백나무 열매를 활용한 천연 가습기도 만들 수 있습니다.

(출처: 픽사베이 무료 이미지)

5. 숲 그림 만들기

준비물 : 나뭇잎, 솔방울, 나뭇가지, 돌

1. 무슨 놀이일까요?

산에서 쉽게 구할 수 있는 나뭇잎, 솔방울, 나뭇가지, 돌 등을 이용해 나의 생각을 다양하게 표현하는 놀이입니다.

2. 따라서 해볼까요?

1. 숲에서 다양한 모양의 나뭇잎, 나뭇가지, 솔방울 등을 찾아봅니다.

2. 다양한 재료를 종류별로 구분해 한곳에 모아둡니다. 종류가 다양할수록 좋습니다.

3. 바닥에 나뭇가지로 밑그림을 그리고 모아둔 재료로 꾸밉니다.

4. 완성한 작품을 보며 이야기를 나눕니다.

3. 우리 아이! 무엇을 배울 수 있을까요?

나만의 숲 그림을 만드는 활동을 통해 창의적 사고 역량을, 만든 그림을 보며 이야기를 나누는 활동을 통해 의사소통 역량을 기를 수 있습니다.

4. 생각을 키우는 대화 Tip

나뭇잎의 여러 모양에 대해 생각해봅니다.
"이건 소나무 잎인데 모양이 어떠니?"
"상수리나무, 밤나무 잎은 어떤 모양이니?"
"이건 꽤 길쭉한 모양이구나. 어떤 나무의 잎일까?"
아이들에게 나뭇잎의 모양과 크기를 관찰하게 함으로써 침엽수와 활엽수를 구분하는 방법을 감각적으로 익히게 도와줍니다.

5. 이런 놀이도 해볼까요?

낙엽 침대 숲에 있는 다양한 자연의 놀잇감을 가지고 놀면 아이들은 시간 가는 줄 모릅니다. 낙엽을 잔뜩 모아서 한곳에 쌓아볼까요? 폭신폭신하게 쌓였다면 그 위에 누워보세요. 참으로 포근하답니다.

드라이 나뭇잎 만들기 주워온 나뭇잎을 말려봅시다. 두꺼운 책 사이에 잘 펴서 끼워두면 예쁘게 잘 마릅니다. 나중에 코팅해서 책갈피로 만들어 사용하면 더욱 좋습니다.

목걸이 만들기 씨앗이나 열매들을 굵은 실이나 리본에 붙여서 목걸이를 만들 수 있습니다. 글루건을 활용하면 보다 쉽게 만들 수 있답니다.

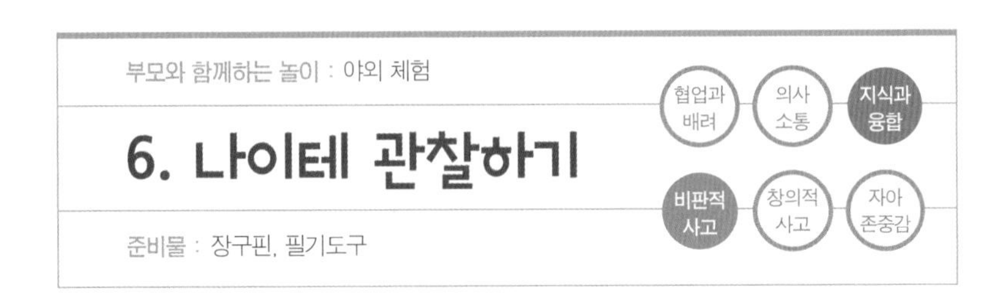

1. 무슨 놀이일까요?

숲에서 잘린 나무의 밑동을 찾아 나이테를 관찰하는 놀이입니다.

2. 따라서 해볼까요?

1. 잘린 나무의 밑동을 찾습니다. 관찰을 시작하기 전 밑동을 청소합니다.

2. 나무의 나이테를 셉니다. 정확한 관찰을 위해 장구핀을 선마다 꽂으며 세는 것도 좋은 방법입니다.

3. 나이테의 진하기, 간격 등을 자세히 살펴봅니다.

4. 나이테를 관찰하며 알게 된 사실을 정리해 기록합니다.

3. 우리 아이! 무엇을 배울 수 있을까요?

나이테의 진하기, 간격 등의 변화를 살피며 나무에게 어떠한 일이 일어났는지 추리할 수 있습니다. 이때 비판적 사고 역량 및 지식과 융합 역량을 기를 수 있습니다.

4. 생각을 키우는 대화 Tip

"이 나무의 나이는 몇 살일 것 같아?"
나이테를 보면 나무의 나이를 추측할 수 있습니다. 이때 나이테의 진한 부분은 겨울에, 연한 부분은 여름에 생겼다는 것을 직접 얘기해주거나 질문을 통해 알아낼 수 있도록 도와주세요.
"나이테의 간격이 다른 까닭을 무엇일까?"
나이테의 간격이 다른 이유에 대해 함께 생각해보세요. 나이테의 간격을 보고 가뭄과 홍수, 혹한, 곤충의 공격, 일조량의 변화를 알 수 있다는 점을 이야기합니다.
"나무의 두께가 두꺼울수록 나이테의 개수가 많을까? 적을까?"
이런 질문을 통해 나이테를 보며 정비례에 대해 이야기할 수도 있습니다.

5. 이런 놀이도 해볼까요?

나무 안고 소리 듣기 나이가 어린 친구들과 함께할 수 있는 활동입니다. 가만히 나무를 안고 나무의 소리를 들어볼까요? 나무에 귀를 대고 있으면 아주 작지만 나무 수액이 흘러가는 소리를 들을 수 있습니다. 나무 소리뿐만 아니라 숲속에서 들리는 다양한 소리를 귀 기울여 듣는 동안 아이는 무척 행복할 겁니다.

7. 나뭇잎 기억력 게임

준비물 : 수집한 나뭇잎, 초시계

1. 무슨 놀이일까요?

채집한 나뭇잎으로 쉽게 할 수 있는 기억력 게임을 소개합니다. 이 놀이 과정에서 아이들은 잎을 분류하는 경험도 할 수 있습니다.

2. 따라서 해볼까요?

1. 아이와 함께 모양이 다른 나뭇잎을 하나씩 줍습니다.

2. 채집한 나뭇잎을 한눈에 보기 쉽도록 바닥에 늘어놓습니다.

3. 나뭇잎을 하나씩 관찰하고, 아이에게 어떤 나뭇잎이 있는지 기억하라고 이야기합니다.

4. 아이에게 눈을 감으라고 한 뒤, 나뭇잎을 숨기거나 다른 것으로 바꿉니다. 처음에는 1개부터 시작합니다.

3. 우리 아이! 무엇을 배울 수 있을까요?

나뭇잎의 다양한 형태를 관찰하고 대화를 나누는 가운데 의사소통 역량과 비판적 사고 역량을 기를 수 있습니다.

4. 생각을 키우는 대화 Tip

의도적으로 전혀 다른 형태의 나뭇잎을 숨겨서 아이가 그 특징을 자연스레 파악할 수 있도록 하면 좋습니다. 손이나 발 등 신체기관을 이용하여 나뭇잎의 크기를 어림하는 활동을 하는 것도 재미있습니다.

"두 나뭇잎을 비교해보자. 무엇이 다른 것 같아?"

"이 나뭇잎은 어떤 모양을 닮은 것 같은데…, 뭘까?"

"손바닥으로 나뭇잎 크기를 재볼까?"

"자, 눈을 뜨고 사라진 나뭇잎을 찾아볼까?"

"사라진 나뭇잎은 어떤 특징을 갖고 있었을까?"

5. 놀이 상담실

Q 식물에 대해서 잘 몰라도 이 놀이를 잘할 수 있을까요?

A 당연합니다. 이 놀이의 목적은 자연물을 통해 아이와 소통하는 것입니다. 물론 부모님이 식물에 대한 지식이 있다면 놀이가 더욱 풍성해지겠지요? 요즘은 어떤 식물인지를 알려주는 애플리케이션도 있으니 이를 활용할 수도 있습니다. 부모와 함께하는 모든 활동은 부모님이 많이 준비할수록 좋은 효과를 얻을 수 있습니다.

6. 이런 놀이도 해볼까요?

나뭇잎 캐릭터 만들기 나뭇잎을 종이에 붙인 후, 마음대로 눈, 코, 입, 손, 발 등을 그려 멋진 캐릭터를 만듭니다.

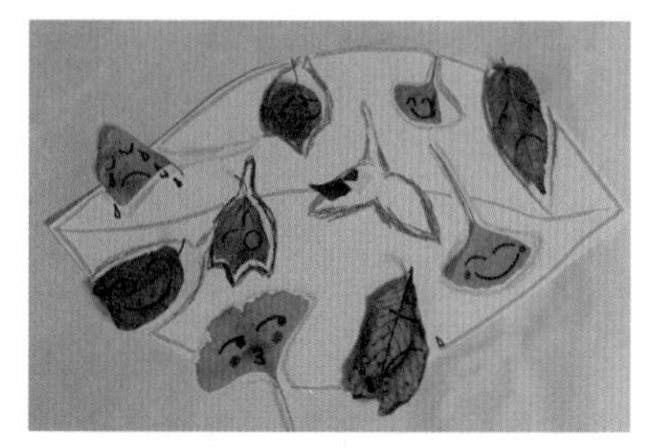

나뭇잎 낱말 카드 만들기 나뭇잎으로 낱말 카드를 만들어 놀이를 해봅시다.

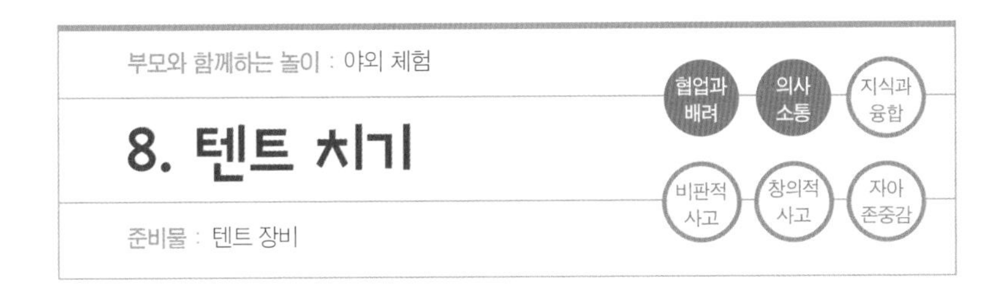

부모와 함께하는 놀이 : 야외 체험

8. 텐트 치기

준비물 : 텐트 장비

1. 무슨 놀이일까요?

캠핑의 핵심인 텐트 치기를 논리적이고 합리적인 순서로 아이들이 직접 해보는 놀이입니다.

2. 따라서 해볼까요?

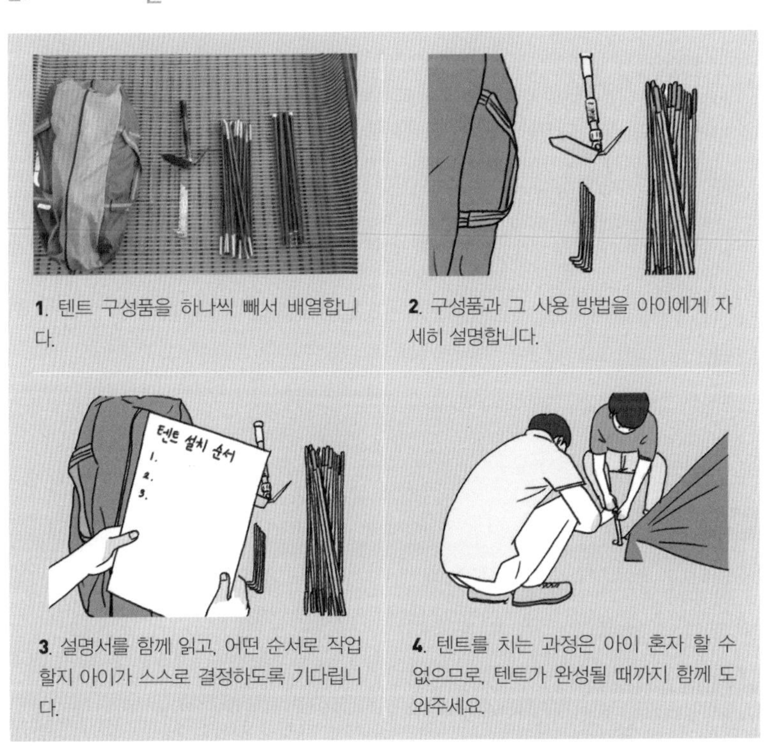

1. 텐트 구성품을 하나씩 빼서 배열합니다.

2. 구성품과 그 사용 방법을 아이에게 자세히 설명합니다.

3. 설명서를 함께 읽고, 어떤 순서로 작업할지 아이가 스스로 결정하도록 기다립니다.

4. 텐트를 치는 과정은 아이 혼자 할 수 없으므로, 텐트가 완성될 때까지 함께 도와주세요.

3. 우리 아이! 무엇을 배울 수 있을까요?

복잡하고 어려운 텐트 치기를 부모님의 도움을 받아 아이가 주도적으로 해봄으로써 협업과 배려 역량과 의사소통 역량을 기를 수 있습니다.

4. 놀이 상담실

Q 요즘 글램핑도 많던데 꼭 텐트를 사용한 야영을 해야 할까요?

A 저는 아이와 함께 글램핑과 텐트 야영을 모두 경험해보았습니다. 유치원, 초등학교 저학년이었던 우리 아이들은 글램핑에 대한 기억보다는 텐트 야영에 대한 기억을 더 많이 떠올렸습니다. 심지어 빨리 여름이 와서 다시 캠핑 가고 싶다고 조를 정도로 텐트 야영은 강렬한 경험과 기억을 남겨주었습니다.

여건이 되지 않는다면 글램핑도 괜찮을 수 있지만 글램핑은 리조트나 펜션과 별다른 차별성을 갖지 못하므로 아이가 체험하는 경험의 질이 텐트와는 다릅니다. 물론 에어컨이 필수적인 열대야에는 텐트보다는 글램핑이 훨씬 좋게 느껴질 수도 있습니다. 각 가정의 여건에 맞게 선택하면 됩니다.

5. 이런 놀이도 해볼까요?

해먹 그네 타기 해먹은 기둥이나 나무 사이에 매달아 침상으로 쓰는 그물입니다. 흔들리는 해먹에 올라 그네를 타는 것은 어떨까요? 나무가 많은 곳으로 캠핑을 가면 꼭 설치해보기를 권합니다. 아이들이 정말로 좋아합니다.

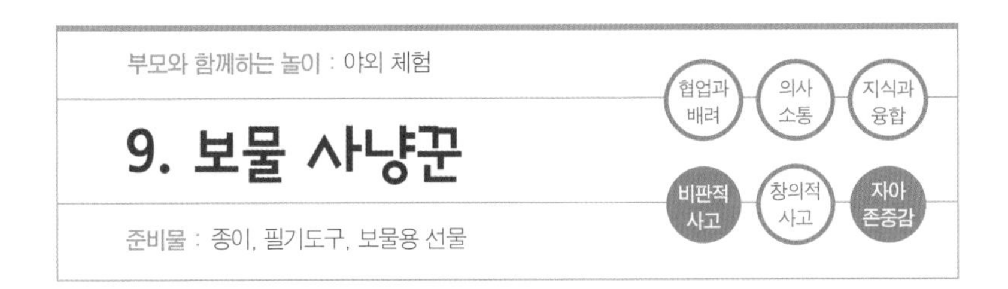

부모와 함께하는 놀이 : 야외 체험

9. 보물 사냥꾼

준비물 : 종이, 필기도구, 보물용 선물

1. 무슨 놀이일까요?

아이가 보물 사냥꾼이 되어 여러 단서를 바탕으로 보물을 찾아내는 게임입니다. 방 탈출 게임의 야외 버전이라고 볼 수 있습니다.

2. 따라서 해볼까요?

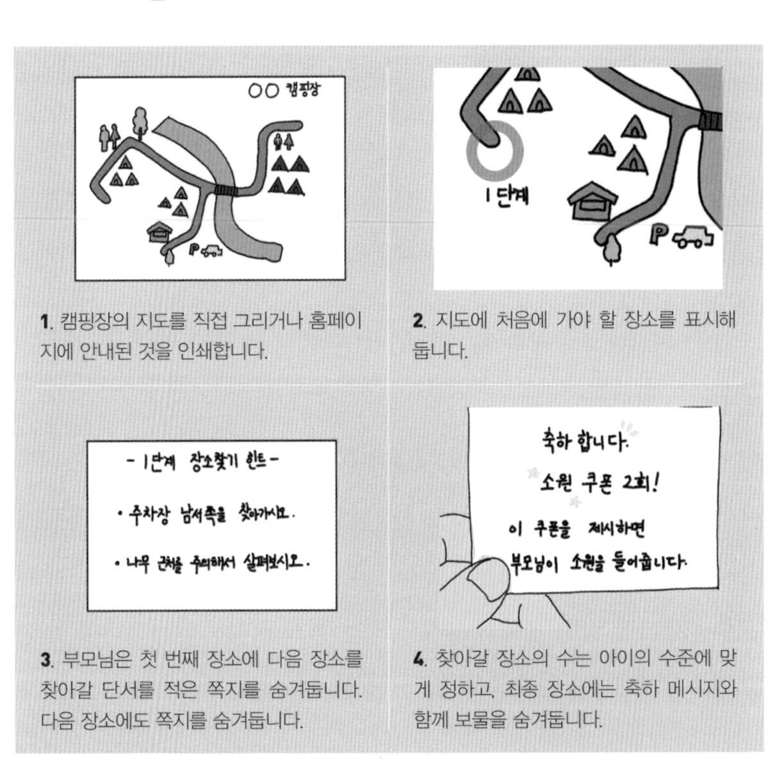

1. 캠핑장의 지도를 직접 그리거나 홈페이지에 안내된 것을 인쇄합니다.

2. 지도에 처음에 가야 할 장소를 표시해 둡니다.

3. 부모님은 첫 번째 장소에 다음 장소를 찾아갈 단서를 적은 쪽지를 숨겨둡니다. 다음 장소에도 쪽지를 숨겨둡니다.

4. 찾아갈 장소의 수는 아이의 수준에 맞게 정하고, 최종 장소에는 축하 메시지와 함께 보물을 숨겨둡니다.

3. 우리 아이! 무엇을 배울 수 있을까요?

여러 가지 단서를 활용하는 활동을 통해 비판적 사고 역량을 기를 수 있으며, 지도를 이용해 목적지를 찾아내는 활동을 하면서 자아존중감을 기를 수 있습니다.

4. 생각을 키우는 대화 Tip

단서를 제공할 때 아이의 수준에 맞는 문제를 제시하면 좋습니다.

> 단서: 야외 화장실이 있는 방향으로 □ 걸음만큼 걸어가시오.
> (□ = 아빠가 사탕을 10개 주었는데, 그중에 3개를 먹었습니다. 몇 개가 남았을까요?)

또 공간감각을 키울 수 있도록 지도 보는 법을 가르쳐줍니다.
"어디가 북쪽일까?"
"이 지도에서 나오는 샤워장과 실제로 보이는 샤워장 방향을 일치시켜볼까?"

5. 놀이 상담실

이 놀이의 유래는 독일의 오리엔티어링(Orientierungs Lauf)입니다. 이는 아이 혼자 지도와 나침반을 들고 산 속의 여러 지점을 통과하여 최종 목적지까지 정해진 시간 내에 찾아가는 활동입니다. 오리엔티어링은 우리말로 표현하면 '방향 정하고 달리기' 또는 '목표 정하고 달리기'라고 할 수 있으며 유럽에서는 인기 스포츠로 사랑받고 있습니다.

6. 이런 놀이도 해볼까요?

사륜바이크 · 서바이벌 · 래프팅 캠핑장 근처에 에너지가 넘치는 체험 프로그램을 제공하는 곳이 있다면 한번 시도해볼까요? 먼저 아이가 안전하게 즐길 수 있는 활동인지를 확인하는 것은 필수입니다.

보물 찾기 아이가 많이 어리다면 초간단 보물찾기를 해도 좋습니다. 아이의 수준에 맞게 보물의 크기와 공간의 넓이를 조절하면 아이는 어렵지 않게, 즐겁게 보물 찾기에 성공할 겁니다.

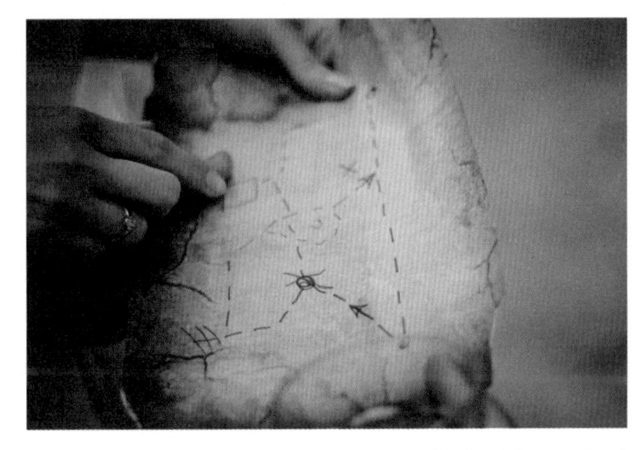

(출처: 픽사베이 무료 이미지)

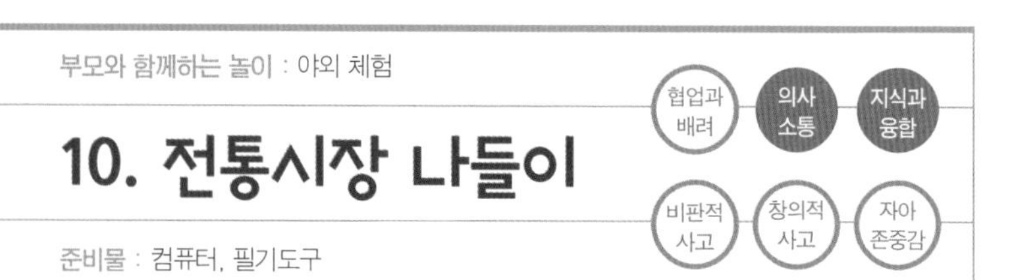

10. 전통시장 나들이

1. 무슨 놀이일까요?

전국에는 지역 특색을 드러내는 많은 전통시장이 있습니다. 이 놀이는 아이가 직접 전통시장 나들이를 계획하고 실천하는 활동입니다.

2. 따라서 해볼까요?

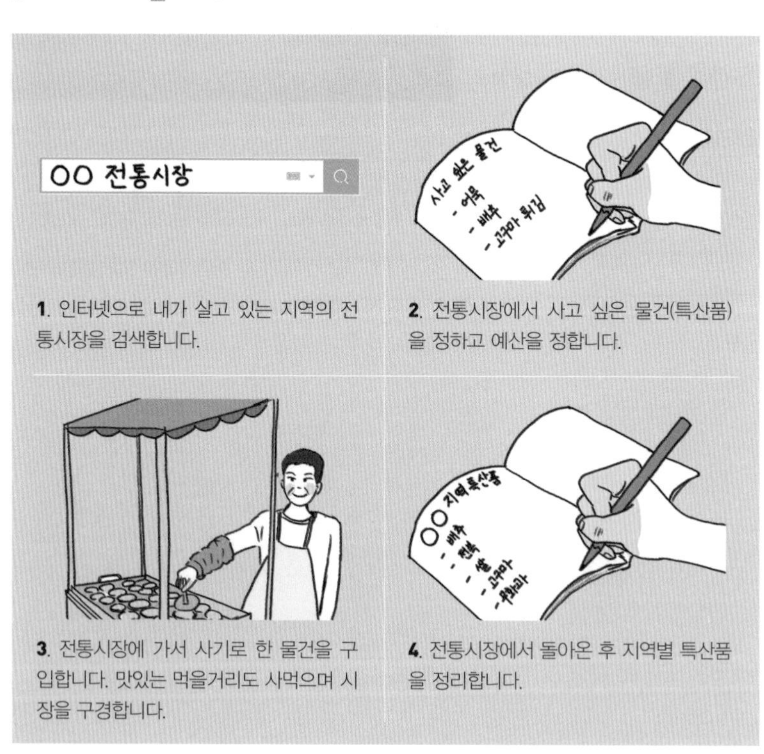

1. 인터넷으로 내가 살고 있는 지역의 전통시장을 검색합니다.

2. 전통시장에서 사고 싶은 물건(특산품)을 정하고 예산을 정합니다.

3. 전통시장에 가서 사기로 한 물건을 구입합니다. 맛있는 먹을거리도 사먹으며 시장을 구경합니다.

4. 전통시장에서 돌아온 후 지역별 특산품을 정리합니다.

3. 우리 아이! 무엇을 배울 수 있을까요?

전통시장의 위치를 찾고, 사고 싶은 물건과 그에 따른 예산을 정하는 활동을 통해 지식과 융합 역량을, 시장을 구경하고 물건을 사는 활동을 통해 의사소통 역량을 기를 수 있습니다.

4. 놀이 상담실

Q 전통시장에 대한 정보는 어디에서 얻나요?

A 인터넷에는 전통시장에 관한 유용한 정보가 많이 있습니다. 어느 시장이 농산물, 수산물, 축산물, 특산품 중 어떤 물품으로 더 유명한지 확인해봅니다. 전통시장의 특징을 파악하면 방문할 시장을 결정하는 데 도움이 됩니다. 또한 보다 흥미로운 시장 구경을 할 수 있겠지요?

5. 이런 시장도 가볼까요?

남대문 꽃 도매시장, 양재 꽃 도매시장 꽃을 좋아한다면 꽃 도매시장을 한번쯤 들러보면 좋습니다. 그냥 둘러만 봐도 모두가 행복한 시간이 되겠지요?

청계천 애완동물 시장 청계천 7가에서 6가 주변에는 다양한 새와 물고기를 판매하는 애완동물 거리가 있습니다. 앵무새, 거북이, 열대어, 소라게 등 다양한 애완동물을 만날 수 있습니다. 아이들이 너무나 좋아하겠지요?

부산 국제시장 6 · 25 전쟁 당시 밀려온 피난민들이 상권을 이룬 부산광역시 중구 신창동에 있는 상설시장입니다. 영화 〈국제시장〉으로 더 유명해졌지요.

화개 장터 해방 전 7대 시장의 하나였던 화개 장터는 경상도 하동과 전라도 구례를 잇는 재래식 장터입니다. 한때는 5일장이었지만 지금은 상설시장으로 언제든 방문할 수 있습니다.

정남진 토요시장 장흥 정남진은 서울의 정남쪽에 위치한 나루터를 일컫는 곳입니다. 이곳에는 장흥삼합(소고기, 표고버섯, 키조개)으로 유명한 토요시장이 있습니다.

(출처: 픽사베이 무료 이미지)

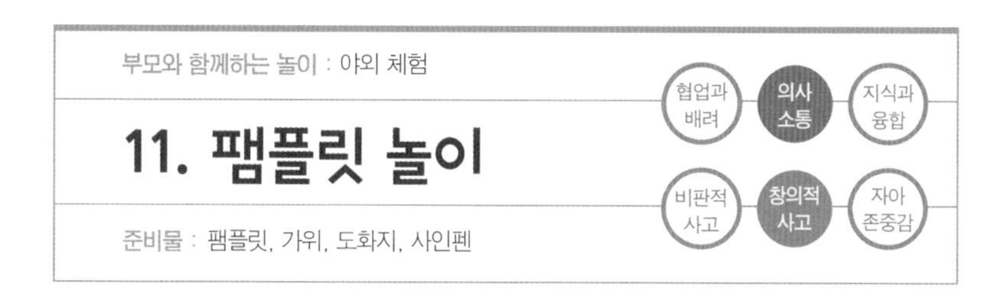

부모와 함께하는 놀이 : 야외 체험

11. 팸플릿 놀이

준비물 : 팸플릿, 가위, 도화지, 사인펜

1. 무슨 놀이일까요?

박물관, 영화관, 미술관 등에서 얻은 팸플릿을 활용하여 감상한 작품에 대해 좀 더 생각하고 이해할 수 있도록 도와주는 놀이입니다.

2. 따라서 해볼까요?

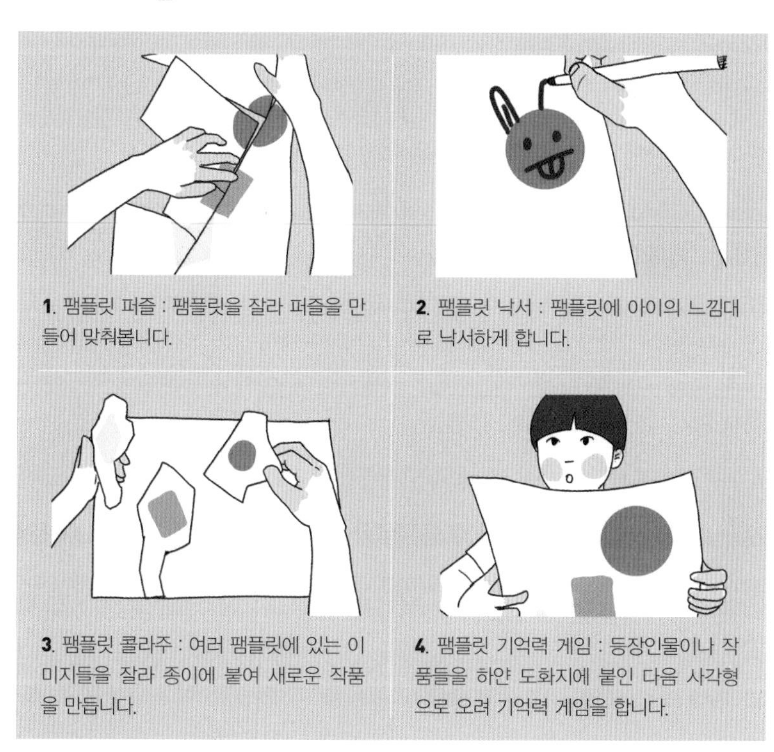

1. 팸플릿 퍼즐 : 팸플릿을 잘라 퍼즐을 만들어 맞춰봅니다.

2. 팸플릿 낙서 : 팸플릿에 아이의 느낌대로 낙서하게 합니다.

3. 팸플릿 콜라주 : 여러 팸플릿에 있는 이미지들을 잘라 종이에 붙여 새로운 작품을 만듭니다.

4. 팸플릿 기억력 게임 : 등장인물이나 작품들을 하얀 도화지에 붙인 다음 사각형으로 오려 기억력 게임을 합니다.

3. 우리 아이! 무엇을 배울 수 있을까요?

팸플릿을 보며 전시나 영화, 행사 등 체험한 내용에 대해 이야기 나눌 수 있습니다. 이 과정에서 의사소통 역량을 기를 수 있으며, 팸플릿을 활용한 다양한 작품을 만들며 창의적 사고 역량을 성장시킬 수 있습니다.

4. 생각을 키우는 대화 Tip

"우리 팸플릿을 잘라서 서로에게 퍼즐을 만들어주자."
"이 캐릭터 얼굴에 이런 표시를 한 이유는 뭘까?"
"이 팸플릿에 나온 인물 중 영화의 주인공은 누굴까요?"
"여기 팸플릿에 나온 작품 중에서 가장 좋은 느낌을 받은 것은 어떤 거야?"
박물관, 미술관 등 체험학습을 갔다오면 체험학습 보고서를 쓰곤 합니다. 때로는 부모님의 숙제가 되기도 하는 체험학습 보고서, 가끔은 이런 놀이로 체험학습을 아이에게 되새겨주는 것은 어떨까요?

5. 놀이 상담실

Q 내년에 아이가 학교를 들어갈 예정입니다. 직장 때문에 방학 중에 시간을 낼 수 없을 것 같은데, 학기 중에 체험학습을 가려면 어떻게 해야 하나요?

A 초중등교육법 시행령 제48조 5항에서는 학교의 장은 교육상 필요한 경우 보호자의 동의를 얻어 교외체험학습을 허가할 수 있으며, 이 교외체험학습은 학칙이 정하는 범위 안에서 출석으로 인정한다고 정하고 있습니다.

각 학교 누리집에는 '교외체험학습 신청서 및 보고서' 양식이 있습니다.

신청서를 다운받아 작성해서 체험학습 3일 전까지(학교마다 다를 수 있으니 꼭 확인하세요!) 제출해 학교장의 허가를 받으면 체험학습을 다녀올 수 있습니다. 체험학습 후에는 보고서도 작성하여 제출해야 합니다.

6. 이런 놀이도 해볼까요?

팸플릿 활용하기 영화감상이니 체험학습을 갔다오면 으레 가져오는 팸플릿들. 대부분이 나중에 버려지게 되지요? 이 팸플릿들을 모아서 추억을 스크랩하거나 종이접기 등에 사용하면 어떨까요?

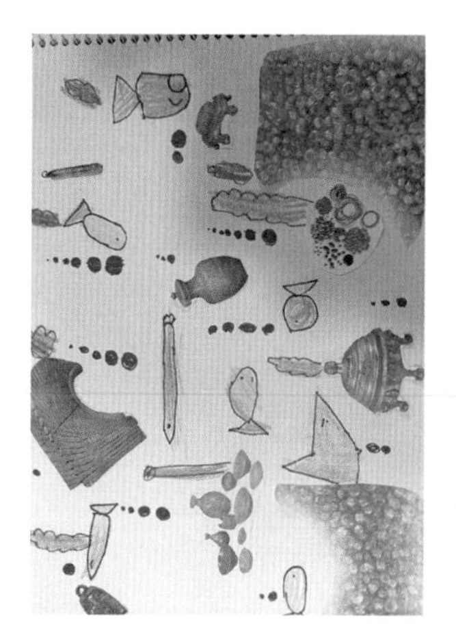

부모와 함께하는 놀이 : 야외 체험

12. 차 안에서 말놀이

1. 무슨 놀이일까요?

요즘은 아이와 함께 자가용을 이용하는 경우가 많습니다. 지루한 차 안에서 할 수 있는 여러 놀이를 소개합니다.

2. 따라서 해볼까요?

끝말 잇기	1. 일단 끝말 잇기의 규칙을 정합니다.(세 글자 낱말로만 잇기, 영어나 사람 이름의 허용 여부 등등) 2. 끝말 잇기 놀이 중에는 아이가 계속해서 낱말을 생각해낼 수 있도록 단서를 제공합니다. 3. 모르는 낱말이 나올 경우 그 뜻을 설명해주면 어휘력 발달에 효과적입니다.
나는 누구 일까요?	1. 퀴즈를 낼 진행자를 정합니다. 2. 진행자는 대상을 생각하고 '나는 누구일까요?'라고 말한 후, 특징을 하나씩 설명합니다. 3. 다른 사람들은 그 대상에 관해 질문하고 진행자는 '예', '아니오'로만 대답합니다. 4. 정답을 맞힌 사람이 새로운 진행자가 되어 계속 놀이를 이어갑니다.
시장에 가면	1. 먼저 진행자가 장소를 정합니다. 시장, 백화점, 놀이동산 등 어디든 좋습니다. 2. 그 장소에 있는 것들을 하나씩 이야기합니다. 먼저 진행자가 '시장에 가면 떡볶이도 있고'라고 말합니다. 3. 그러면 다음 사람이 '시장에 가면 떡볶이도 있고, 김밥도 있고' 하고 말하고, 이런 식으로 계속 하나씩 늘려 이야기를 이어갑니다. 4. 기억하지 못하는 사람이 나오면, 그 사람이 진행자가 되어 새로운 장소를 정해 놀이를 시작합니다.

3. 우리 아이! 무엇을 배울 수 있을까요?

부모와 가족과의 언어 교류를 통해 의사소통 역량을 기를 수 있으며, 창조적인 발상이 필요한 게임 활동으로 창의적 사고 역량을 기를 수 있습니다.

4. 생각을 키우는 대화 Tip

"잠자리." "리본." "본드." "드라마."

"아까랑 똑같은 낱말인데? 다른 것 없을까?"

"음, 드~, 드~"

"악기 중에 '드'로 시작하는 게 있는데?"

차 안에서 할 수 있는 가장 좋은 놀이는 말놀이입니다. 말놀이는 어른이 볼 때는 단순한 놀이지만 아이들이 무척 좋아합니다. 하지만 무작정 끝말 잇기를 계속하다보면 똑같은 패턴이 반복되곤 하지요. 그럴 때는 아이 차례에 부모님이 어휘력을 확장시킬 수 있는 낱말에 대해 은근슬쩍 힌트를 말해주세요. 이렇게 하면 나중에 아이가 그 낱말을 자연스럽게 활용하는 놀라운 모습을 목격하게 될 거예요.

5. 놀이 상담실

Q 말놀이는 너무 유치하지 않나요?

A 그렇지 않습니다. 부모와 아이가 함께 노는 것의 좋은 점은 함께 규칙을 세우고 그 규칙을 지키는 경험을 하게 된다는 점입니다. 앞서 제시한 놀이들은 가장 기본적인 방법이므로, 여기에 아이들이 제시하는 새로운 규칙을 적용하거나 부모가 만든 새로운 규칙을 덧붙이는 식으로 얼마든지 놀이의 수준을 높일 수 있습니다.

6. 이런 놀이도 해볼까요?

가나다라 말 잇기 사전처럼 ㄱ, ㄴ, ㄷ 자음 순으로 말 잇기를 하는 겁니다. 기러기, 나비, 돼지, 라면, 이렇게 말 잇기를 하다보면 꽤 흥미진진하답니다.

아무 말 대잔치 아무 의미 없는 말들로 끝말 잇기를 하는 거예요. 뚜루뚜루팝팝 → 팝프루루루뿡 → 뿡짜라라라…. 이런 놀이를 하다보면 온 가족이 즐겁게 웃는 시간이 된답니다.

이야기 이어가기 아이의 창의력을 기르거나 배경지식의 활성화를 위해 학교 수업에서도 많이 하는 놀이입니다. 1명이 한 문장씩 말하여 이야기를 이어나가는 겁니다. "오늘 아침에 눈을 떠보니 창밖에 비가 내리고 있었다."라고 먼저 부모님이 얘기하면, 아이는 그 다음 문장을 상상력을 동원해서 만들어내는 겁니다. 예를 들면 "하필 소풍날에 비가 오다니, 망했어!!"는 어떤가요? 한번 해보면 아이의 기발한 상상력에 깜짝 놀라는 경우도 많습니다.

가나다 기억력 게임 ㄱ, ㄴ, ㄷ 순으로 '시장에 가면' 게임을 합니다. '시장에 가면 갈치도 있고, 냄비도 있고, 다리미도 있고'와 같이 진행하면 됩니다.

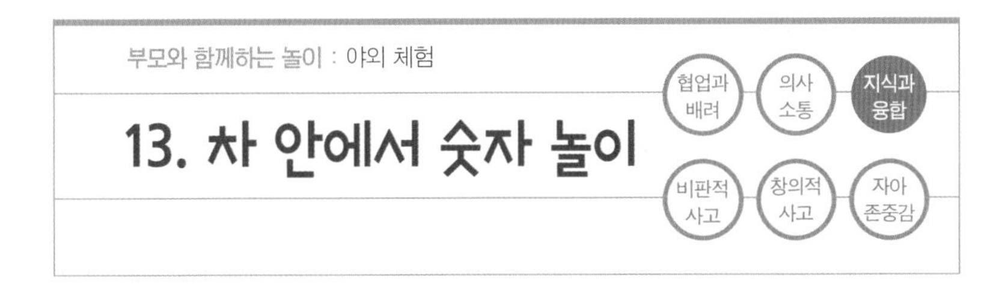

부모와 함께하는 놀이 : 야외 체험

13. 차 안에서 숫자 놀이

1. 무슨 놀이일까요?

지나가는 차의 번호판 숫자를 가지고 사칙연산 및 수 배열을 하는 놀이입니다. 차 안에서의 지루한 시간이 즐거운 시간으로 바뀌게 될 겁니다.

2. 따라서 해볼까요?

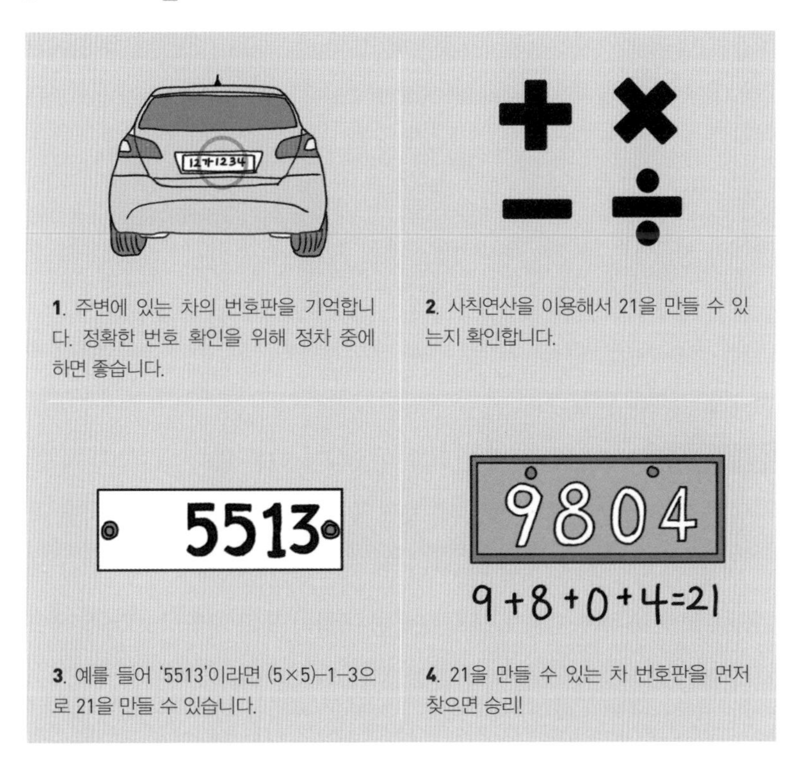

1. 주변에 있는 차의 번호판을 기억합니다. 정확한 번호 확인을 위해 정차 중에 하면 좋습니다.

2. 사칙연산을 이용해서 21을 만들 수 있는지 확인합니다.

3. 예를 들어 '5513'이라면 (5×5)−1−3으로 21을 만들 수 있습니다.

4. 21을 만들 수 있는 차 번호판을 먼저 찾으면 승리!

3. 우리 아이! 무엇을 배울 수 있을까요?

다양한 숫자 배열을 변형하여 사칙연산으로 특정한 수를 만들어내는 활동을 통해 지식과 융합 역량을 기를 수 있습니다.

4. 생각을 키우는 대화 Tip

"스마트폰 해도 돼요?"

"안 돼!"

"에이, 심심하단 말이에요."

"그럼 우리 숫자로 놀아볼까?"

"숫자로 어떻게 놀아요?"

차를 타면 으레 스마트폰을 하려는 아이들이 많습니다. 이럴 때 차 안에서 할 수 있는 놀이를 소개해주세요. 특히 번호판을 이용한 놀이는 연산 능력을 기르는 데 탁월합니다. 몇 가지 응용 놀이를 하다보면 아이가 자기도 모르게 수를 이용한 놀이를 신나게 하고 있는 것을 보게 됩니다.

아래에 제시하는 놀이를 참고하여 차에서 스마트폰을 하는 대신에 알찬 시간을 보내면 좋겠습니다.

5. 이런 놀이도 해볼까요?

큰 수 찾기 1 차 번호판 네 자리를 이용해서 하는 놀이입니다 먼저 한 사람이 지나가는 차의 번호판 네 자리 수 '2954'를 말합니다. 그러면 다음 사람이 그 수보다 더 큰 네 자리 수 '3545'를 찾아 말합니다. 일정 시간(10~20초 사이)이 지나도 찾지 못하면 말하지 못한 사람이 지는 놀이입니다. 비슷한 방법으로 작은 수 찾기도 할 수 있습니다.

큰 수 찾기 2 차 번호판 네 자리 수의 숫자 배열을 바꿔서 가장 큰 수를 만드는 놀이입니다.

큰 수 찾기 3 초등학교 2~3학년의 경우 앞자리 두 수와 뒷자리 두 수를 더해 더 큰 수를 찾는 놀이도 할 수 있습니다.

홀수/짝수 번호판 찾기 초등학교 1학년이 되면 홀수와 짝수를 배웁니다. 홀수 번호판 찾기나 짝수 번호판 찾기를 하면 홀수와 짝수 감각을 익히는 데 도움이 됩니다.

30이 넘는 번호판 찾기 차 번호판의 네 자리를 더해서 30 혹은 20이 넘는 것을 많이 찾는 사람이 이기는 놀이입니다.

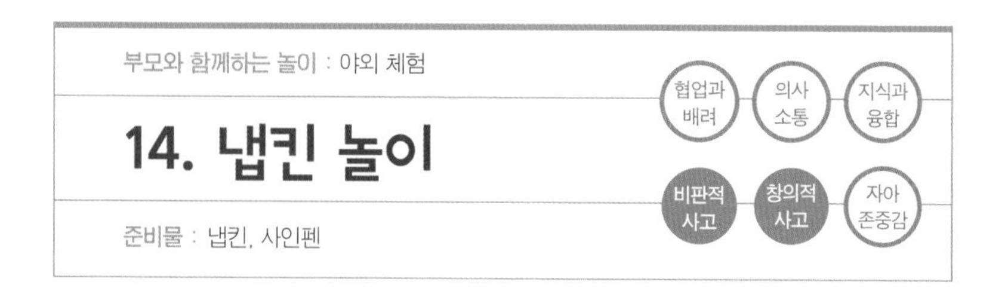

부모와 함께하는 놀이 : 야외 체험

14. 냅킨 놀이

준비물 : 냅킨, 사인펜

1. 무슨 놀이일까요?

식당에서 음식을 기다리는 동안 아이들과 함께 즐거운 시간을 보낼 수 있는 냅킨을 활용한 놀이를 소개합니다.

2. 따라서 해볼까요?

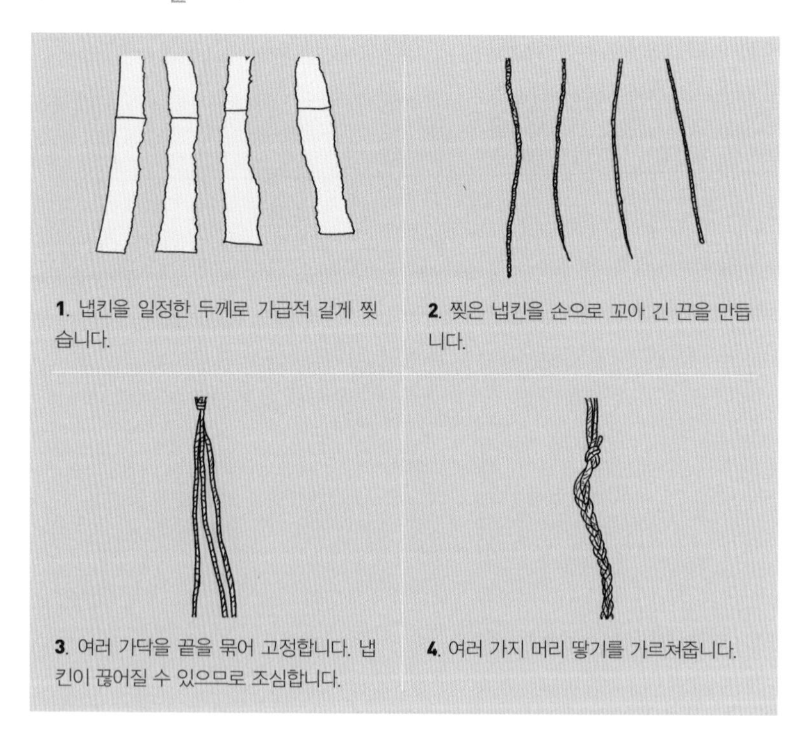

1. 냅킨을 일정한 두께로 가급적 길게 찢습니다.

2. 찢은 냅킨을 손으로 꼬아 긴 끈을 만듭니다.

3. 여러 가닥을 끝을 묶어 고정합니다. 냅킨이 끊어질 수 있으므로 조심합니다.

4. 여러 가지 머리 땋기를 가르쳐줍니다.

3. 우리 아이! 무엇을 배울 수 있을까요?

긴 냅킨을 만들기 위해서 여러 가지 방법을 고안하는 활동을 통해 비판적 사고 및 창의적 사고 역량을 기를 수 있습니다.

4. 놀이 상담실

직접 머리를 땋기 전에 땋은 머리를 보여주면서 그 방법을 탐색할 수 있는 시간을 주면 좋습니다. 기본적인 방법을 익히면 부모님과 함께 머리 땋기 시합을 해보는 것도 재미있습니다.

이러한 놀이를 통해 기본생활 습관을 길러주면 아이는 때와 장소에 따라 예절을 지키고 타인을 배려하는 올바른 인성을 갖게 됩니다. 아이들의 기본생활 습관은 학습 태도에 직간접적인 영향을 미쳐 자기 주도학습을 실현하는 데 도움이 됩니다.

5. 이런 놀이도 해볼까요?

무지개 놀이 사인펜으로 냅킨에 점을 찍고 점 아랫부분을 물에 적시면 검은 점의 잉크가 여러 색으로 번집니다. "검은색 사인펜 안에 어떤 색깔이 들어 있을까?"와 같은 질문으로 먼저 결과를 추측해본 다음 실험을 해보면 어떨까요?

냅킨 길게 만들기 냅킨 1장으로 누가 더 긴 끈을 만들 수 있는지 겨루는 게임입니다. 단순하지만 엄청난 집중력을 요구한답니다.

딱지(표창) 만들기 부모님이 딱지나 표창을 접을 줄 알면, 음식이 나올 때까지 아이와 함께 만들어보면 어떨까요? 만약 부모님이 방법을 모른다면 유튜브를 보고 따라할 수 있도록 해주면 됩니다.

전통 놀이

"철수야, 놀자!" 예전에는 이렇게 불러낸 친구들과 골목에 삼삼오오 모여 딱지치기, 공기놀이, 구슬치기 등등 여러 가지 놀이를 했습니다. 어디든 놀이터였습니다. 산업화, 현대화의 그늘 아래 동네 친구도, 자연스럽게 즐기던 놀이도 하나둘 기억의 저편으로 사라졌습니다. 그렇게 사라진 전통 놀이들을 다시 소환하고 싶은 고민이 이 글의 시작입니다.

전통 놀이, 왜 필요할까요?

우리 아이들은 항상 궁금한 것이 많습니다.

"아빠는 예전에 무슨 놀이를 했어?"

"엄마는 어릴 때 뭐 하고 놀았어?"

이 질문들에 대답해주기 위해 이 챕터를 썼습니다. 부모는 아이들과 함께 전통 놀이를 하면서 추억을 회상합니다. 또 아이들은 부모가 즐겼던 놀이를 알아가며 소통의 문을 엽니다.

전통 놀이는 부모와 함께, 할아버지, 할머니와 함께, 친척들과 함께, 친구와 함께 언제든 어디서든 즐길 수 있는 놀이입니다. 이것은 이 땅에서 살아가는 아이들이 배우고 또 다음 세대에 물려줘야 할 우리의 유산입니다.

친구와 함께하는 '전통 놀이'를 소개합니다

최대한 간단한 도구와 주변에서 쉽게 구할 수 있는 재료를 활용한 놀이를, 또 규칙이 간단하고 2~4명의 아이들만 있으면 함께 즐길 수 있는 놀이를 선별해 소개했습니다.

나뭇가지를 이용한 '산가지 놀이', 누가 공기를 잘 잡는지 즐기는 '공기 놀이', 우유팩, 잡지를 이용해서 딱지를 만들고 놀아보는 '딱지치기' 등은 실내에서 할 수 있는 대표적인 놀이입니다. 놀이터나 운동장 등 야외에서 할 수 있는 놀이로는 바닥에 놀이판을 그리고 주위의 돌이 이용해서 즐기는 '사방치기', 개뼈다귀 모양을 그리고 수비 팀과 공격 팀으로 나눠 노는 '개뼈다귀 놀이', '허수아비 놀이', '깡통 차기' 등이 대표적입니다. 모든 놀이에는 놀이 방법과 역사적 유래, 활용 팁을 수록하였습니다.

가정에서 부모와 함께한 전통 놀이의 즐거움이 학교에서 친구들과 즐길 수 있는 놀이로 확산되길 기대합니다. "산가지 놀이 하자." "사방치기 할 사람 여기 붙어라!"라는 아이들의 목소리가 많이 들릴 수 있기를 바랍니다.

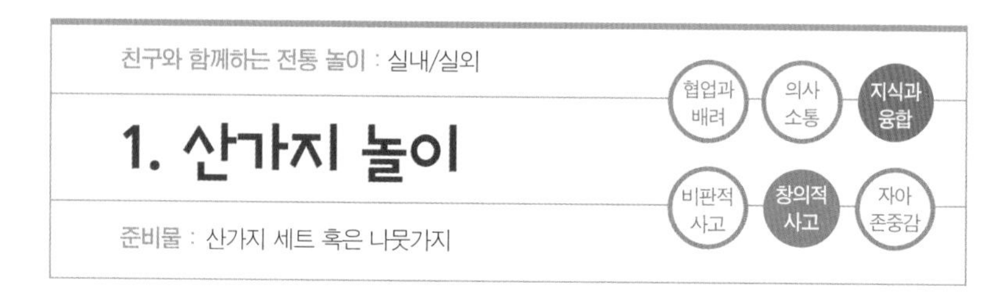

친구와 함께하는 전통 놀이 : 실내/실외

1. 산가지 놀이

협업과 배려 / 의사 소통 / 지식과 융합 / 비판적 사고 / 창의적 사고 / 자아 존중감

준비물 : 산가지 세트 혹은 나뭇가지

1. 무슨 놀이일까요?

'산가지'는 계산할 때 쓰는, 짧게 깎아 만든 가는 대를 말합니다. 쉽게 구할 수 있는 나뭇가지를 이용해 산가지 떼어내기 놀이를 할 수 있습니다.

2. 따라서 해볼까요?

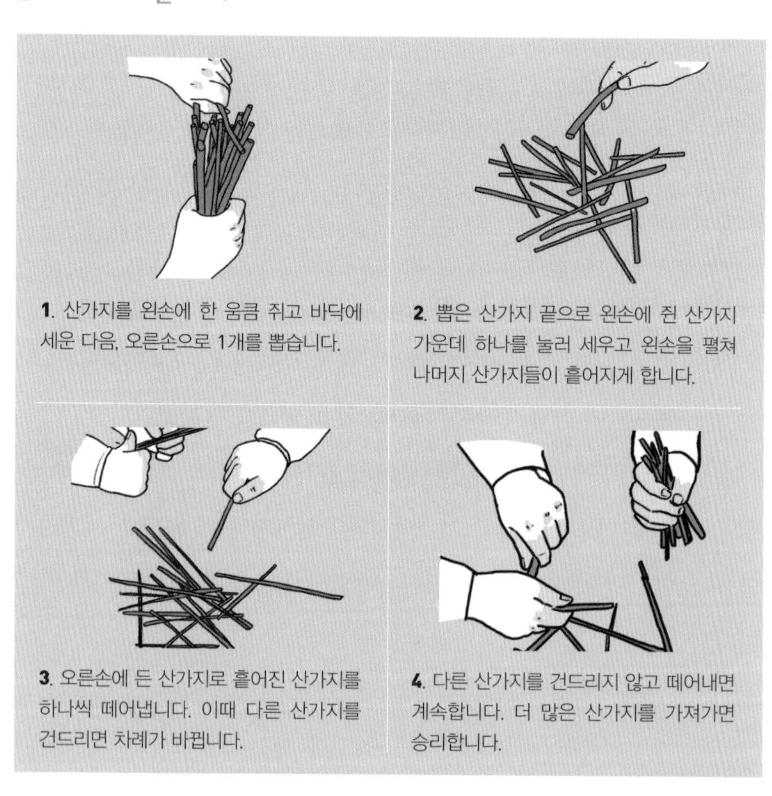

1. 산가지를 왼손에 한 움큼 쥐고 바닥에 세운 다음, 오른손으로 1개를 뽑습니다.

2. 뽑은 산가지 끝으로 왼손에 쥔 산가지 가운데 하나를 눌러 세우고 왼손을 펼쳐 나머지 산가지들이 흩어지게 합니다.

3. 오른손에 든 산가지로 흩어진 산가지를 하나씩 떼어냅니다. 이때 다른 산가지를 건드리면 차례가 바뀝니다.

4. 다른 산가지를 건드리지 않고 떼어내면 계속합니다. 더 많은 산가지를 가져가면 승리합니다.

3. 우리 아이! 무엇을 배울 수 있을까요?

산가지를 직접 만들어보는 것도 좋습니다. 이렇게 산가지를 만들고 떼어내는 놀이 활동을 통해 창의적 사고 역량과 지식과 융합 역량을 기를 수 있습니다.

4. 생각을 키우는 대화 Tip

아이들과 체험학습을 가서 나뭇가지를 주워보세요.

"나뭇가지로 할 수 있는 놀이가 있을까?"

"난 모르는데…, 엄마는요?"

"당연히 알고 있지. 옛날에는 나뭇가지를 가지고 다양한 놀이를 했단다. 자치기 놀이도 했고, 산가지 놀이도 했지."

산가지 완제품을 구매하는 것보다는 아이들과 같이 운동장이나 야외에서 나뭇가지를 주워 만들면 더 좋습니다. 물감으로 예쁘게 칠해 자신만의 산가지 놀이 세트를 만들면 어떨까요?

5. 놀이 상담실

Q 산가지를 구하기 어려우면 어떻게 해야 할까요?

A 나무젓가락이나 성냥개비 등을 사용해도 됩니다.

Q 가운데 산가지를 하나 세우고 나머지 산가지들을 펼치는 이유는 무엇인가요?

A 산가지들이 잘 퍼지게 하기 위해서입니다.

Q 산가지 놀이의 승패는 어떻게 될까요?

A 산가지가 없어질 때까지 놀이를 진행하여 많이 가져간 사람이 이깁니다.

6. 이런 놀이도 해볼까요?

색깔 산가지 떼어내기 산가지에 다섯 가지 색깔을 칠하고 각 색깔마다 점수를 정합니다. 노란색-20개(3점), 빨간색-12개(5점), 파란색-5개(10점), 녹색-3개(15점), 흰색 띠-1개(20점)(테이프나 스티커로 표시해도 됩니다), 총 41개 색깔 산가지를 준비합니다.

놀이 방법은 산가지 떼어내기와 동일하고, 녹색 산가지를 가져간 사람은 그것을 다른 산가지를 떼어내는 데 이용할 수 있습니다.

산가지 들기 긴 산가지 하나를 바닥에 놓고 그 위로 20여 개의 산가지를 양쪽으로 엇갈리게 교차하여 걸칩니다. 가운데 산가지들이 교차된 지점 위에 긴 산가지를 올려놓습니다.

맨 처음에 놓은 긴 산가지를 가만히 들어 올리면 걸쳐진 산가지가 함께 들립니다. 이때 일정한 높이까지 들어 올렸을 때 떨어지지 않고 남은 산가지가 몇 개인가로 승부를 가립니다.

7. 산가지 제작 및 구입

대나무 산가지를 인터넷에서 구입할 수 있습니다. 길이는 20cm이고, 빨강, 주황, 노랑, 초록, 파랑 각 10개, 총 50개가 1세트입니다. 나무젓가락을 이용해 색깔 산가지를 만들 수도 있습니다.

친구와 함께하는 전통 놀이 : 실내/실외

2. 고누 놀이

준비물 : A4 종이, 연필, 바둑알

1. 무슨 놀이일까요?

고누 놀이는 고누판에서 한 칸씩 말을 움직여서 상대방의 말이 더 이상 움직일 수 없는 상태가 되면 이기는 놀이입니다.

2. 따라서 해볼까요?

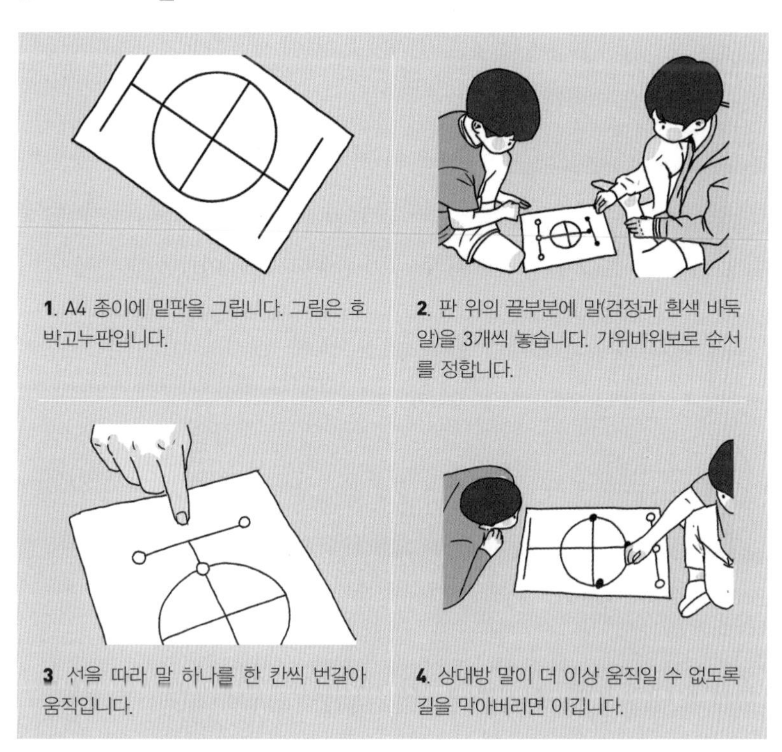

1. A4 종이에 밑판을 그립니다. 그림은 호박고누판입니다.

2. 판 위의 끝부분에 말(검정과 흰색 바둑알)을 3개씩 놓습니다. 가위바위보로 순서를 정합니다.

3. 선을 따라 말 하나를 한 칸씩 번갈아 움직입니다.

4. 상대방 말이 더 이상 움직일 수 없도록 길을 막아버리면 이깁니다.

3. 우리 아이! 무엇을 배울 수 있을까요?

고누 놀이에서 말을 움직이는 활동을 통하여 창의적 사고 역량을, 친구와 전략을 주고받는 활동을 통해 비판적 사고 역량을 기를 수 있습니다.

4. 생각을 키우는 대화 Tip

전남 담양 소쇄원의 마루에 있는 곤질고누 놀이판 사진을 보여줍니다.
"옛날 조상들이 무슨 놀이를 한 사진일까?"
"모르겠어요."
"이건 곤질고누 놀이란다. 이렇게 고누판을 그리고 돌멩이를 말로 해서 즐기던 놀이야. 어디서나 쉽게 즐길 수 있겠지?"

5. 이런 놀이도 해볼까요?

우물고누, 넉줄고누, 곤질고누 고누 놀이는 고누판의 모양과 이용하는 말의 개수에 따라 우물고누(말 2개), 넉줄고누(말 4개), 곤질고누(12개) 등 다양하게 즐길 수 있습니다. 바닥에 큰 고누판을 그리고 아이들이 직접 말이 되어서 놀 수도 있습니다.

이 놀이는 우리나라뿐 아니라 중국, 일본, 몽골, 인도에서도 많이 즐겼으며, 전 세계적으로 유사한 놀이가 많습니다.

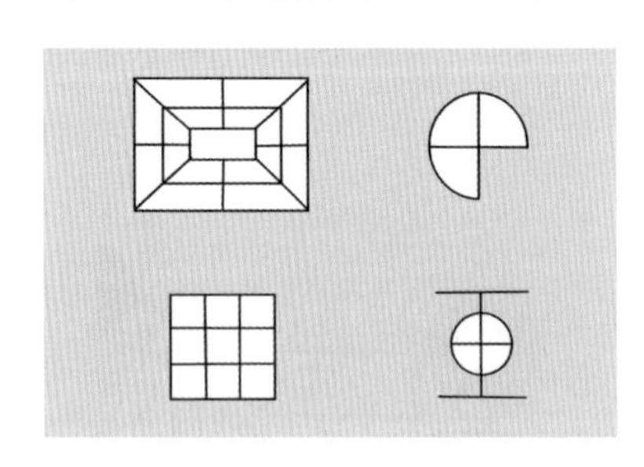

왼쪽, 위부터 시계 방향으로 곤질고누판, 우물고누판, 호박고누판, 넉줄고누판입니다.

아이들이 직접 말이 되어 노는 고누 놀이입니다.

친구와 함께하는 전통 놀이 : 실내/실외

3. 구슬치기

준비물 : 여러 개의 구슬

1. 무슨 놀이일까요?

구슬치기는 언제부터 시작되었는지는 알 수 없지만 우리나라 전역에 걸쳐 많이 행해지고 있는 놀이입니다.

2. 따라서 해볼까요?

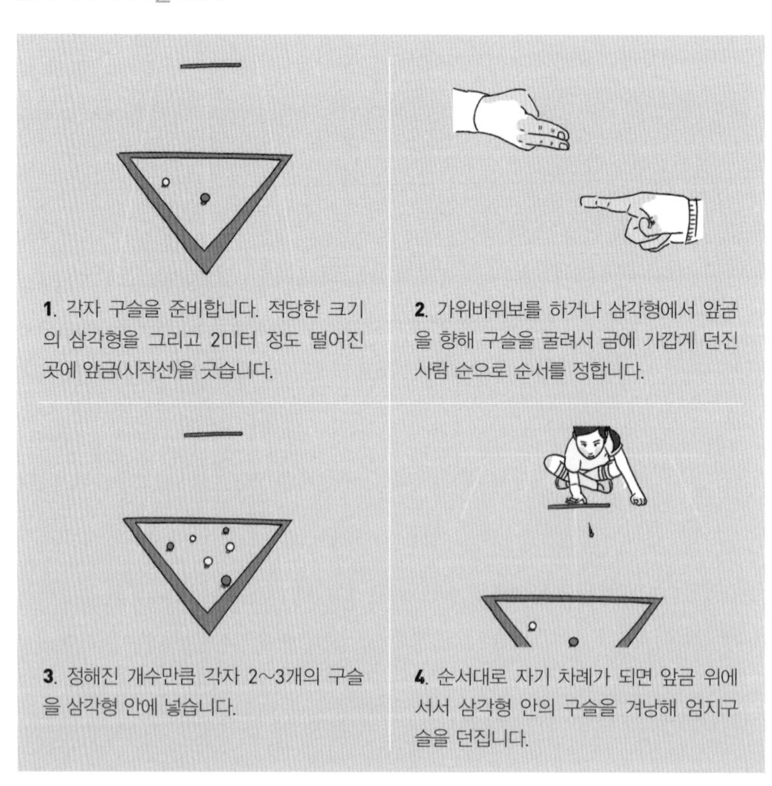

1. 각자 구슬을 준비합니다. 적당한 크기의 삼각형을 그리고 2미터 정도 떨어진 곳에 앞금(시작선)을 긋습니다.

2. 가위바위보를 하거나 삼각형에서 앞금을 향해 구슬을 굴려서 금에 가깝게 던진 사람 순으로 순서를 정합니다.

3. 정해진 개수만큼 각자 2~3개의 구슬을 삼각형 안에 넣습니다.

4. 순서대로 자기 차례가 되면 앞금 위에 서서 삼각형 안의 구슬을 겨냥해 엄지구슬을 던집니다.

3. 우리 아이! 무엇을 배울 수 있을까요?

친구들과 구슬치기를 하면서 의사소통 역량을 기를 수 있습니다.

4. 생각을 키우는 대화 Tip

"아빠, 옛날 겨울철에는 무슨 놀이를 했어요?"
"얼음판 위에서 팽이치기도 하고, 요즘은 구슬치기라고 하는 세모치기도 했지."
"할아버지도 팽이치기를 해보셨을까요?"
"팽이치기는 삼국시대부터 했다니까, 많이 해보셨을 거야."

5. 놀이 상담실

엄지구슬에 맞아 삼각형 안의 구슬이 밖으로 나오면 그 구슬을 가져옵니다. 구슬을 딴 사람은 계속할 수 있고, 구슬을 따지 못하면 다음 사람으로 순서가 넘어갑니다.
던진 엄지구슬이 삼각형 안에 남아 있거나 선에 닿으면 지금까지 따먹은 구슬을 삼각형 안에 넣고 죽습니다. 다른 사람의 엄지구슬을 맞추면 그 엄지구슬의 주인은 지금까지 따먹은 구슬을 엄지구슬을 맞춘 사람에게 다 주고 죽습니다. 삼각형 안에 구슬이 하나도 남지 않거나 한 사람만 빼고 다른 사람이 다 죽으면 그 판이 끝납니다.

6. 이런 놀이도 해볼까요?

동서남북 놀이 신발 뒤꿈치를 땅에 대고 돌려 동, 서, 남, 북, 중앙에 5개의 작은 구멍을 만듭니다. 순서를 정해서 중앙 구멍부터 동쪽 구멍에 구슬을 넣었다가 다시 중앙 구멍으로 돌아옵니다. 똑같은 방법으로 서, 남,

북 구멍에 들렀다가 중앙 구멍에 돌아오면 됩니다. 동서남북 모든 구멍에 갔다 온 사람은 다른 사람의 구슬을 맞춰서 따먹거나 놀이 시작 전에 정한 구슬을 차지합니다. 구슬이 구멍에 들어가지 않았을 때는 다음 아이의 차례가 됩니다.

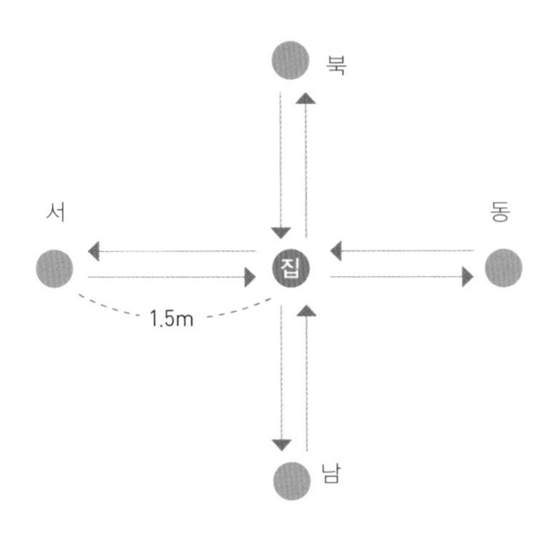

홀짝 맞추기 놀이 손 안에 쥐고 있는 구슬이 짝수인지, 홀수인지 맞히는 놀이입니다.

친구와 함께하는 전통 놀이 : 실내/실외

4. 딱지치기

준비물 : 두꺼운 종이, 잡지

1. 무슨 놀이일까요?

딱지를 땅바닥에 놓고 다른 딱지로 쳐서 땅바닥의 딱지가 뒤집히거나(뒤집기) 선 밖으로 나가면(쳐내기) 따먹는 놀이입니다.

2. 따라서 해볼까요?

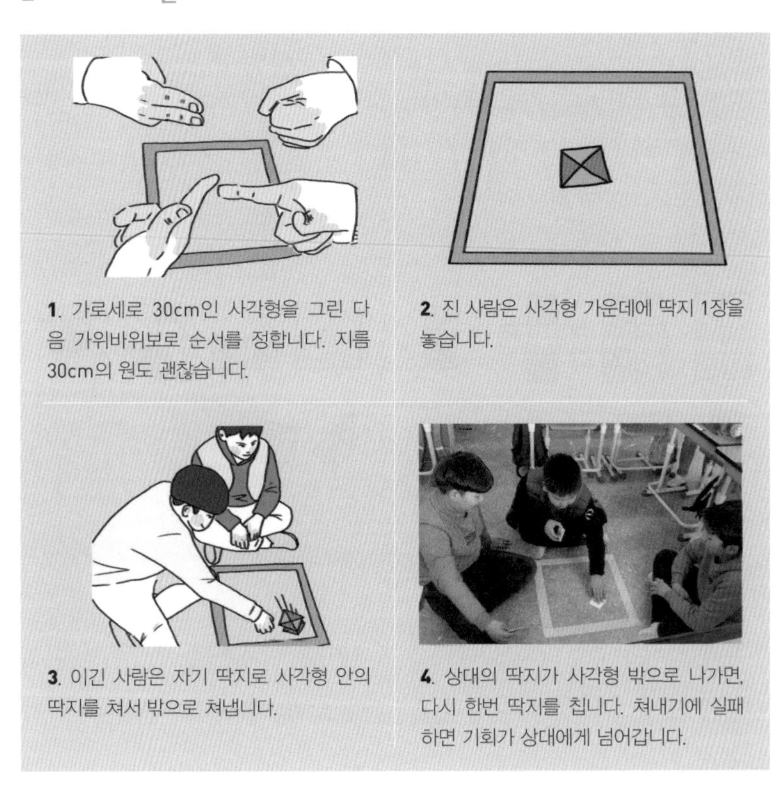

1. 가로세로 30cm인 사각형을 그린 다음 가위바위보로 순서를 정합니다. 지름 30cm의 원도 괜찮습니다.

2. 진 사람은 사각형 가운데에 딱지 1장을 놓습니다.

3. 이긴 사람은 자기 딱지로 사각형 안의 딱지를 쳐서 밖으로 쳐냅니다.

4. 상대의 딱지가 사각형 밖으로 나가면, 다시 한번 딱지를 칩니다. 쳐내기에 실패하면 기회가 상대에게 넘어갑니다.

3. 우리 아이! 무엇을 배울 수 있을까요?

딱지를 접는 활동으로 지식과 융합 역량을, 딱지치기 활동으로 의사소통 역량을 기를 수 있습니다.

4. 생각을 키우는 대화 Tip

"2장의 종이로 딱지를 만들 수 있을까?"

"1장의 종이로 딱지를 만드는 방법은 없을까?"

"정사각형, 직사각형 어떤 모양의 종이라도 딱지를 만들 수 있을까?"

이런 질문을 던지며 여러 가지 딱지 접는 법을 알아보면 좋습니다.

2장의 종이로 접는 법은 다음과 같습니다. 가로 30cm, 세로 10cm의 두꺼운 직사각형 종이를 2장 준비해서 가운데를 교차해 겹쳐놓고, 종이의 양쪽을 대각선으로 접습니다. 다음으로 아래 종이의 삼각형으로 접힌 부분을 시작으로 차례차례 중앙으로 접어 가장 나중에 접은 부분을 첫 번째 접은 삼각형 아래 틈으로 끼우면 딱지 완성!!

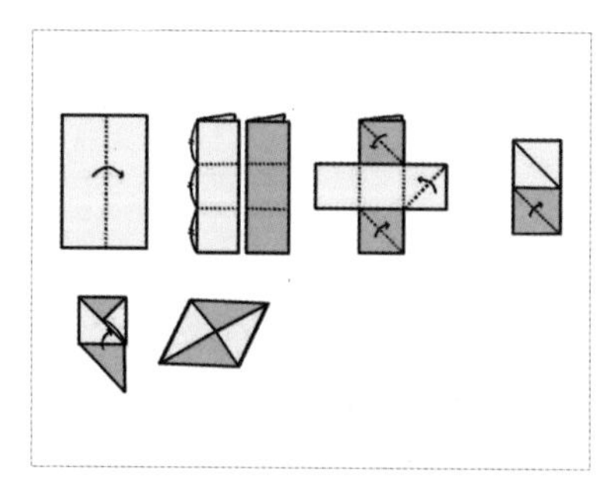

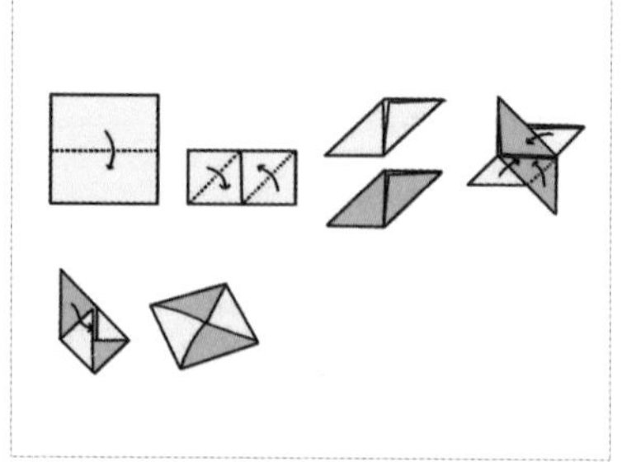

직사각형 종이 2장을 이용해 딱지 만들기

정사각형 종이 2장을 이용해 딱지 만들기

우유팩을 이용해서 딱지를 만들 수도 있어요. 우유팩을 깨끗이 씻어서 햇빛에 잘 말려주세요. 다 마른 우유팩으로 딱지를 만드는 법은 다음과 같아요.

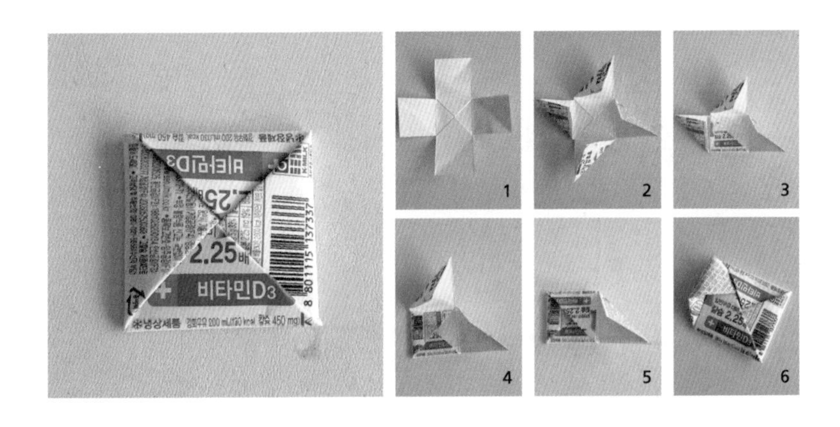

5. 놀이 상담실

딱기치기에는 다양한 방법이 있습니다. 아이들과 어떻게 해야 딱지를 잘 넘길 수 있는지 이야기보세요. 보통은 얇은 딱지는 옆쪽에서 비스듬히 내리치고 두꺼운 딱지는 위에서 힘껏 내리치면 잘 넘어갑니다.

6. 이런 놀이도 해볼까요?

발치기 놀이 친구들이 잘 알고 있는 딱지치기는 뒤집기입니다. 자기 딱지로 상대방의 딱지를 쳐서 뒤집으면 따먹는 놀이이지요. 이때 자신의 한 발을 상대방 딱지 옆에 가까이 대고 내려치는 순간 바람을 일으켜 뒤집어지게 하는 방법도 있습니다. 바로 발치기(바람치기)이지요. 문방구에서 파는 고무딱지를 이용해서 놀 수도 있습니다.

5. 공기놀이

준비물 : 공깃돌

1. 무슨 놀이일까요?

공기놀이의 유래는 알 수 없지만 전국적으로 그 명칭과 노는 방법이 다양한 것으로 보아 꽤 오래 전부터 즐긴 전통 놀이임은 분명합니다.

2. 따라서 해볼까요?

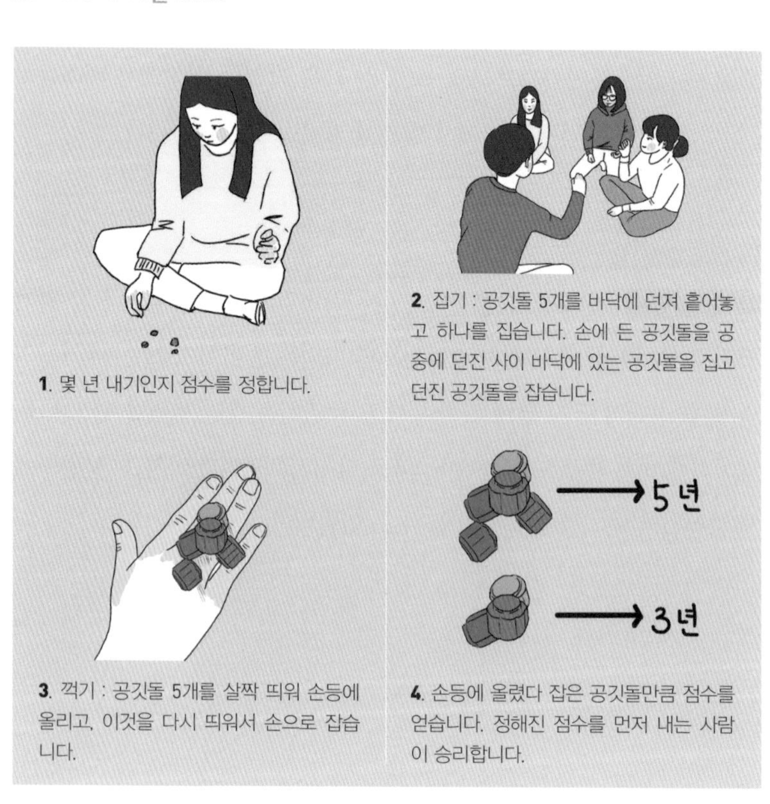

1. 몇 년 내기인지 점수를 정합니다.

2. 집기 : 공깃돌 5개를 바닥에 던져 흩어놓고 하나를 집습니다. 손에 든 공깃돌을 공중에 던진 사이 바닥에 있는 공깃돌을 집고 던진 공깃돌을 잡습니다.

3. 꺽기 : 공깃돌 5개를 살짝 띄워 손등에 올리고, 이것을 다시 띄워서 손으로 잡습니다.

4. 손등에 올렸다 잡은 공깃돌만큼 점수를 얻습니다. 정해진 점수를 먼저 내는 사람이 승리합니다.

3. 우리 아이! 무엇을 배울 수 있을까요?

공깃돌을 수집하는 활동을 통하여 창의적 사고 역량을, 공기놀이 활동을 통해 협업과 배려 역량, 의사소통 역량을 기를 수 있습니다.

4. 놀이 상담실

놀이는 한 알 집기부터 꺾기까지 순서대로 해야 합니다. 공깃돌을 집을 때는 처음에는 1개씩, 다음에는 2개씩, 다음은 3개 그리고 1개를, 마지막에는 4개를 한꺼번에 집습니다. 순서를 빠뜨릴 경우, 공깃돌을 집다가 다른 돌을 건드릴 경우, 던진 공깃돌을 잡지 못할 경우, 꺾기 할 때 손등에 올린 공깃돌을 다 받지 못할 경우에는 순서가 다음 사람에게 넘어갑니다.

시중에서 판매하는 공깃돌을 이용해도 되지만, 운동장이나 강가에서 직접 수집한 돌을 잘 씻어서 놀이하면 더 좋습니다. 5개의 공깃돌이 어느 정도 손이 익으면 더 많은 공깃돌을 가지고 놀이를 해도 재미있습니다.

오늘날 공기놀이는 놀이 방식은 대체로 비슷하지만, 이름은 지역에 따라 여러 가지로 불립니다. 경상북도에서는 '짜게받기', 경상남도에서는 '살구', 전라남도에서는 '닷짝걸이', 그 밖에 꽁기놀이, 공기줍기, 공기잡기 등으로도 불립니다. 몽골의 공기놀이는 '샤가이'라고 합니다.

5. 이런 놀이도 해볼까요?

손 안의 공깃돌 숫자 맞추기 놀이 상대방 손 안에 있는 공깃돌 숫자를 맞추는 놀이입니다.

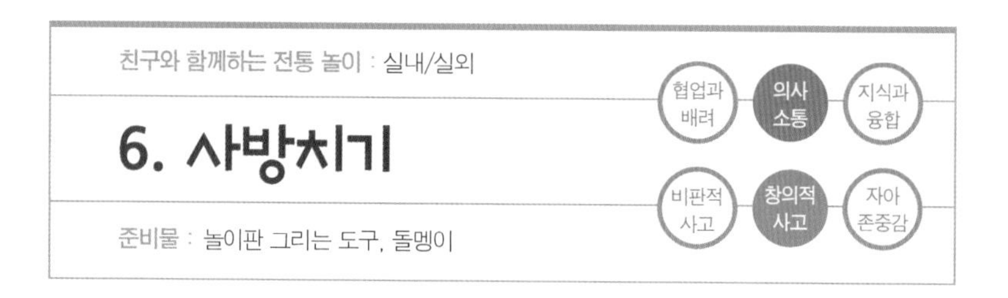

친구와 함께하는 전통 놀이 : 실내/실외

6. 사방치기

준비물 : 놀이판 그리는 도구, 돌멩이

1. 무슨 놀이일까요?

사방치기는 바닥에 놀이판을 그려 친구와 함께 노는 전통 놀이입니다. 준비물과 규칙이 간단해서 누구나 쉽게 어디서든 즐길 수 있습니다.

2. 따라서 해볼까요?

1. 1번 칸에 돌을 던지고 외발로 2번 칸을 지나 7, 8번 칸까지 갔다가 돌아옵니다. 2번 칸에 도착하면 외발로 서서 돌을 주워 나옵니다.

2. 돌은 8번 칸까지 차례로 던진 후 돌아오는 길에 집어옵니다. 이동할 때는 3번과 6번 칸은 외발로, 1~2번, 4~5번, 7~8번 칸은 양발로 디디며 지납니다.

3. 8번 칸까지 성공하면 하늘 칸에 가서 앞으로 혹은 뒤로 돌아 돌을 던집니다. 돌이 떨어진 칸은 자기 땅이 됩니다.

4. 주인은 자기 땅을 지날 때 두 발로 서서 쉬었다 갈 수 있지만, 다른 사람은 그 칸을 밟지 않고 뛰어넘어가야 합니다.

3. 우리 아이! 무엇을 배울 수 있을까요?

원하는 곳에 정확하게 돌을 던지는 활동과 상대의 땅을 밟지 않고 피해 가는 활동을 통하여 균형 감각과 창의적 사고 역량을 기를 수 있습니다. 놀이를 하다 생기는 갈등을 해결하며 의사소통 역량 또한 키울 수 있습니다.

4. 생각을 키우는 대화 Tip

"사방치기를 하려면 어떤 모양의 돌이 좋을까?"
"넓적한 모양의 돌이요."
"맞아. 편평한 모양이 좋겠지?"
"돌이 동그라면 원하는 칸에 잘 안 들어갈 것 같아요. 그렇죠?"
"동그란 모양의 돌은 엉뚱한 곳으로 데굴데굴 굴러갈 수 있어서 놀이를 하기 어려울 수도 있겠다."

5. 놀이 상담실

Q 많은 아이들이 함께 놀이를 하려면 어떻게 해야 할까요?

A 이 놀이는 다양한 응용이 가능합니다. 팀을 짜서 차례를 정해 돌아가면서 해도 되고, 2~3개의 사방치기 칸을 그려 어떤 팀이 가장 빨리 8번 칸까지 갔다 오는지를 겨루어도 됩니다.

6. 이렇게 하면 더 재미있어요

사방치기 놀이를 할 때 실내이거나 주변에 돌멩이가 없으면 우유팩 딱지를 활용하여도 됩니다. 사방치기 놀이판을 그릴 때 숫자 대신에 알파벳을 써넣는다면 자연스럽게 알파벳을 익힐 수 있습니다.

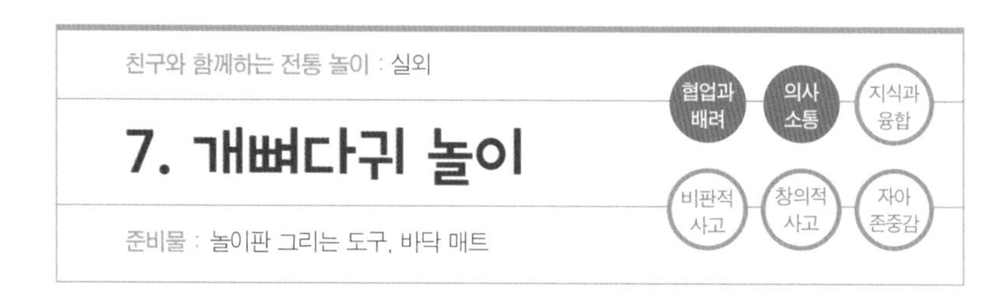

친구와 함께하는 전통 놀이 : 실외

7. 개뼈다귀 놀이

준비물 : 놀이판 그리는 도구, 바닥 매트

1. 무슨 놀이일까요?

어느 곳에서나 쉽게 할 수 있는 놀이로, 바닥에 그린 놀이판의 모양이 개가 좋아하는 뼈다귀처럼 생겨서 '개뼈다귀 놀이'라는 이름이 생겼습니다.

2. 따라서 해볼까요?

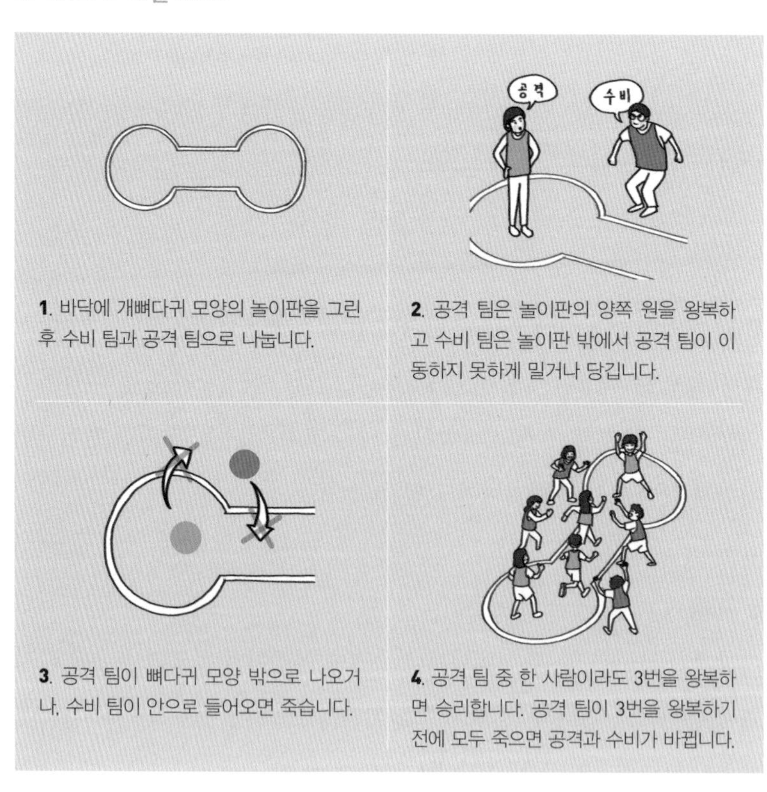

1. 바닥에 개뼈다귀 모양의 놀이판을 그린 후 수비 팀과 공격 팀으로 나눕니다.

2. 공격 팀은 놀이판의 양쪽 원을 왕복하고 수비 팀은 놀이판 밖에서 공격 팀이 이동하지 못하게 밀거나 당깁니다.

3. 공격 팀이 뼈다귀 모양 밖으로 나오거나, 수비 팀이 안으로 들어오면 죽습니다.

4. 공격 팀 중 한 사람이라도 3번을 왕복하면 승리합니다. 공격 팀이 3번을 왕복하기 전에 모두 죽으면 공격과 수비가 바뀝니다.

3. 우리 아이! 무엇을 배울 수 있을까요?

팀별로 이길 수 있는 전략을 세우면서 의사소통 역량을 기를 수 있고, 한 사람만 3번 왕복하면 승리하는 규칙 때문에 놀이를 하는 동안 협업과 배려 역량을 기를 수 있습니다.

4. 생각을 키우는 대화 Tip

"이 게임에서 이기려면 어떤 전략을 세워야 할까?"
"공격 팀 중 한 사람이라도 3번을 왕복하면 이기는 놀이니까 누군가는 수비 팀을 방해하는 역할을 해야 해요."
"그럼 수비 팀은 어떤 전략을 세워야 할까?"
"공격 팀의 전략을 잘 파악해 왕복하는 친구를 찾아 끌어내야 해요. 어쨌든 수비 팀도 협력이 정말 중요한 거 같아요."
"맞아. 이 놀이는 같은 편끼리의 협동이 정말 중요한 놀이야."

5. 놀이 상담실

Q 놀이가 격해지다보면 아이들이 다칠 것 같은데 어떻게 해야 할까요?

A 놀이를 시작하기 전에 아이들과 미리 규칙을 정하는 게 좋습니다. 수비할 때 옷이나 몸을 잡아 심하게 끌어당기는 것은 금지, 꼬집거나 손톱으로 할퀴는 것도 금지라고 규칙을 정합니다. 혹은 상의인 팀조끼를 하의에 넣고 상대편이 팀조끼를 밖으로 빼내면 죽는 것으로 경기규칙을 변형합니다. 그리고 학생들이 넘어져도 다치지 않도록 바닥에 매트를 깔면 더 좋습니다.

6. 이렇게 하면 더 재미있어요

놀이에 참여하는 아이들의 수에 따라 개뼈다귀 모양의 크기를 조정할 수 있습니다. 또 개뼈다귀 모양이 아닌 달팽이, 오징어 모양 등으로 놀이판을 변형하거나 규칙을 다양하게 바꾸어 놀이를 진행할 수도 있습니다.

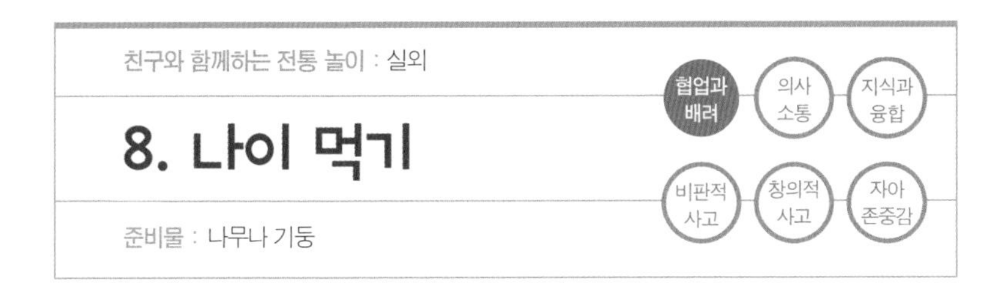

친구와 함께하는 전통 놀이 : 실외

8. 나이 먹기

준비물 : 나무나 기둥

1. 무슨 놀이일까요?

두 편으로 나눈 다음, 진을 정하고 나이가 적은 상대를 쳐서 나이를 먹는 놀이입니다.

2. 따라서 해볼까요?

1. 두 편으로 나누어 진을 정합니다. 진은 나무나 기둥이 좋습니다. 처음 나이는 다섯 살에서 시작합니다.

2. 나이가 많은 사람이 상대편의 나이가 적은 사람을 치면 다섯 살을 먹습니다. 나이가 같을 경우 가위바위보를 합니다.

3. 같은 편끼리는 손을 잡아 나이를 합할 수 있습니다.

4. 자신의 진을 잡고 치면 상대의 나이에 상관없이 다섯 살을 먹습니다. 또 상대의 진을 치면 열 살을 먹습니다.

3. 우리 아이! 무엇을 배울 수 있을까요?

같은 팀 친구들과 승리할 수 있는 전략을 짜고 이를 실행하는 과정을 통해 협업과 배려 역량을 기를 수 있습니다.

4. 생각을 키우는 대화 Tip

"나이 먹기 놀이에서 매번 지니까, 이제 별로 하고 싶지 않아요."
"에이, 포기하면 안 돼. 전략을 잘 짜면 이길 수 있는데…."
"전략이요?"
같은 팀원이 상대편의 시선을 끄는 동안 몰래 움직인 사람이 상대의 진을 치거나, 나이가 적은 사람이 과감히 앞에 나와 미끼 역할을 하는 등 팀의 승리를 위해 함께 전략을 짜고 실행하면 놀이에서 이길 수 있습니다. 또 진을 잡고 수비하는 척하다가 바로 뛰어나가 나이가 적은 상대를 잡는 전략도 가능합니다. 하지만 혼자서 쓸 수 있는 전략은 별로 없기 때문에 같은 팀원들과 전략을 짜고 호흡을 맞추는 것이 중요합니다.

5. 놀이 상담실

Q 놀이 초반 가위바위보의 승자가 한쪽 팀에서 많이 나오면 게임이 그 팀에게 유리해지는데 이럴 때는 어떻게 해야 할까요?

A 가장 간단한 방법은 기본 나이를 열 살로 올리는 것입니다. 가위바위보를 이겨도 열다섯 살이기 때문에 손잡은 열 살 2명에게 잡힐 수 있습니다. 그리고 열다섯 살 2명이 손을 잡아도 상대 열 살 3명에게 닿으면 가위바위보를 해야 합니다.

1. 무슨 놀이일까요?

가을 논밭에 서 있는 허수아비에서 착안해 만든 것으로, 허수아비처럼 서서 다른 사람을 움직이지 못하게 가로막는 놀이입니다.

2. 따라서 해볼까요?

1. 철봉 뒤에 출발선을 그리고, 철봉 앞에는 반원을 그립니다. 가위바위보로 순서를 정합니다.

2. 철봉에 매달려 바닥의 반원을 넘으며 '허'를 외칩니다. 이어서 '수', '아'를 외치며 한 발씩 움직이고 '비'를 외치며 멈춰섭니다.

3. 다음 사람도 같은 방법으로 철봉에서 뛰어 움직입니다. 이때 다른 사람을 건드리면 탈락합니다.

4. 모든 사람이 포즈를 취하면 이번에는 다시 순서대로 '허수아비'를 외치며 몸을 움직여 철봉을 잡고 출발선을 넘습니다.

3. 우리 아이! 무엇을 배울 수 있을까요?

같은 팀 친구들과 협동하는 활동을 통해 협업과 배려 역량을 기를 수 있습니다. 또한 다른 사람을 건드리지 않고 출발점으로 돌아오기 위한 방법을 연구하면서 창의적 사고 역량을 기를 수 있습니다.

4. 놀이 상담실

Q 미세먼지가 많은 날에는 밖에서 놀이를 하기가 어려워요. 실내에서 할 수 있는 방법은 없나요?

A 체육관이라면 바닥에 선을 그어놓고, '허, 수, 아, 비'를 외치며 한 발짝씩 뛰어갔다가 다시 출발선으로 돌아오는 방식으로 간단하게 바꿀 수 있습니다. 그것도 여의치 않다면 바둑돌이나 동전을 활용해보면 어떨까요? '허, 수, 아, 비'를 외치면서 바둑돌을 손가락으로 4번 튕기는 것으로 바꿔서 하면 굉장히 재미있답니다. 다른 바둑돌을 건드리면 안 되기 때문에 집중력을 키울 수 있고, 손가락 힘을 조절하는 법을 터득할 수 있어요.

5. 이렇게 하면 더 재미있어요

아이들은 술래가 있는 놀이를 좋아합니다. 술래를 정해 술래가 5걸음 뛰어 멈춰선 채 손이 닿는 친구를 모두 잡는 것으로 놀이 방법을 바꿉니다. 술래에게 잡힌 친구들끼리 가위바위보를 해서 지는 친구가 다음 술래가 됩니다. 술래가 5걸음을 뛰며 외치는 말도 재미있는 것으로 정해보세요. '모, 두, 잡, 겠, 다' 혹은 '어, 딜, 도, 망, 가'처럼 정하면 놀이의 즐거움이 배가 됩니다.

친구와 함께하는 전통 놀이 : 실외

10. 깡통 차기

준비물 : 빈 깡통

1. 무슨 놀이일까요?

술래를 정하고 술래 몰래 깡통을 차고 다시 숨는 놀이로, 숨바꼭질과 비슷합니다.

2. 따라서 해볼까요?

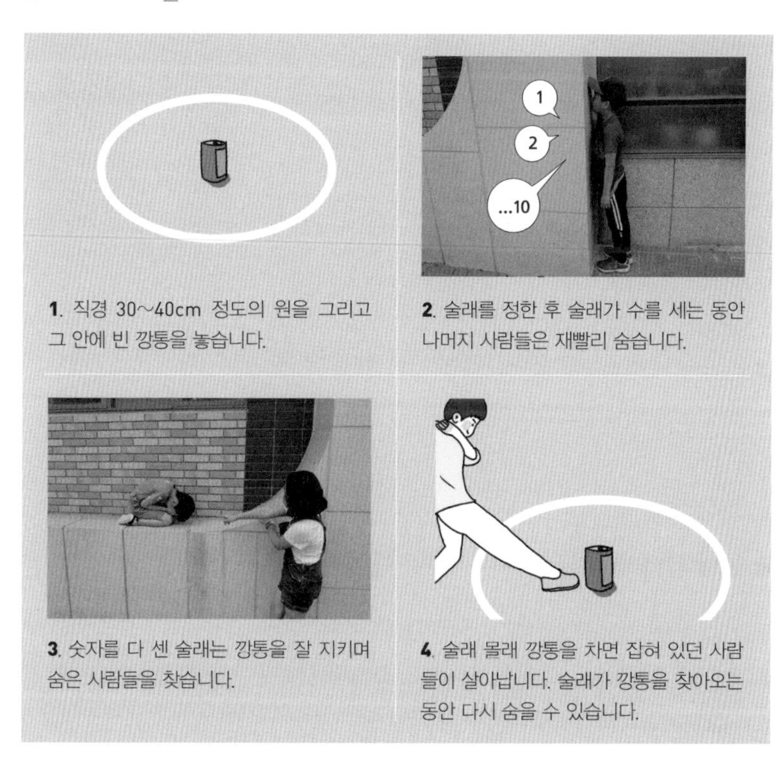

1. 직경 30~40cm 정도의 원을 그리고 그 안에 빈 깡통을 놓습니다.

2. 술래를 정한 후 술래가 수를 세는 동안 나머지 사람들은 재빨리 숨습니다.

3. 숫자를 다 센 술래는 깡통을 잘 지키며 숨은 사람들을 찾습니다.

4. 술래 몰래 깡통을 차면 잡혀 있던 사람들이 살아납니다. 술래가 깡통을 찾아오는 동안 다시 숨을 수 있습니다.

3. 우리 아이! 무엇을 배울 수 있을까요?

술래에게 잡히지 않기 위해 친구들과 협동하는 과정에서 협업과 배려 역량, 의사소통 역량을 기를 수 있습니다. 또 술래에게 잡히지 않고 깡통을 찰 수 있는 방법을 찾으면서 창의적 사고 역량을 기를 수 있습니다.

4. 생각을 키우는 대화 Tip

"깡통 차기를 하고 싶은데, 깡통이 없어요."

"깡통 대신 공으로 하면 안 될까?"

"공이요? 한번 해볼게요."

"깡통 대신 사용할 수 있는 다른 물건도 많은데…."

공을 이용하면 술래가 공을 다시 제자리에 두는 데 시간이 너무 많이 걸립니다. 그러면 술래가 된 친구가 계속 술래를 하게 됩니다. 그렇기 때문에 잘 굴러다니는 공은 깡통 대신으로 적절하지 않습니다. 이렇게 공이 적절하지 않다는 것을 안 아이들은 곧 다른 물건을 찾아낼 것입니다.

집에서 쉽게 구할 수 있고 발로 차도 위험하지 않은 물건이라면 무엇이든 활용해도 됩니다. 우유갑, 음료수 캔, 플라스틱 통, 상자 등도 가능합니다. 단 술래가 물건을 찼다는 것을 알아야 하기 때문에 찼을 때 소리가 나는 물건을 선택하거나 물건 안에 방울을 넣어두어야 합니다.

5. 놀이 상담실

Q 놀이 참가자들이 많아지면 한 번 술래가 된 친구가 계속 술래를 하는 경우가 많습니다. 이럴 때는 어떻게 해야 할까요?

A 놀이에 참가하는 인원이 많다면, 술래를 5명당 1명씩 여러 명으로 정해 놀이를 하면 됩니다.

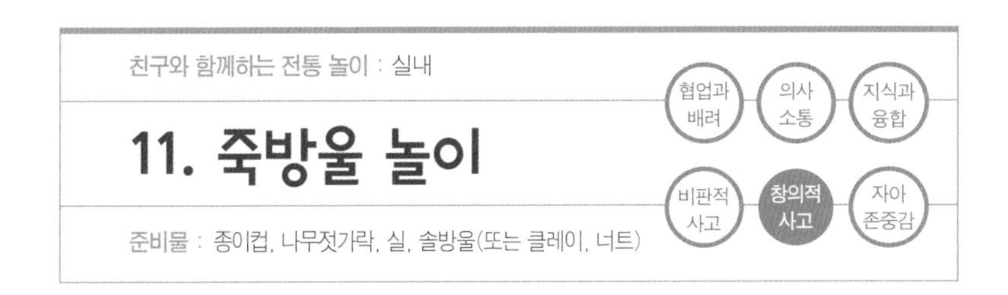

1. 무슨 놀이일까요?

긴 실에 연결된 솔방울을 반동을 이용하여 종이컵 안에 더 많이 넣으면 이기는 놀이입니다.

2. 따라서 해볼까요?

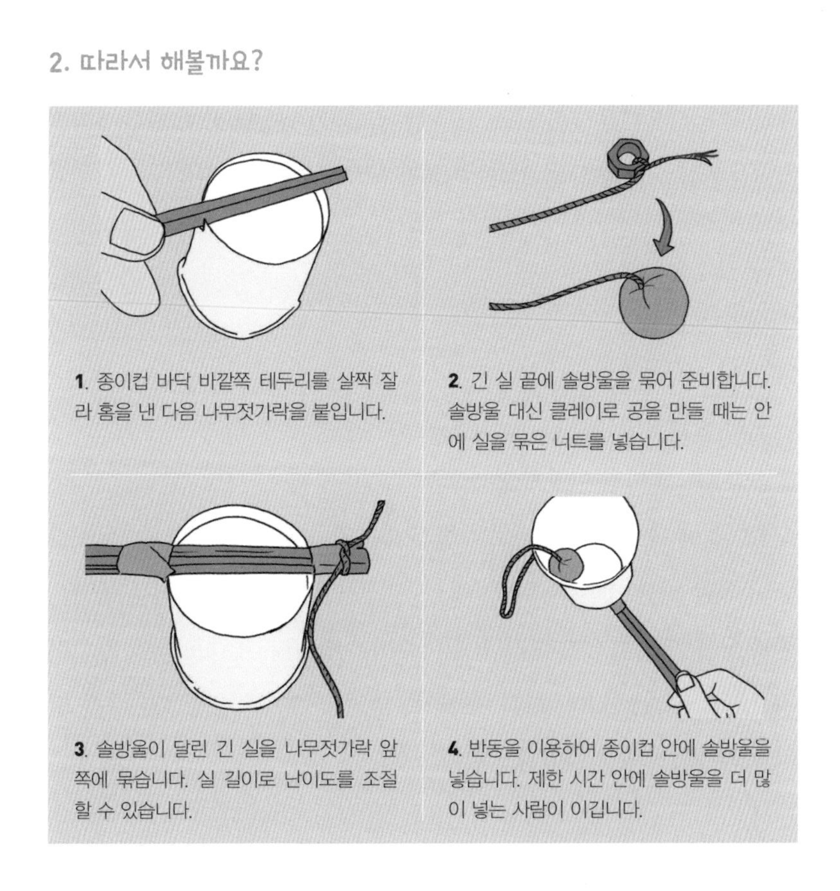

1. 종이컵 바닥 바깥쪽 테두리를 살짝 잘라 홈을 낸 다음 나무젓가락을 붙입니다.

2. 긴 실 끝에 솔방울을 묶어 준비합니다. 솔방울 대신 클레이로 공을 만들 때는 안에 실을 묶은 너트를 넣습니다.

3. 솔방울이 달린 긴 실을 나무젓가락 앞쪽에 묶습니다. 실 길이로 난이도를 조절할 수 있습니다.

4. 반동을 이용하여 종이컵 안에 솔방울을 넣습니다. 제한 시간 안에 솔방울을 더 많이 넣는 사람이 이깁니다.

3. 우리 아이! 무엇을 배울 수 있을까요?

솔방울을 컵 안에 넣는 활동을 통해 몸의 균형과 조절 능력을 키우고, 창의적 사고 역량을 기를 수 있습니다.

4. 생각을 키우는 대화 Tip

"종이컵 안에 솔방울이 잘 안 들어가요."
"좀 더 집중해서 연습하면 잘 되지 않을까?"
"에이~, 연습 말고 다른 방법은 없어요?"
사실 집중해서 여러 번 연습하는 것이 가장 좋은 방법입니다. 하지만 또 다른 방법도 있지요. 놀잇감을 만들 때 실의 길이를 아이에 맞게 조절해주는 것입니다. 실이 너무 짧아도, 또 너무 길어도 넣기 힘듭니다. 다 만든 후라도 아이가 넣는 것을 많이 어려워하면 실의 길이를 조절해주세요. 그래도 어렵다고 투덜댄다면? 또 다른 방법이 있습니다. 종이컵보다 폭이 넓은 용기로 바꿔 붙여주세요. 국이나 밥을 담는 종이 용기 정도면 어린아이도 잘 넣을 수 있답니다.

5. 놀이 상담실

Q 솔방울이 없다면 어떻게 할까요?

A 종이컵에 쏙 들어가는 가벼운 물건이면 됩니다. 쉽게 구할 수 있는 것 중 추천할 만한 것은 지우개인데, 지우개처럼 표면이 매끄러운 물건은 실로 묶을 때 꼼꼼하게 여러 번 감아주어야 합니다. 제대로 묶지 않으면 자주 빠질 수 있습니다. 사실 이 놀이는 장구 모양으로 만든 대나무를 던지고 받아서 죽방울 놀이라고 합니다.

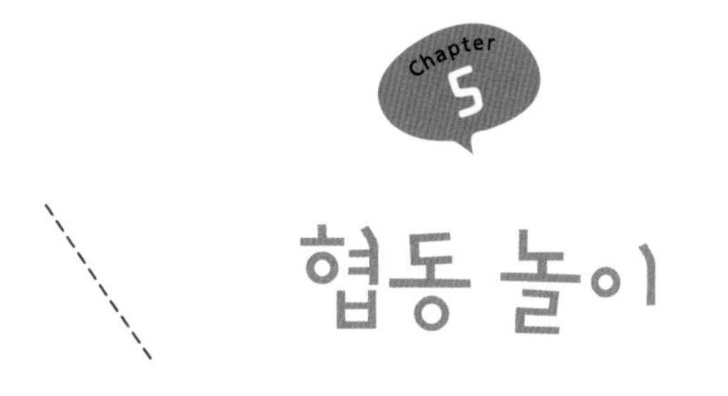

협동 놀이

요즘은 놀이터에서 친구들과 함께 뛰어노는 아이들을 만나기가 참 어렵습니다. 가끔 보이는 아이들도 반가운 마음에 가까이 가보면 손에 핸드폰을 쥐고 게임을 하거나 메시지를 주고받고 있습니다. 친구와 같이 있으면서 대화도 나누지 않고 각자 핸드폰에만 집중하는 모습을 보면 너무나 안타까운 마음입니다. 이대로라면 아이들이 바른 인성과 사회성을 갖추지 못할 가능성이 큽니다. 그래서 떠올린 것이 바로 협동 놀이입니다.

협동 놀이, 왜 필요할까요?

모든 부모는 우리 아이가 배려나 존중 등 올바른 인성을 갖춘 어른으로 성장하기를 바랍니다. 그와 더불어 사회가 복잡해지면서 혼자서 모든 문제를 해결하기란 거의 불가능합니다. 그 결과 여러 사람이 문제 해결을 위해 서로 배려하고 협력하는 데 필요한 사회성 역시 더욱더 중요해졌습니다.

협동 놀이는 아이들이 바른 인성과 사회성을 기를 수 있는 꼭 필요한 교육적 경험입니다. 협동 놀이를 하면서 같은 팀 친구들과 전략을 짜는 과정을 통해 다른 사람의 이야기를 경청하는 자세를 갖추고 갈등을 해결하는 법도 익힙니다. 또한 개인주의에서 벗어나 같은 팀 친구와 협력하고 다른 팀 친구와는 선의의 경쟁을 합니다. 이렇게 아이들은 바른 인성과 사회성을 갖추어갑니다.

친구와 함께하는 '협동 놀이'를 소개합니다

협동 놀이란 여러 친구 혹은 가족과 함께하는 놀이를 말합니다. 여기에서는 종이 활용 실내 놀이, 이어달리기 놀이, 팀 대항 놀이, 자투리 시간 활용 놀이 등을 소개했습니다.

종이 활용 실내 놀이로는 도형 만들기 놀이와 숫자 빨리 찾기 놀이, 그림 짝을 맞춰라 등이 있습니다. 그리고 이어달리기 놀이는 A4 이어달리기, 빙고 이어달리기, 공 이어달리기 등이 있습니다. 팀 대항 놀이에는 부채 피구, 8자 놀이 등 친구들과 팀을 만들어 하는 놀이가 있습니다. 끝으로 자투리 시간 활용 놀이는 놀이 시간이 길지 않고 규칙이 간단한 놀이입니다. 훈민정음 놀이, 바보 놀이, ABCD 놀이, 과일 놀이, 업 앤 다운과 같은 놀이들이지요.

협동 놀이로 우리 아이들이 많은 친구들과 함께 신나고 재밌는 시간을 보내기를, 더불어 인성과 사회성을 기를 수 있기를 바랍니다.

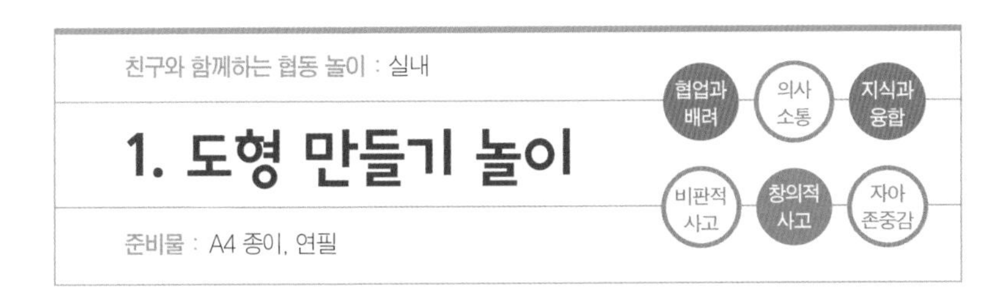

친구와 함께하는 협동 놀이 : 실내

1. 도형 만들기 놀이

준비물 : A4 종이, 연필

1. 무슨 놀이일까요?

종이와 연필만 있으면 어디서든 쉽게 할 수 있는 놀이로 종이에 점을 찍고 번갈아가며 선을 이어 삼각형, 사각형을 만드는 놀이입니다.

2. 따라서 해볼까요?

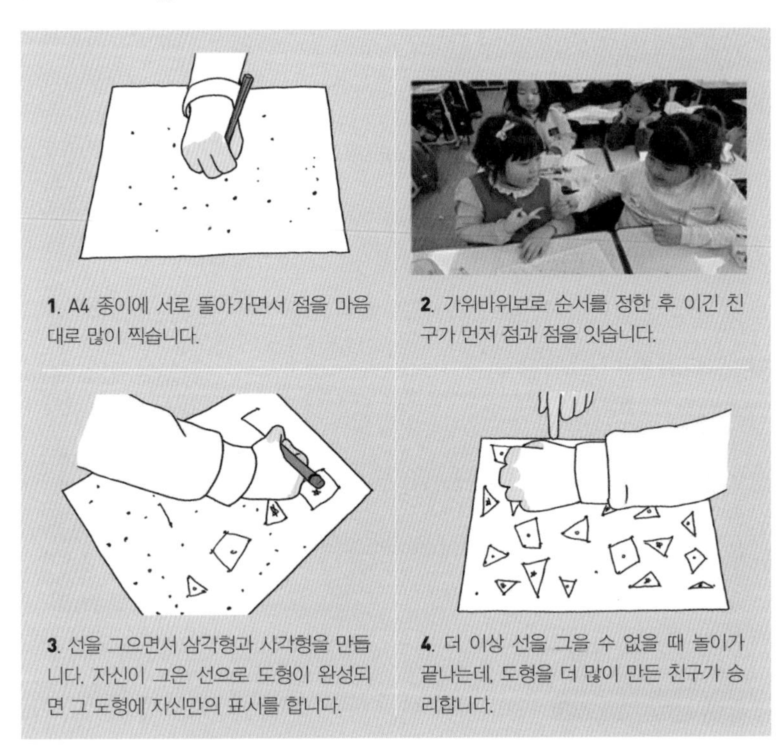

1. A4 종이에 서로 돌아가면서 점을 마음대로 많이 찍습니다.

2. 가위바위보로 순서를 정한 후 이긴 친구가 먼저 점과 점을 잇습니다.

3. 선을 그으면서 삼각형과 사각형을 만듭니다. 자신이 그은 선으로 도형이 완성되면 그 도형에 자신만의 표시를 합니다.

4. 더 이상 선을 그을 수 없을 때 놀이가 끝나는데, 도형을 더 많이 만든 친구가 승리합니다.

3. 우리 아이! 무엇을 배울 수 있을까요?

점을 연결해 도형을 만드는 활동을 하면서 창의적 사고와 지식과 융합 역량을 기를 수 있습니다. 친구와 번갈아 선을 그어 도형을 만들면서 협업과 배려 역량도 기를 수 있습니다.

4. 생각을 키우는 대화 Tip

"세모, 네모 모양은 무엇으로 이루어져 있을까?"

"선과 점으로요. 점들을 선으로 연결하면 여러 가지 모양을 만들 수 있어요."

"선과 점으로 이루어진 도형들 중에 점 3개, 선 3개로 만들어진 것은 삼각형, 점 4개, 선 4개로 만들어진 것은 사각형이란다. 그럼, 점 5개와 선 5개로 이루어진 도형은 무엇일까?"

"오각형!"

"맞아! 하나 더 물어볼까? 육각형의 점과 선의 개수는 몇 개일까?"

5. 놀이 상담실

도형 만들기 놀이를 할 때 점과 점을 잇는 선은 반드시 직선이어야 합니다. 그리고 이미 그어진 선을 가로지르는 선은 그을 수 없습니다. 도형 안에 있는 점도 선으로 연결할 수 없습니다.

놀이를 하면서 도형을 구성하는 점, 선, 면에 대해 서로 이야기를 나누어 보는 것은 어떨까요?

6. 이런 놀이도 해볼까요?

여러 가지 도형 만들기 놀이 시작 전에 다른 도형을 그리기로 정할 수 있습니다. 오각형, 육각형 만들기 놀이도 할 수 있다는 말입니다.

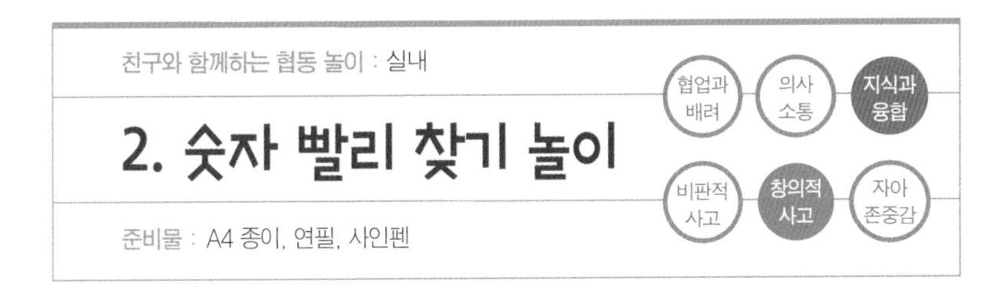

1. 무슨 놀이일까요?

1에서 100까지 숫자를 종이 이곳저곳에 흩어지게 쓴 후 순서대로 빨리 찾는 놀이입니다.

2. 따라서 해볼까요?

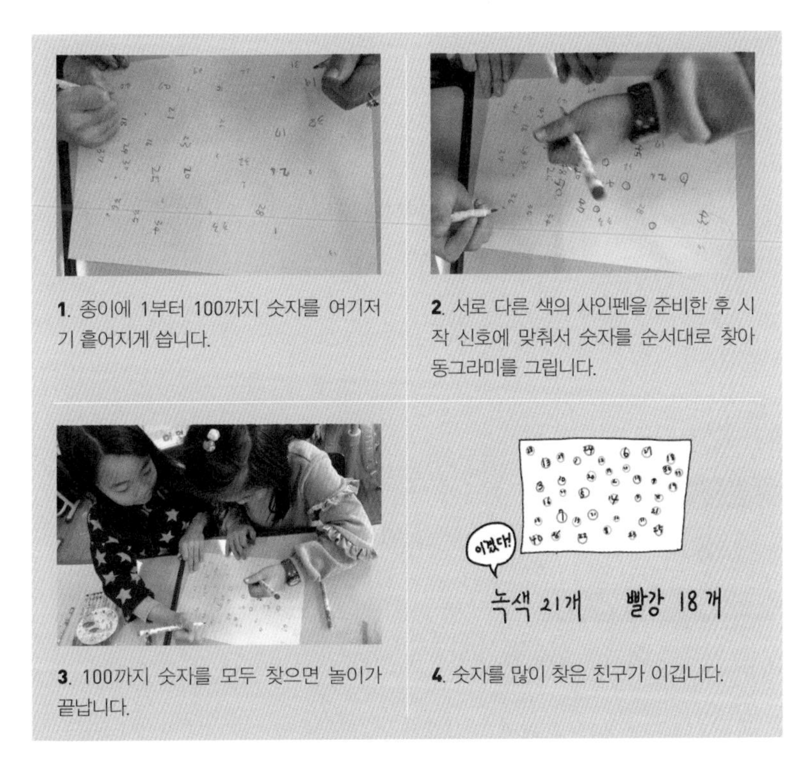

1. 종이에 1부터 100까지 숫자를 여기저기 흩어지게 씁니다.

2. 서로 다른 색의 사인펜을 준비한 후 시작 신호에 맞춰서 숫자를 순서대로 찾아 동그라미를 그립니다.

3. 100까지 숫자를 모두 찾으면 놀이가 끝납니다.

4. 숫자를 많이 찾은 친구가 이깁니다.

3. 우리 아이! 무엇을 배울 수 있을까요?

숫자를 찾는 활동을 통하여 창의적 사고 역량을 기를 수 있고, 학생들이 가지고 있는 수 개념을 바탕으로 한 놀이를 통해 지식과 융합 역량을 기를 수 있었습니다.

4. 생각을 키우는 대화 Tip

"각자 찾은 숫자를 한번 적어볼까?"
"저는 1, 3, 7, 8, 10, 14. 이런 숫자들을 찾았어요."
"찾은 숫자들에 어떤 규칙이 있을까? 한번 찾아보렴."
"1, 3, 7은 홀수고, 8, 10, 14는 짝수예요"
"또 다른 규칙은 없니?"

5. 놀이 상담실

A4 종이에 자신이 숫자를 써서 놀이를 해도 되고, 친구랑 서로 숫자를 번갈아 쓴 후에 놀이해도 좋습니다. 꼭 100까지 써야 하는 것은 아니니 30, 50 등 자유롭게 정해서 놀아보세요.

6. 이런 놀이도 해볼까요?

큰 숫자 만들기 놀이 찾은 숫자를 모두 더해서 가장 큰 숫자를 만드는 친구가 이기는 놀이입니다.

짝수, 홀수 많이 찾기 놀이 짝수, 홀수 중 어떤 것을 찾을지 정한 후에 많이 찾은 친구가 이기는 놀이입니다.

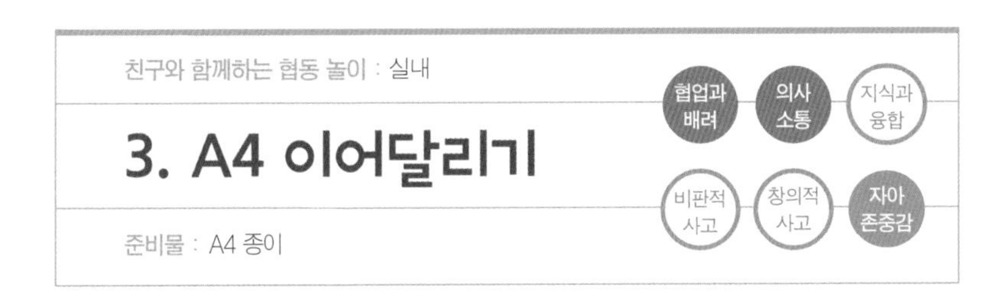

친구와 함께하는 협동 놀이 : 실내

3. A4 이어달리기

준비물 : A4 종이

1. 무슨 놀이일까요?

강당에서 A4 종이를 배턴으로 이어달리기를 하는 놀이입니다. 교실 등 좁은 실내에서는 화장지나 신문지를 이용해서 할 수 있습니다.

2. 따라서 해볼까요?

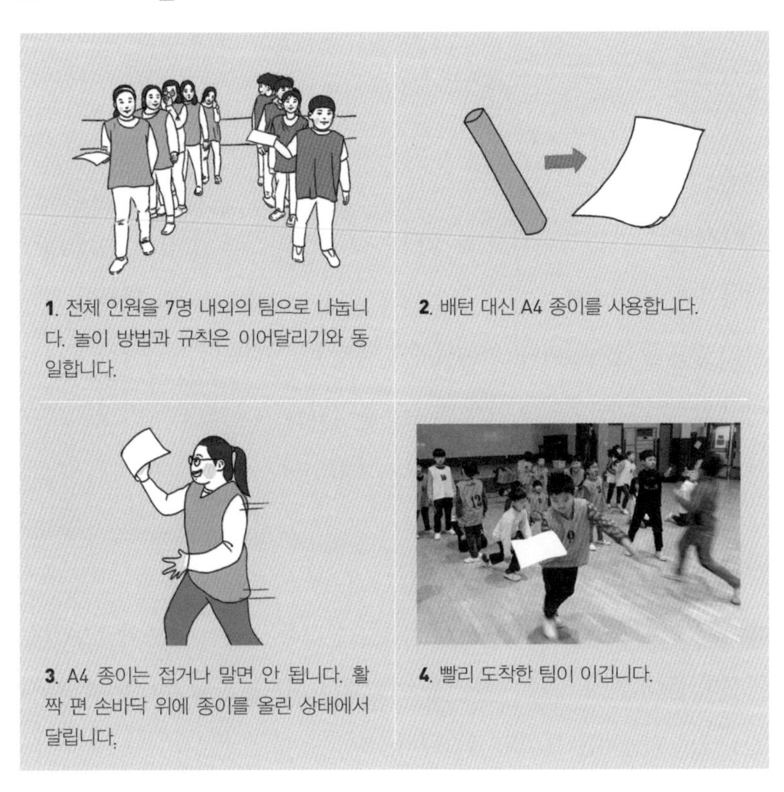

1. 전체 인원을 7명 내외의 팀으로 나눕니다. 놀이 방법과 규칙은 이어달리기와 동일합니다.

2. 배턴 대신 A4 종이를 사용합니다.

3. A4 종이는 접거나 말면 안 됩니다. 활짝 편 손바닥 위에 종이를 올린 상태에서 달립니다.

4. 빨리 도착한 팀이 이깁니다.

3. 우리 아이! 무엇을 배울 수 있을까요?

이어달리기 활동을 통하여 협업과 배려, 의사소통 역량을 기르고, 조금 늦더라고 끝까지 이어달리기를 마치는 과정을 통하여 자아존중감을 기를 수 있습니다.

4. 생각을 키우는 대화 Tip

"아빠, 나는 달리기를 잘 못해서 친구들과 이어달리기 할 때 너무 떨려요."

"이어달리기는 친구와의 협동이 중요한 운동이야. 알고 있지?"

"네, 우리 팀 친구들이 더 잘 달릴 수 있게 응원도 하고, 제 차례에 실수하지 않도록 열심히 해야겠어요."

5. 놀이 상담실

A4 이어달리기는 손바닥을 편 상태로 하는 것이 중요합니다. A4 종이가 떨어지면 그 자리에서 다시 출발해야 합니다. 운동 능력과 더불어 집중력이 중요한 놀이입니다. 아이들에게 빨리 하는 것보다는 정확하게 하는 것이 중요하다는 생각을 하게 만드는 놀이입니다. 모둠별로 아이들 스스로 순서를 정하도록 기회를 주는 것도 좋습니다.

6. 이런 놀이도 해볼까요?

물건 이어보기 놀이 모둠별로 소지품을 연결하는 놀이도 재미있습니다. 자신의 몸에 가지고 있는 물건을 이용해서 도착점까지 이어본 후 다시 원상태로 되돌리는 놀이도 있습니다.

친구와 함께하는 협동 놀이 : 실내

4. 부채 피구

협업과 배려 / 의사소통 / 지식과 융합 / 비판적 사고 / 창의적 사고 / 자아존중감

준비물 : 책상, 풍선, 부채

1. 무슨 놀이일까요?

아이들이 가장 좋아하는 놀이는 '피구'입니다. 교실에서 책상과 부채를 이용해 재미난 피구 경기를 할 수 있습니다.

2. 따라서 해볼까요?

1. 여러 개의 책상을 붙여 사각형의 공간을 만듭니다. 그 위에 대각선으로 테이프를 붙여 진영을 나눕니다.

2. 진행자는 '시작' 구호와 함께 책상 중앙에서 풍선을 높이 던집니다.

3. 각 팀은 상대 진영에 풍선이 떨어지도록 열심히 부채질을 합니다.

4. 2분 뒤 진행자가 '그만'을 외치면 모두 부채질을 멈춥니다. 이때 풍선이 떨어진 쪽의 팀이 지는 겁니다.

3. 우리 아이! 무엇을 배울 수 있을까요?

팀원들과 함께 놀이를 하면서 협업과 배려 역량을 기를 수 있고, 신체 활동 과정에서 자기 몸을 통제하는 경험을 하면서 자아존중감을 기를 수 있습니다.

4. 생각을 키우는 대화 Tip

"아이들이 좋아하는 피구를 교실에서 하고 싶어요. 방법이 없을까요?"
"부채 피구를 해보세요. 2~4명만 있으면 충분히 재미난 부채 피구 놀이를 할 수 있습니다."
"부채가 없으면 어떻게 해야 하나요?"
"부채 대신 손 부채나 입으로 바람을 불어 놀이를 할 수 있어요."

5. 이런 놀이도 해볼까요?

화장지 피구 놀이 풍선 대신 화장지를 이용해도 재미있는 피구 놀이를 할 수 있습니다.

다양한 풍선 놀이 단순히 풍선을 오랫동안 공중에 떠 있도록 하는 놀이도 재미있습니다. 팀을 나눠서 풍선 배구나 풍선 멀리 던지기도 할 수 있습니다. 이외에도 풍선 전달하기 놀이, 풍선 크게 불기 놀이, 풍선 빨리 불고 터트리기 놀이 등 다양한 풍선 놀이가 있습니다.

풍선 불어 날리기 놀이 풍선을 크게 붑니다. 불어진 풍선의 끝을 손가락으로 잡았다 놓으며 날립니다. 풍선을 가장 멀리 날린 친구가 이기는 놀이입니다.

친구와 함께하는 협동 놀이 : 실외

5. 빙고 이어달리기

준비물 : 뒤집기 판

1. 무슨 놀이일까요?

강당에서 뒤집기 판을 이용해 팀별로 빙고 판을 만들고, 이어달리기를 통해 빙고를 완성하는 팀이 승리하는 놀이입니다.

2. 따라서 해볼까요?

1. 각 팀별로 뒤집기 판으로 빙고 판을 만듭니다.

2. 우리 팀의 빙고 판을 뒤집어 빙고를 만듭니다.

3. 다른 팀의 빙고 판을 뒤집어서 우리 팀의 빙고가 더 많도록 만듭니다.

4. 마지막에 빙고 개수를 확인합니다.

3. 우리 아이! 무엇을 배울 수 있을까요?

팀별로 빙고 판을 만드는 과정에서 지식과 융합 역량을, 끈기 있는 신체 활동 과정에서 자아존중감과 의사소통 역량을 기를 수 있습니다.

4. 생각을 키우는 대화 Tip

"빙고 놀이를 강당에서 할 수 없을까요?"

"친구들과 함께 팀을 정해서 빙고 판 만들기 놀이를 할 수 있습니다."

"빙고 놀이를 더 재밌게 할 수 있는 방법은 무엇일까요?"

"우리 팀이 만들 빙고 판을 다른 팀 친구들도 뒤집을 수 있게 하면 더 재밌을 것 같아요."

5. 놀이 상담실

단순히 빨리 이어달리기를 끝내는 것이 중요한 것이 아니라 팀원들과 서로 의사소통을 하면서 더 많은 빙고를 만드는 것이 핵심입니다. 팀별로 작전 회의 시간을 주어 서로 논의해서 전략을 세우도록 하면 좋습니다. 이때 빙고 판에서 가장 중요한 위치가 어디인지도 생각해보세요. 그리고 전략대로 서로 힘을 모아야 놀이에서 이길 수 있음을 기억하세요.

6. 이런 놀이도 해볼까요?

세 칸 오목 이어달리기 빙고 이어달리기 후에 할 수 있는 놀이입니다. 팀별로 여러 빙고 판을 만들어서 서로 뒤집기를 하면 더욱 재미있습니다. 빙고 판에서 빙고 개수를 파악하면서 곱셈구구 연습도 할 수 있습니다.

친구와 함께하는 협동 놀이 : 실외

6. 공 이어달리기

준비물 : 배구공 또는 피구공

1. 무슨 놀이일까요?

"공으로 하는 놀이를 하고 싶은데, 야구나 축구는 너무 어려워요." 이런 친구들을 위한 팀별로 공을 빨리 전달하는 단순한 규칙의 놀이가 바로 공 이어달리기입니다.

2. 따라서 해볼까요?

1. 팀별로 줄을 선 후 맨 앞 친구부터 배구공을 머리 위로 뒤 친구에게 보냅니다.

2. 공을 받은 마지막 친구는 앞으로 달려와 이번에는 공을 다리 사이로 보냅니다.

3. 맨 앞에 섰던 친구가 제일 뒤 친구가 될 때까지 공 이어달리기를 계속합니다.

4. 처음에 맨 앞에 섰던 친구가 마지막으로 공을 받으면 리더에게 전달합니다. 가장 먼저 공을 전달한 팀이 승리합니다.

3. 우리 아이! 무엇을 배울 수 있을까요?

팀별로 공을 전달하는 과정에서 협업과 배려, 의사소통 역량을 기르고, 끈기 있는 신체 활동을 통하여 자아존중감을 기를 수 있습니다. 더불어 공 운동의 기초 기능을 기르고 순발력과 협동심도 기를 수 있습니다.

4. 놀이 상담실

친구들과 협동심을 키울 수 있는 놀이입니다. 팀별로 사전에 어떻게 줄을 설 것인지 계획을 세우면 좋습니다. 키 큰 친구를 어느 위치에 세워야 하는지, 작은 친구가 앞 혹은 뒤에 있으면 어떤 점이 유리한지를 생각해서 팀별로 작전을 세워보세요. 한 판이 끝난 후에 작전을 변경해도 좋습니다. 만약 공을 떨어뜨리면 처음부터 다시 시작하도록 새로운 규칙을 정해도 됩니다.

5. 이런 놀이도 해볼까요?

풍선 이어달리기 공이 아닌 풍선을 이용해도 재미있는 놀이가 될 수 있습니다. 풍선을 이용해서 이어달리기를 한 후에, 마지막 놀이에 마지막으로 공을 받은 친구가 풍선을 터트리는 것도 재미있겠지요?

콘 돌아오기 놀이 목표점을 돌아오는 놀이도 할 수 있습니다. 각 팀별로 목표점이 되는 곳에 콘을 두고 이것을 돌아오는 놀이입니다. 공 이어달리기를 할 때 공을 넘긴 친구는 바로 맨 뒤로 이동합니다. 나머지 친구들도 공을 넘긴 후에 맨 뒤로 이동하고, 마지막 친구가 콘을 돌아서 맨 처음 친구에게 공을 넘기면 놀이는 끝납니다.

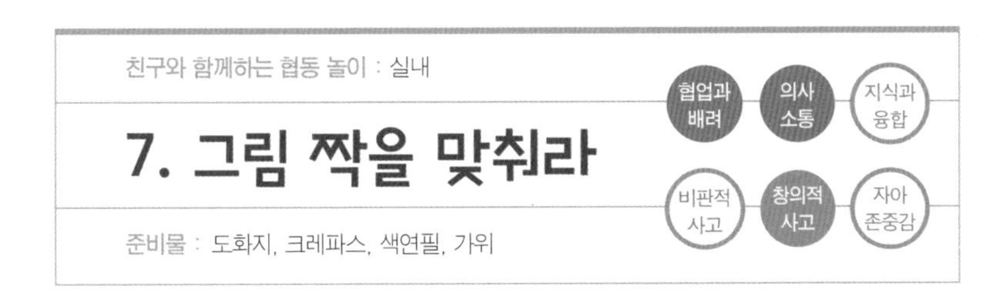

친구와 함께하는 협동 놀이 : 실내

7. 그림 짝을 맞춰라

준비물 : 도화지, 크레파스, 색연필, 가위

1. 무슨 놀이일까요?

놀이에 참여하는 학생 숫자에 맞춰서 그림을 오려서 나눠주고 짝을 찾아 그림을 완성하는 놀이입니다.

2. 따라서 해볼까요?

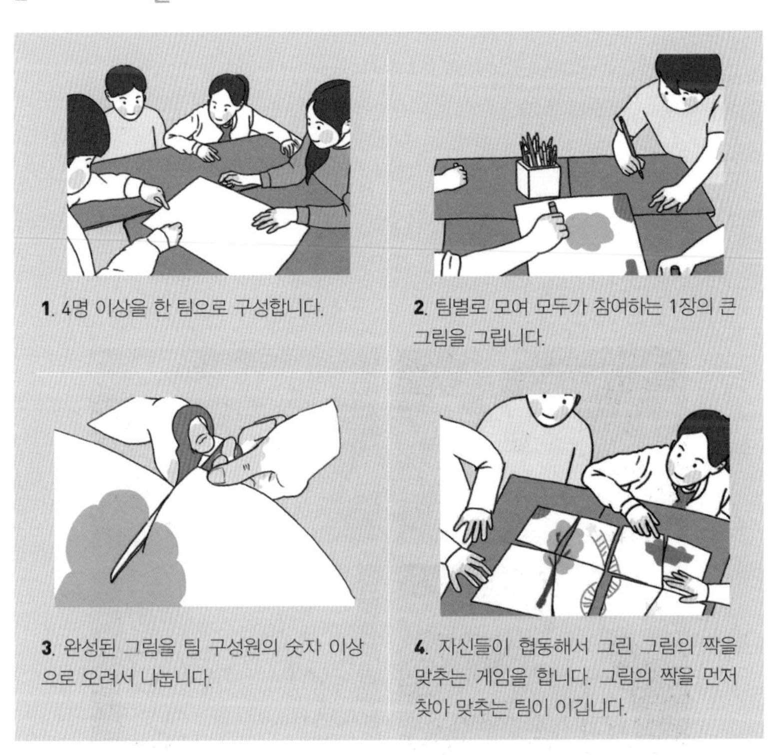

1. 4명 이상을 한 팀으로 구성합니다.

2. 팀별로 모여 모두가 참여하는 1장의 큰 그림을 그립니다.

3. 완성된 그림을 팀 구성원의 숫자 이상으로 오려서 나눕니다.

4. 자신들이 협동해서 그린 그림의 짝을 맞추는 게임을 합니다. 그림의 짝을 먼저 찾아 맞추는 팀이 이깁니다.

3. 우리 아이! 무엇을 배울 수 있을까요?

팀별로 협동화를 그리는 활동을 통하여 협업과 배려, 의사소통 역량을 기를 수 있고, 그림의 짝을 찾고 맞추는 과정에서 창의적 사고 역량을 키울 수 있습니다.

4. 생각을 키우는 대화 Tip

“가족 협동화를 그려야 하는데 무슨 주제로 하면 좋을까?”

“중국으로 여행 갔을 때 사진으로 콜라주로 만들면 좋을 것 같아요”

“좋은 생각인데? 좀더 구체적으로 얘기해줄래?”

“눈은 엄마, 입은 아빠, 코는 내 코, 귀는 누나로 하면 어때요?”

5. 이런 놀이도 해볼까요?

팀별로 서로의 그림을 바꿔서 그림의 짝을 찾는 놀이를 해도 좋습니다. 학기말에 교과서나 학기 중에 만들었던 미술 작품을 잘라서 퍼즐 맞추기를 하면 어떨까요?

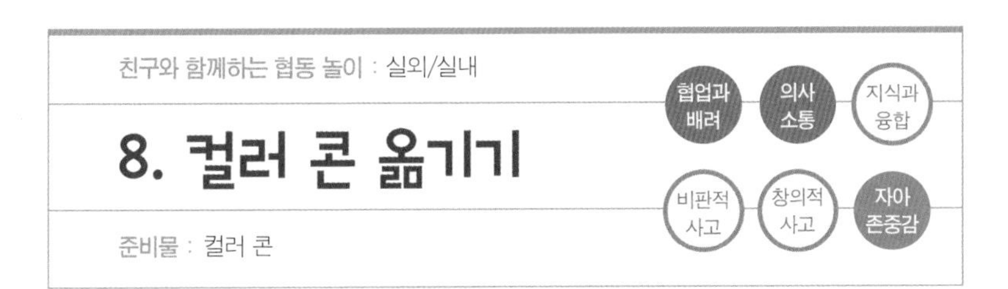

친구와 함께하는 협동 놀이 : 실외/실내

8. 컬러 콘 옮기기

준비물 : 컬러 콘

1. 무슨 놀이일까요?

두 팀으로 나누어 줄을 맞춰 마주보고 앉아 진행자의 신호에 따라 발을 이용해서 컬러 콘을 옮기는 놀이입니다.

2. 따라서 해볼까요?

1. 두 팀으로 나누어 줄을 맞춰 마주보고 앉습니다.

2. 진행자가 '시작!' 하면 컬러 콘을 두 발로 들어 올립니다.

3. 옆 친구에게 컬러 콘을 넘기면 그 친구도 발로 받습니다.

4. 마지막 친구가 마지막 컬러 콘까지 받아 내려놓으면 이깁니다.

3. 우리 아이! 무엇을 배울 수 있을까요?

팀원들과 협동하는 과정에서 협업과 배려, 의사소통 역량을, 집중하여 끈기 있게 신체 활동을 하면서 자아존중감을 기를 수 있습니다.

4. 놀이 상담실

활동이 힘든 친구가 있다면 심판을 하면 됩니다. 심판은 중간에 컬러 콘이 떨어지면 첫 번째 친구에게 가져다줍니다. 이 놀이는 근력과 근지구력 향상에 좋습니다.

발을 이용해서 컬러 콘을 옮기는 방법은 다양합니다. 따라서 아이들이 서로 전략을 협의할 시간이 필요합니다. 컬러 콘, 접시 콘 등은 실내 놀이 활동에서 많이 사용되는 도구입니다. 컬러 콘 중에는 숫자가 쓰여 있는 숫자 컬러 콘도 있습니다.

5. 이런 놀이도 해볼까요?

실내화 옮기기 놀이 컬러 콘이 없으면 실내화나 신발을 옮겨도 됩니다. 실내에서도 다양한 물건, 예를 들어 우유갑, 풍선, 손수건으로 옮기기 놀이를 할 수 있습니다.

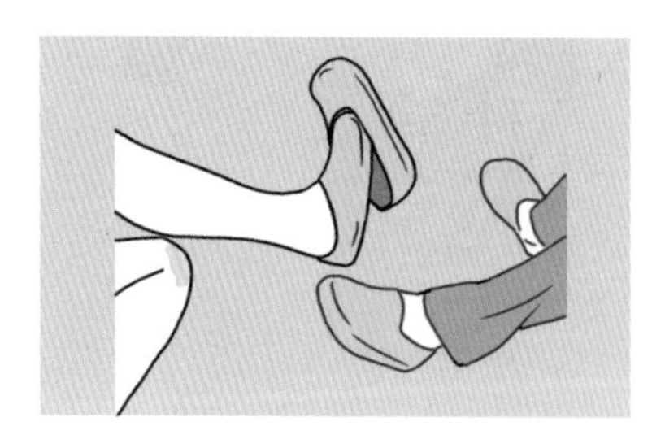

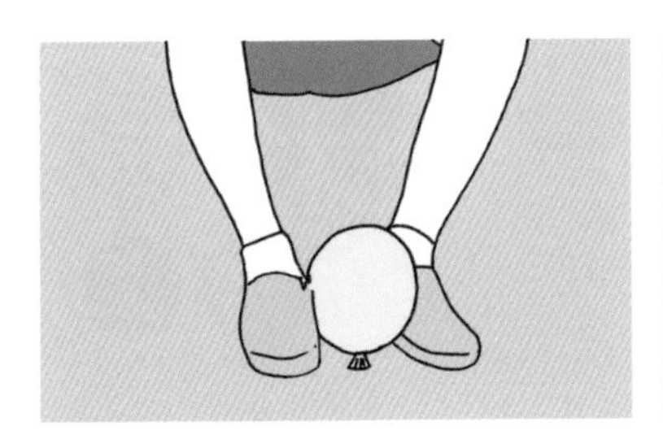

숫자 컬러 콘 놀이 주사위와 숫자 컬러 콘을 이용한 이어달리기입니다. 먼저 주사위를 던져 주사위 눈의 수를 확인한 후 같은 숫자의 컬러 콘을 돌아오는 놀이입니다.

친구와 함께하는 협동 놀이 : 실외

9. 8자 놀이

준비물 : 8자 그리는 도구(테이프 등)

1. 무슨 놀이일까요?

8자 놀이는 8자 모양의 그림을 바닥에 그리고 그 선 안에서 술래가 도망가는 친구를 잡는 놀이입니다.

2. 따라서 해볼까요?

1. 운동장이나 놀이터에 8자 모양의 그림을 그립니다.

2. 친구들끼리 술래를 정할 방법을 상의해 술래를 뽑습니다.

3. 술래는 "무궁화 꽃이 피었습니다!"를 3번 정도 외쳐 자신이 술래임을 알린 후에 다른 친구를 잡기 시작합니다.

4. 술래에게 잡히거나 금을 밟거나 금 밖으로 발이 나가면 술래가 됩니다.

3. 우리 아이! 무엇을 배울 수 있을까요?

8자 놀이 과정에서 협업과 배려, 의사소통 역량을 기르고, 끈기 있는 신체 활동을 하면서 자아존중감을 기를 수 있습니다.

4. 놀이 상담실

모든 친구는 8자 그림 안에서만 돌아다녀야 합니다. 술래는 8자 그림의 끊어진 부분을 뛰어서 건널 수 없지만 다른 친구들은 건널 수 있습니다. 8자가 너무 작으면 곡선 부분에서 달리다가 넘어지기 쉬우므로 곡선 부분이 완만해지도록 크게 그려주세요.

5. 이런 놀이도 해볼까요?

쌍 8자 놀이 8자 모양을 2개 그려서 쌍 8자 놀이를 할 수도 있습니다. 놀이가 시작되면 술래는 8자가 끊어진 한쪽 끝에서 "무궁화 꽃이 피었습니다!"를 2~3번 외치고 친구들을 잡기 시작합니다. 술래는 길만 따라다니면서 친구들을 잡아야 하고, 술래가 아닌 친구들은 8자의 끊어진 부분을 마음대로 뛰어서 건널 수 있습니다.

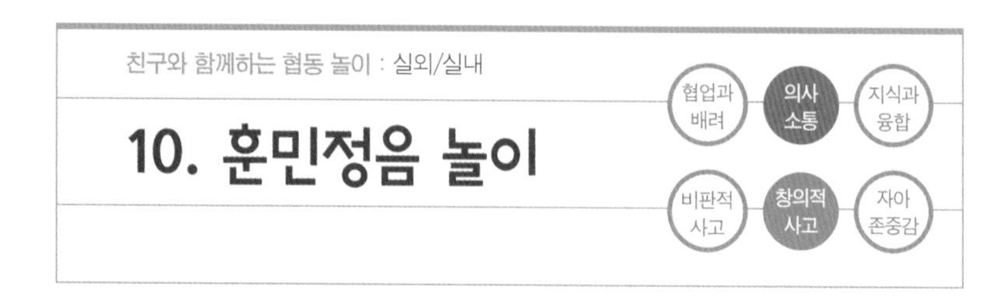

친구와 함께하는 협동 놀이 : 실외/실내

10. 훈민정음 놀이

1. 무슨 놀이일까요?

술래가 제시하는 초성에 해당하는 단어를 재빨리 말하는 놀이입니다.

2. 따라서 해볼까요?

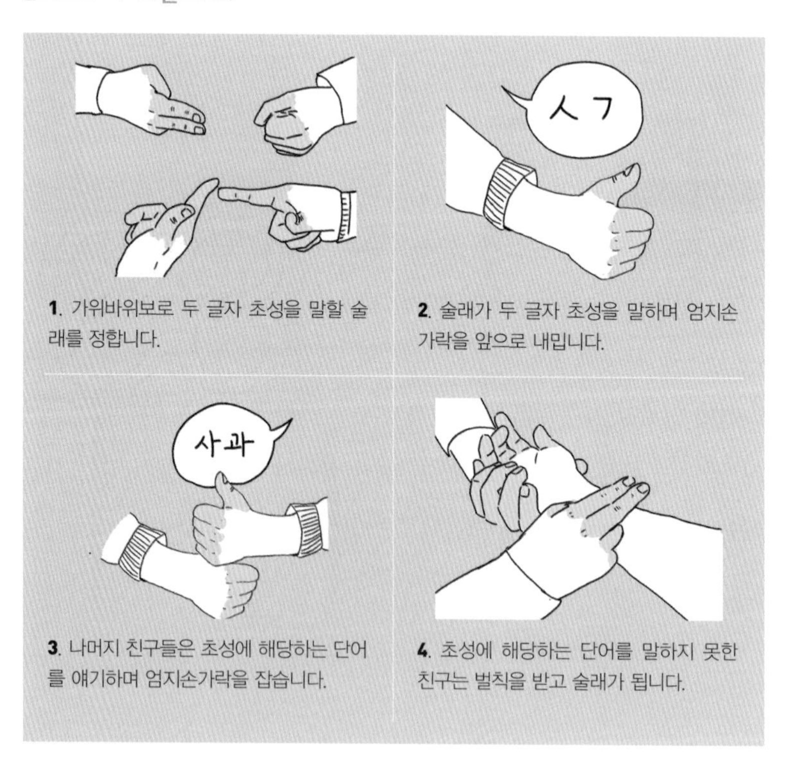

1. 가위바위보로 두 글자 초성을 말할 술래를 정합니다.

2. 술래가 두 글자 초성을 말하며 엄지손가락을 앞으로 내밉니다.

3. 나머지 친구들은 초성에 해당하는 단어를 얘기하며 엄지손가락을 잡습니다.

4. 초성에 해당하는 단어를 말하지 못한 친구는 벌칙을 받고 술래가 됩니다.

3. 우리 아이! 무엇을 배울 수 있을까요?

두 글자 초성에 해당하는 다양한 단어를 찾는 활동을 통해 의사소통 역량과 창의적 사고 역량을 키울 수 있습니다.

4. 생각을 키우는 대화 Tip

"훈민정음 놀이를 잘하고 싶어요!"

"평소에 책을 많이 읽어 낱말을 많이 알면 놀이를 할 때 유리하단다."

아이와 함께 책을 읽은 후 엄마가 책에 나온 낱말을 초성 퀴즈로 내는 활동을 하면 더 좋습니다. 예를 들어 『백설 공주』를 읽고, 아이에게 "오늘 읽은 책에 나온 낱말인데 초성이 ㅅㄱ이야. 무엇인지 알겠니?" 하고 물어보는 것이지요. 아이가 "사과."라고 답을 맞히면 칭찬해주세요. 이런 방법으로 연습하다보면 많은 낱말을 익힐 수 있습니다.

"초성 퀴즈를 해볼까? ㅌㅂ이야."

"음~, 잘 모르겠어요. 너무 어려워요."

"좋아! 힌트를 줄게. 인터넷으로 물건을 주문하면 이게 오는데…. 알겠니?"

이렇게 아이가 낱말 맞히기를 어려워하면 그 낱말에 대한 힌트를 주는 것도 좋아요. 이런 작은 일에서도 아이는 성취감을 느낄 수 있거든요.

5. 이런 놀이도 해볼까요?

대화를 하며 외래어나 외국어를 사용하지 않는 훈민정음 놀이도 있습니다. 질문과 대답을 번갈아 하며 대화를 이어갑니다. 외국어를 말하도록 유도하기 위한 질문을 생각하다보면 놀이가 더욱 흥미진진해집니다.

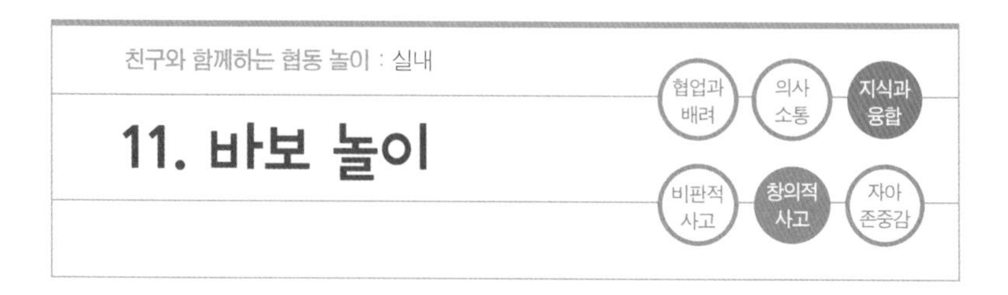

친구와 함께하는 협동 놀이 : 실내

11. 바보 놀이

1. 무슨 놀이일까요?

손으로 나타낸 수와 입으로 말하는 수를 다르게 하며 이어가는 놀이입니다.

2. 따라서 해볼까요?

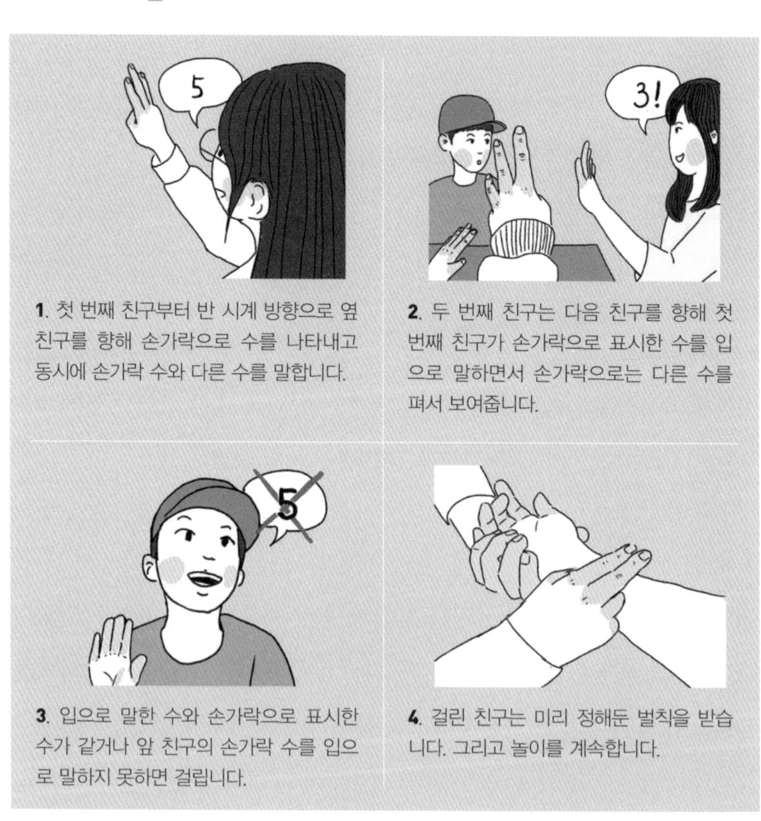

1. 첫 번째 친구부터 반 시계 방향으로 옆 친구를 향해 손가락으로 수를 나타내고 동시에 손가락 수와 다른 수를 말합니다.

2. 두 번째 친구는 다음 친구를 향해 첫 번째 친구가 손가락으로 표시한 수를 입으로 말하면서 손가락으로는 다른 수를 펴서 보여줍니다.

3. 입으로 말한 수와 손가락으로 표시한 수가 같거나 앞 친구의 손가락 수를 입으로 말하지 못하면 걸립니다.

4. 걸린 친구는 미리 정해둔 벌칙을 받습니다. 그리고 놀이를 계속합니다.

3. 우리 아이! 무엇을 배울 수 있을까요?

손으로 표시하는 수와 입으로 말하는 수를 다르게 하는 활동을 통해 창의적 사고와 지식과 융합 역량을 키울 수 있습니다.

4. 생각을 키우는 대화 Tip

"한 친구가 너무 오래 생각해서 놀이 시간이 지루해요. 제한 시간을 두면 어떨까요?"

"좋은 생각이네. 그럼 제한 시간은 얼마나 둬야 할까?"

몇몇 친구는 틀리기 싫어서 오랫동안 생각을 하기도 하는데, 이러면 나머지 친구들이 지루해질 수 있습니다. 이럴 때는 놀이의 재미를 위해 제한 시간을 두는 것도 좋습니다. 한편 제한 시간은 친구들의 나이와 놀이에 대한 이해도에 따라 다르게 해야 합니다. 놀이를 익숙하게 잘하는 아이들이라면 5초도 충분하지만, 처음 놀이를 하는 아이들에게 5초는 너무 짧은 시간이지요. 놀이를 처음 하는 아이들은 놀이를 이해하는 것이 더 중요하기 때문에 충분한 시간을 주는 것이 좋습니다. 처음부터 제한 시간을 두면 놀이에 흥미를 느끼기도 전에 어려운 놀이라고 느껴 포기해버릴 수도 있으니까요.

5. 놀이 상담실

Q 놀이를 계속 연습해도 아이가 이해하지 못하면 어떻게 해야 할까요?

A 어린 아이들에게는 어려울 수 있습니다. 이때 부모님이 '너에게는 어려운 것 같으니 하지 말자'라고 하면 아이는 좌절감을 느낄 수 있어요. 이럴 때는 말하는 수와 손가락을 똑같이 하고, 대신 앞 친구가 말한 수를 제외한 다른 수를 선택하는 놀이로 변경하면 어떨까요?

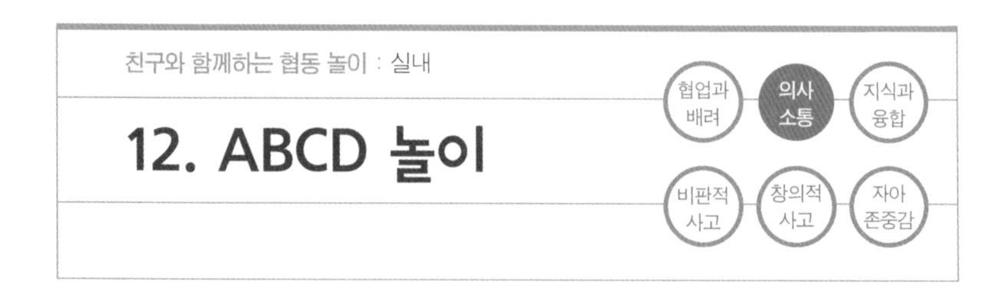

12. ABCD 놀이

1. 무슨 놀이일까요?

양손으로 A, B, C, D에 해당하는 각각의 동작을 정하고, 술래와 다른 동작을 하면 이기는 놀이입니다.

2. 따라서 해볼까요?

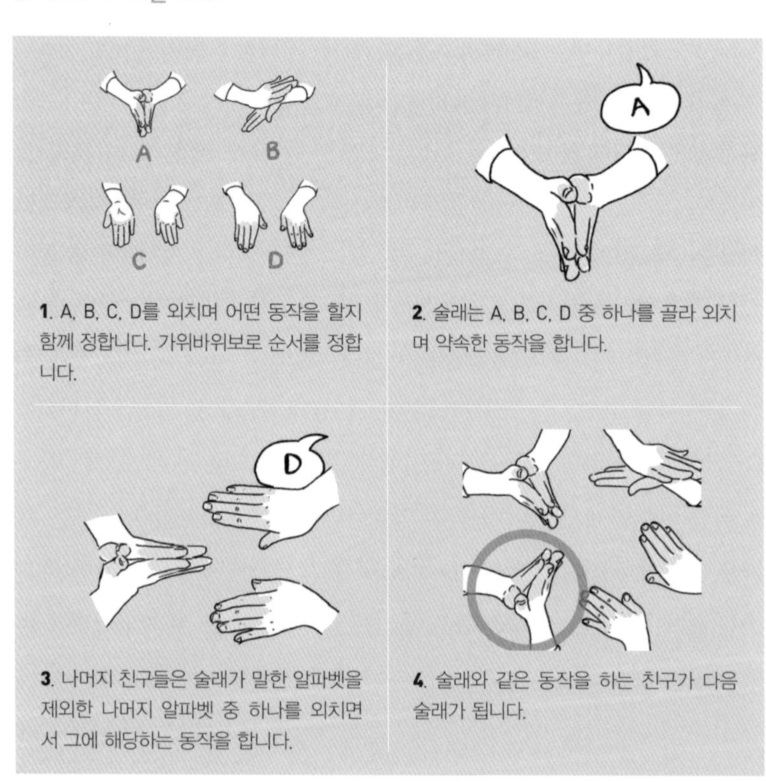

1. A, B, C, D를 외치며 어떤 동작을 할지 함께 정합니다. 가위바위보로 순서를 정합니다.

2. 술래는 A, B, C, D 중 하나를 골라 외치며 약속한 동작을 합니다.

3. 나머지 친구들은 술래가 말한 알파벳을 제외한 나머지 알파벳 중 하나를 외치면서 그에 해당하는 동작을 합니다.

4. 술래와 같은 동작을 하는 친구가 다음 술래가 됩니다.

3. 우리 아이! 무엇을 배울 수 있을까요?

손동작과 함께 A, B, C, D를 외치는 활동을 통해 의사소통 역량을 키울 수 있습니다.

4. 생각을 키우는 대화 Tip

"알파벳이 너무 어려워요."

아직 영어를 모르는 친구들에게는 아이가 좋아하는 과일이나 만화 캐릭터 이름을 외치게 하는 것은 어떨까요? '포도, 사과, 바나나, 자두', '폴리, 로이, 엠버, 헬리' 이렇게요.

"넓은 강당에서 이 놀이를 해보니까, 뭔가 아쉽더라고요."

"그랬구나. 그럼 넓은 공간에 걸맞게 동작을 크게 해보는 것은 어떨까?"

"좋은 생각이에요. 저는 'A' 하면서 두 손을 높이 들고 점프를 할래요."

처음 놀이를 익힐 때는 손으로 작은 동작을 하고, 놀이에 익숙해지면 팔이나 다리도 움직여 온몸으로 동작을 해보세요. 큰 동작을 하면 몸을 더 많이 움직일 수 있답니다.

5. 놀이 상담실

Q 자꾸 술래의 동작을 보고 한참 있다 동작을 하거나, 했던 동작을 재빨리 바꾸는 반칙을 하는 아이가 있어요. 어떻게 해야 할까요?

A 아무리 어린 아이라도 놀이에서 반칙을 하는 것은 허용해주면 안 됩니다. 부모님이 아이가 반칙을 했을 때는 반칙이라는 것을 분명히 알려주고, 자꾸 반칙을 하면 놀이를 함께하는 친구들이 같이 놀이를 하지 않을 수도 있다는 것을 말해주어야 합니다.

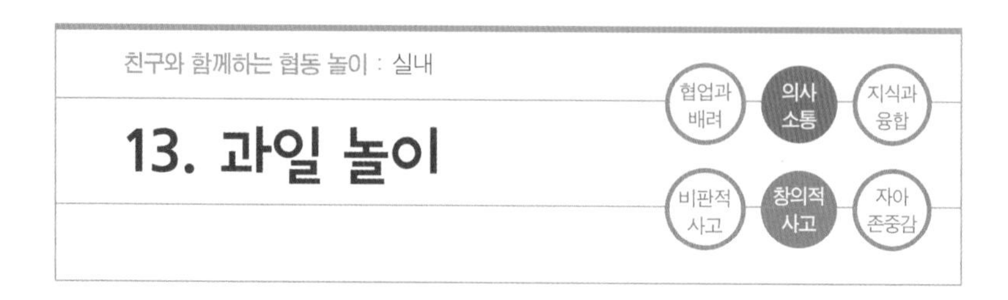

친구와 함께하는 협동 놀이 : 실내

13. 과일 놀이

1. 무슨 놀이일까요?

각자 과일 이름을 정해 다른 친구가 부르는 숫자만큼 정해진 동작을 하면서 이름을 외치는 놀이입니다.

2. 따라서 해볼까요?

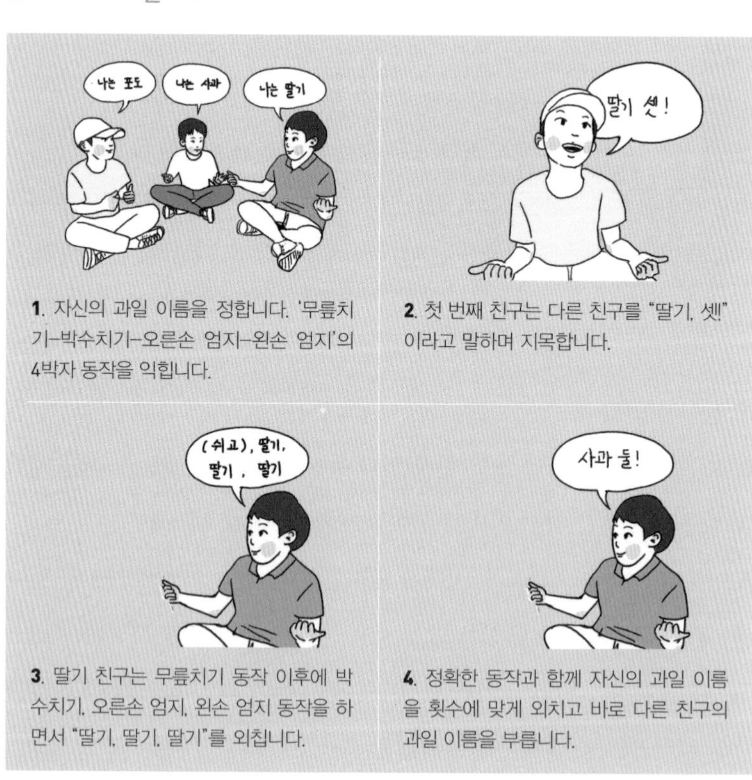

1. 자신의 과일 이름을 정합니다. '무릎치기-박수치기-오른손 엄지-왼손 엄지'의 4박자 동작을 익힙니다.

2. 첫 번째 친구는 다른 친구를 "딸기, 셋!"이라고 말하며 지목합니다.

3. 딸기 친구는 무릎치기 동작 이후에 박수치기, 오른손 엄지, 왼손 엄지 동작을 하면서 "딸기, 딸기, 딸기"를 외칩니다.

4. 정확한 동작과 함께 자신의 과일 이름을 횟수에 맞게 외치고 바로 다른 친구의 과일 이름을 부릅니다.

3. 우리 아이! 무엇을 배울 수 있을까요?

박자에 맞춰 과일 이름을 외치는 활동을 통해 의사소통 역량을 키울 수 있고, 자신의 과일 이름을 정하는 과정에서 창의적 사고 역량도 함께 기를 수 있습니다.

4. 생각을 키우는 대화 Tip

"과일 놀이를 했는데 틀리는 친구가 별로 없어서 재미없어요."

4박자 손동작이 익숙해지면 다른 동작으로 재미있게 바꿔보세요. '오른 다리 들기, 왼 다리 들기, 박수 치기, 만세하기'처럼 동작을 바꿔서 놀이하면 정말 재미있어요.

또 다른 방법은 8박자 놀이로 바꾸는 것입니다. 그럼 동작은 더 복잡해지고, 외치는 친구가 "사과, 여덟!"까지 외칠 수 있겠지요? 처음에는 조금 어렵게 느껴질 수도 있지만 하다보면 동작이 더 다양해서 재미있답니다.

5. 놀이상담실

Q 이 놀이가 수의 크기를 익히는 데도 도움이 되나요?

A 나이가 어린 아이들은 1부터 차례로 수를 셀 수 있으나 어떤 수가 더 큰 수인지는 잘 모르는 경우가 많습니다. 이 놀이는 친구가 1을 외치면 하나의 동작만, 8을 외치면 8개의 동작을 해야 하기 때문에 자연스럽게 수의 크기를 익힐 수 있습니다.

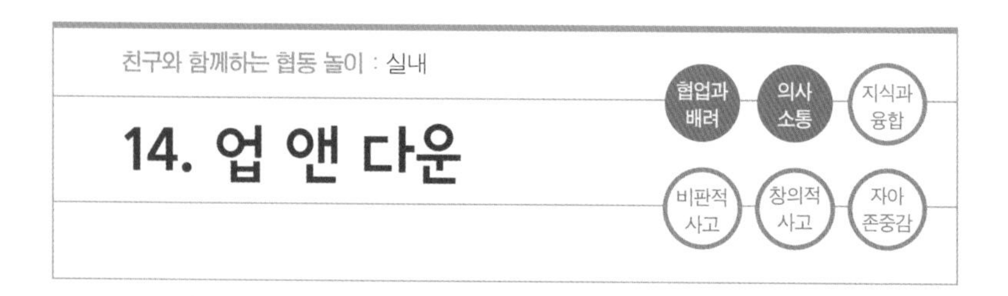

14. 업 앤 다운

1. 무슨 놀이일까요?

술래가 머릿속으로 생각하는 수를 질문을 통해 추측하여 맞히는 놀이입니다.

2. 따라서 해볼까요?

1. 술래는 1부터 50까지의 수 중 하나를 생각합니다.

2. 다른 친구가 술래에게 1~50까지의 수 중 하나를 말합니다.

3. 술래는 친구가 말한 수가 자신이 생각한 수보다 크면 '다운', 자신이 생각한 수보다 작으면 '업'이라고 합니다.

4. 정해진 횟수 안에 범위를 좁혀 술래가 생각한 수를 맞힙니다.

3. 우리 아이! 무엇을 배울 수 있을까요?

술래가 알려주는 '업'이나 '다운'을 힌트로 친구가 생각하는 수를 추측하는 이 활동은 의사소통 역량과 협업과 배려 역량을 키워줍니다.

4. 생각을 키우는 대화 Tip

"우리 업 앤 다운 놀이를 해볼까?"

"그런데 '업', '다운'이 뭐예요?"

"아, 영어라서 잘 모르는구나. 그럼 '좀 더 크게', '좀 더 작게'라고 하면 잘할 수 있을까?"

"그건 뭔지 알겠어요."

(업 앤 다운 놀이를 하다가)

"못 맞히니까 속상해요. 좀 도와주면 안 돼요?"

이럴 때는 작은 화이트보드나 스케치북을 활용해보세요. 부모님이 선을 그어 1과 50을 양 끝에 쓰고 10단위로 점을 찍어주세요. 놀이를 진행하면서 친구들이 말하는 수의 위치와 '업', '다운'을 화살표로 표시해주면 아이가 술래가 생각하는 수를 추측하는 데 도움이 됩니다.

5. 놀이 상담실

Q 술래를 맡은 아이가 친구가 수를 맞혔는데 아니라고 하는 경우는 어떻게 해야 하나요?

A 간혹 술래를 오래 하고 싶어서 거짓말을 하는 아이들이 있습니다. 놀이를 시작하기 전에 술래에게 작은 종이에 생각한 숫자를 적으라고 한 뒤 모두가 보이는 곳에 놓아두면 생각한 숫자를 확인할 수 있기 때문에 거짓말을 하지 않습니다.

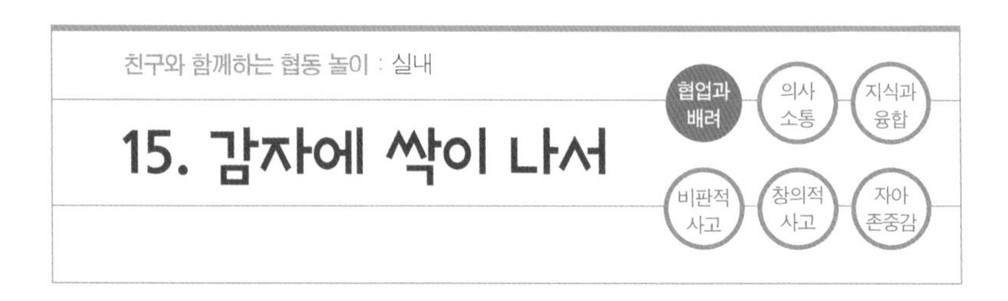

1. 무슨 놀이일까요?

〈감자에 싹이 나서〉 노래를 부르고 가위바위보를 해서 지는 친구들이 손을 포개놓고 마지막 남은 친구가 포개진 손을 때리는 놀이입니다.

2. 따라서 해볼까요?

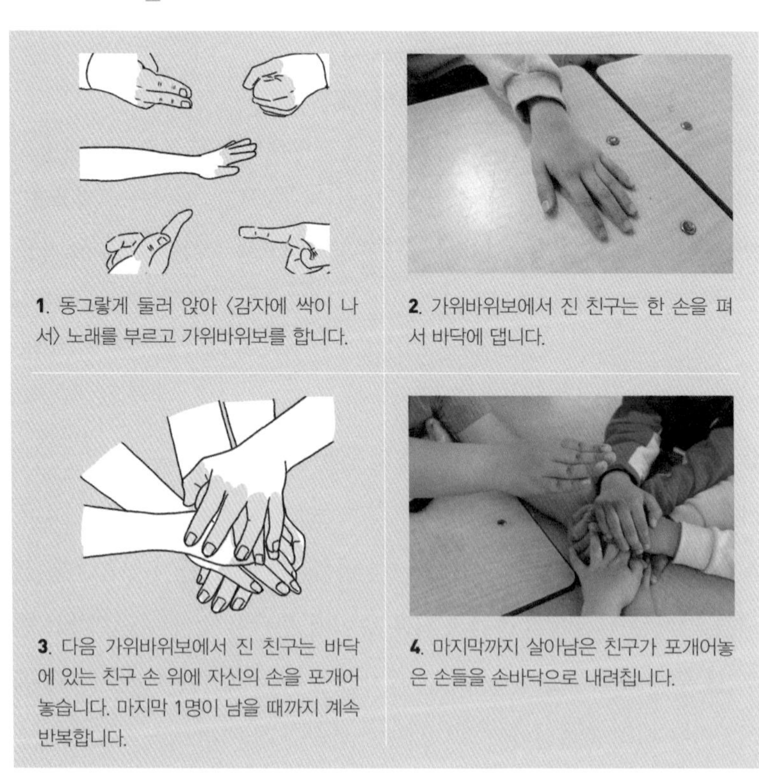

1. 동그랗게 둘러 앉아 〈감자에 싹이 나서〉 노래를 부르고 가위바위보를 합니다.

2. 가위바위보에서 진 친구는 한 손을 펴서 바닥에 댑니다.

3. 다음 가위바위보에서 진 친구는 바닥에 있는 친구 손 위에 자신의 손을 포개어 놓습니다. 마지막 1명이 남을 때까지 계속 반복합니다.

4. 마지막까지 살아남은 친구가 포개어놓은 손들을 손바닥으로 내려칩니다.

3. 우리 아이! 무엇을 배울 수 있을까요?

친구들과 즐겁게 노래하는 활동을 통해 협업과 배려 역량을 키울 수 있습니다.

4. 생각을 키우는 대화 Tip

"한 친구가 너무 세게 때려서 어떤 친구는 울기도 했어요."
"재미있는 놀이가 아픈 놀이가 되어버렸네? 어쩌지?"
"저도 너무 속상해요. 나랑 친한 친구인데…."
이 놀이를 할 때 가장 주의할 점은 마지막에 친구들의 손을 내리치는 친구가 힘을 적절히 조절하는 것입니다. 손을 맞는 친구가 너무 아프지 않도록 배려하는 마음을 갖도록 미리 이야기해주는 것도 좋습니다.
혹은 마지막까지 남은 친구가 포개어놓은 친구들의 손을 내리칠 때 재빨리 손을 빼서 맞는 것을 피하도록 놀이 방법을 정해도 됩니다. 그러면 제일 위에 있는 친구가 세게 맞는 일도 없고, 내리치는 친구는 무조건 세게 쳤다가 바닥을 때리면 아플 수 있기 때문에 스스로 힘을 조절하게 됩니다. 또 때리는 친구는 언제 내려칠지, 맞는 친구는 언제 피할지 서로 눈치를 봐야 하므로 또 다른 재미를 느낄 수 있습니다.

5. 놀이 상담실

Q 놀이를 더 재미있게 하는 방법은 없나요?

A 놀이를 할 때 부르는 노래에 율동을 더해주는 것은 어떨까요? "감자에 싹이 나서 잎이 나서, 가위바위보." 이 노랫말에 어떤 율동이 어울릴지 친구들과 함께 만들어보세요. 예를 들면 '감자에-주먹, 싹이 나서-가위, 잎이 나서-보, 가위바위보-가위바위보 중 하나 내기'처럼 정할 수 있습니다.

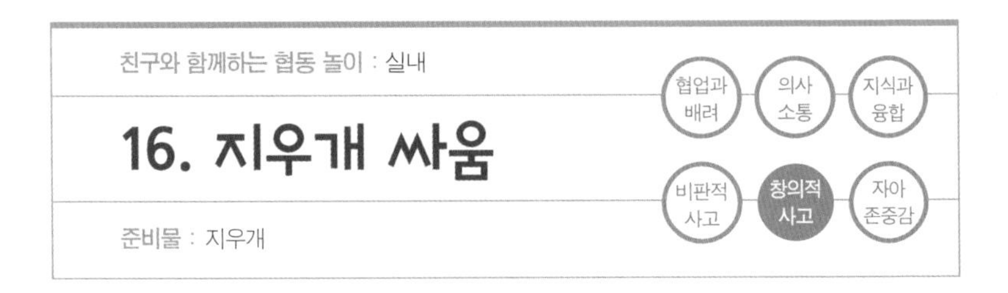

친구와 함께하는 협동 놀이 : 실내

16. 지우개 싸움

준비물 : 지우개

1. 무슨 놀이일까요?

지우개를 손가락으로 눌러서 움직여 다른 지우개 위에 올라타도록 하는 놀이입니다.

2. 따라서 해볼까요?

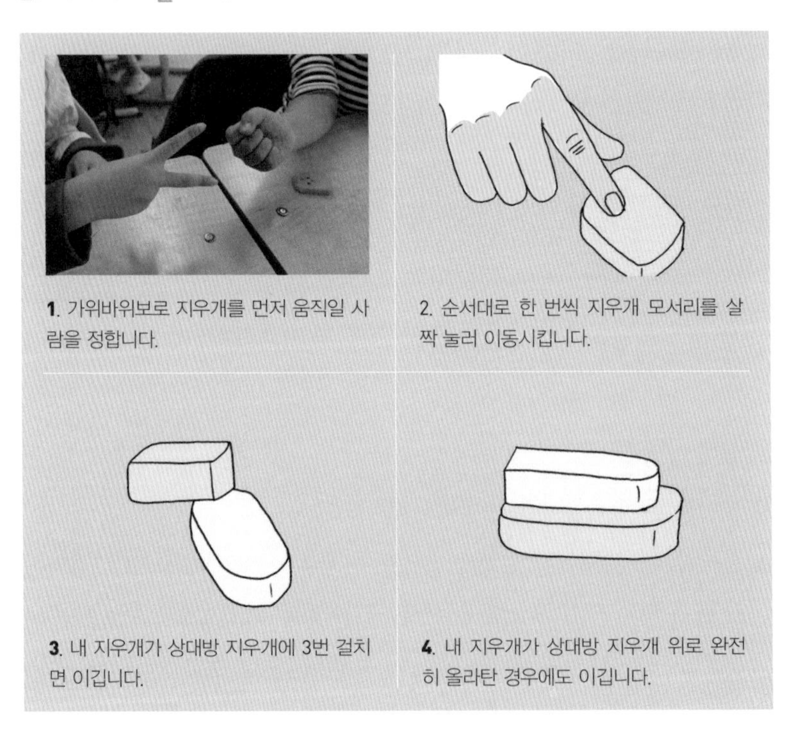

1. 가위바위보로 지우개를 먼저 움직일 사람을 정합니다.

2. 순서대로 한 번씩 지우개 모서리를 살짝 눌러 이동시킵니다.

3. 내 지우개가 상대방 지우개에 3번 걸치면 이깁니다.

4. 내 지우개가 상대방 지우개 위로 완전히 올라탄 경우에도 이깁니다.

3. 우리 아이! 무엇을 배울 수 있을까요?

지우개를 원하는 방향으로 움직이게 하는 활동을 통해 소근육을 발달시키고, 상대방의 지우개 위에 걸쳐 올려놓는 전략을 생각하면서 창의적 사고 역량을 키울 수 있습니다.

4. 생각을 키우는 대화 Tip

"어떻게 해야 상대방 지우개 위에 올라탈 수 있을까요?"

"지우개의 모서리 부분을 누르는 힘 조절이 중요해요."

"게임 시작 전에 손가락만 떼지 않으면 눌러서 세운 후 그 상태 그대로 상대 지우개 위에 떨어뜨리는 기술을 인정할지 말지도 정하면 좋아요."

"서로의 실력 차가 클 경우, 약자를 배려하는 방법은 뭐가 있을까요?"

5. 놀이 상담실

Q 지우개가 없다면 어떤 물건으로 대체할 수 있을까요?

A 지우개와 비슷한 무게와 형태를 가진 나무 블록이나 레고로 대체하여 놀 수 있습니다.

6. 이런 놀이도 해볼까요?

알까기처럼 지우개를 엄지나 검지 손가락을 사용해 치는 놀이도 할 수 있습니다. 상대방 지우개를 놀이판 밖으로 떨어트리거나 내 지우개가 떨어지면 놀이는 끝납니다.

참고 문헌

강원도교육청 (2018), 「2018 친구야 놀자」 기본 계획.
경기도교육청 (2017), 놀이 2017.
개미 관찰 키트, 러닝리소스, gmarket.co.kr에서 2019. 12. 08. 인출.
국가교육과정정보센터, ncic.go.kr에서 2018. 12. 26. 인출.
김수현 (2014), 『초등 입학 전 학습놀이』, 서울: 청림Life.
김은주 · 성명희 (2017), 「산업체가 인식하는 대학 교양교육과 핵심역량 교육요구도 분석: 보건업을 중심으로」, 『교양교육연구』, 11(2), 121-145.
김호 · 유영의 (2011), 「유아의 놀이성에 따른 창의성의 변화 과정 탐색」, 『어린이 문화교육연구』, 12(1), 333-352.
네이버 어린이백과(terms.naver.com/list.nhn?cid=44625&categoryId=44625)에서 2019. 12. 03. 인출.
네이버 지식백과(terms.naver.com)에서 2019. 12. 03. 인출.
류지원 (2018), 『자신만만 초등생활을 위한 엄마표 초등통합 교과놀이』, 서울: 예문아카이브.
육진경 (2014), 「비판적 사고에 영향을 주는 학업적 자기효능감, 성취목표지향성, 학습전략 간의 관계」, 숙명여자대학 대학원 박사학위논문.
윤초희 (2016), 「국내외 비판적 사고교육 효과연구 고찰: 쟁점과 향후 연구과제」, 『아시아교육연구』, 17(4), 1-35.
이승미 (2015), 「부모-자녀 놀이 및 사교육 현황과 유아의 인식이 유아의 행복에 미치는 영향」, 이화여자대학교 대학원 박사학위논문.
진미석 · 손유미 · 주휘정 (2011), 「대학생 핵심역량 진단체제 구축 방안 연구」, 『교육행정학연구』, 29(4), 461-486.
최수진 (2018), 「국제 고등학교의 역량기반 교육과정 실행 모습과 과제」, 『교육과정연구』, 36(1), 169-196.
한국교육심리학회 (2000), 『교육심리학용어사전』, 서울: 학지사.
한국청소년활동진흥원, 방과 후 활동 수요 및 현황 조사, kosis.kr에서 2019. 6. 1. 인출.

Carter, C. (2010), *Raising happiness: 10 simple steps for more joyful kids and happier parents*, New York: Ballantine books.
Einarsdottir J., & Judith, W. (2006), *Nordic childhoods and early education*, 한유미 · 권정윤 · 신미자 역 (2011), 『북유럽의 아동기와 유아교육』, 고양: 한권.

Ennis, R. H. (1987), A taxonomy of critical thinking dispositions and abilities, *Teaching thinking skills: Theory and Practice*, 9–26.

Evans, C. (1978), *Elementary Magnet Vanguard Plan Evaluation*. ERIC.

Feldhusen, J. F. (1979), *A Simplified Creative Problem Solving Model. Journal f or the Education of the Gifted*, 3, 61–72.

Fröbel, F. (1885), *The Education of Man*, 서석남 역 (2003), 『인간의 교육』, 서울, SMF 연구소출판부.

Golinkoff, R. M., & Hirsh–Pasek, K. (2016), *Becoming Brilliant*, 김선아 역 (2018), 『최고의 교육』, 서울: 예문아카이브.

McClelland, D. (1973), Testing for competence rather than intelligence, *American Psychologist*, 28, 1 - 14.

Miller, E., & Almon, J. (2009), *Crisis in the kindergarten: Why children need to play in school*, Marylands: Alliance for Childhood.

Moore, T. (2004), Critical thinking debate: How general are general thinking skills?, *Higher Education Research & Development*, *23*(1), 3–18.

OECD (2005), *Definition and selection of competencies: Theoretical and conceptual foundation(DeSeCo): Executive summary*, France, Paris: OECD Press.

Rychen, D., & Salganik, L. (2003), A Holistic Model of Competence, in Rychen, D., & Salganik, L. (Eds), *Key Competencies for a Successful Life and Well–Functioning Society*(pp. 41–62), Cambridge: Hogrefe & Huber.

Saracho, O. N., & Spodek, B. (1996), Literacy activities in a play environment, *International Journal of Early Childhood Education*, 1, 7–19.

Shonkoff, J. P. & Phillips, D. A. (2000), *From Neurons to Neighborhoods: The Science of Early Childhood Development*, Washington, DC: National Academy Press.

Thompson, R. (2008), Connecting neurons, concepts, and people: Brain development and its implications, Preschool Policy Brief, December, 17, National Institute for Early Education Research.

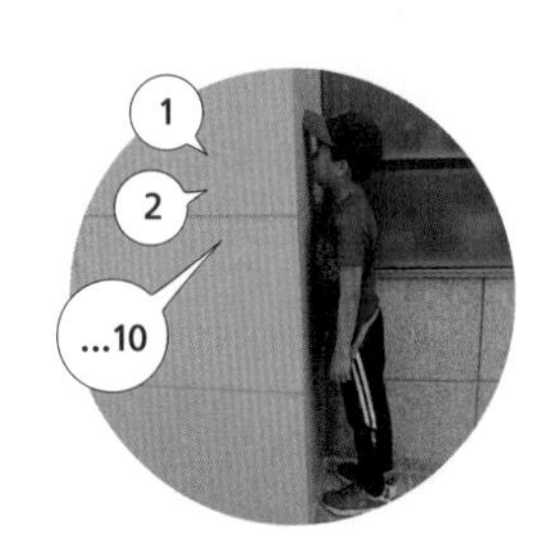

놀이는 창조의
근원적인 힘이다.